能源法制调研报告

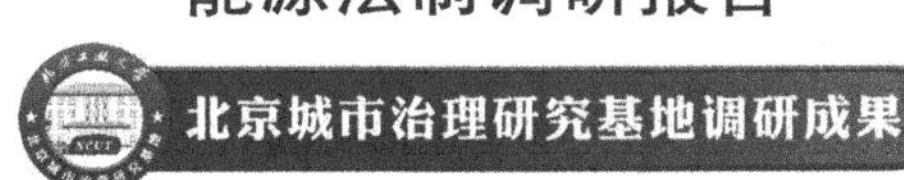

分布式光伏产业快速发展的法律应对

陈兴华　张小平　主编

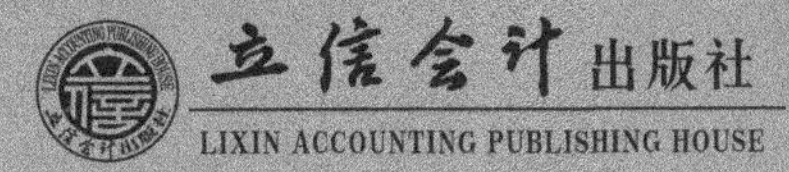

图书在版编目(CIP)数据

分布式光伏产业快速发展的法律应对 / 陈兴华，张小平主编. —上海：立信会计出版社，2022.4
（能源法制调研报告）
ISBN 978-7-5429-6987-3

Ⅰ. ①分… Ⅱ. ①陈… ②张… Ⅲ. ①太阳能光伏发电—能源法—研究—中国 Ⅳ. ①D922.674

中国版本图书馆 CIP 数据核字(2022)第 037972 号

策划编辑　王艳丽
责任编辑　王艳丽

分布式光伏产业快速发展的法律应对
FENBUSHI GUANGFU CHANYE KUAISU FAZHAN DE FALÜ YINGDUI

出版发行	立信会计出版社		
地　　址	上海市中山西路 2230 号	邮政编码	200235
电　　话	(021)64411389	传　　真	(021)64411325
网　　址	www.lixinaph.com	电子邮箱	lixinaph2019@126.com
网上书店	http://lixin.jd.com		http://lxkjcbs.tmall.com
经　　销	各地新华书店		

印　　刷	苏州市古得堡数码印刷有限公司		
开　　本	787 毫米×1092 毫米	1/16	
印　　张	12.75		
字　　数	240 千字		
版　　次	2022 年 4 月第 1 版		
印　　次	2022 年 4 月第 1 次		
书　　号	ISBN 978-7-5429-6987-3/D		
定　　价	78.00 元		

序

一、缘起

能源是国民经济的命脉，与经济社会发展休戚相关，对国家繁荣发展、人民生活改善、社会长治久安至关重要。新中国成立以来，特别是中共十八大以来，我国在能源领域取得了举世瞩目的成就：能源生产实现了跨越式发展，成为世界第一大能源生产国；能源消费保持较快增长，用能条件和水平不断改善；能源技术实现了从跟随模仿到并行再到引领的巨大转变，走上了动力转换、创新发展的新道路；能源体制市场化改革不断深入，治理体系和治理能力现代化不断推进；能源国际合作取得了重要进展，秉承共商、共建、共享的工作思路，深度参与国际能源治理。

能源行业的飞速发展、能源体制的重要变化、能源企业依法治企的不断深入，对能源法律人才产生了巨大的需求。作为能源法律理论研究者和实务工作者的专业团体，中国法学会能源法研究会（以下简称能源法研究会）一直致力于培养卓越的能源法律人才。能源法研究会充分发挥“产、学、研、政、律”五位一体的优势，整合资源，搭建平台，持续探索。2016 年，在能源法研究会副秘书长陈兴华博士所在单位北方工业大学的提议下，能源法研究会启动了“全国‘绿能杯’高校法学研究生暑期调研竞赛”活动，并确定由北方工业大学作为长期承办单位，深度负责竞赛具体事宜。该活动的基本设计包括以下几个环节：①竞赛活动由全国高校法学院（系）的研究生（或少量本科生）自愿组队参加，每年选择一个能源行业，并根据参赛团队的数量落实对接能源企业，以方便各参赛团队在各校指导教师的带领下进行调研活动；②鉴于能源行业特有的专业性，能源法研究会在比赛前邀请业内的专家对参赛队员进行集训，集中讲解行业、政策、法律等方面的背景知识，使参赛队员在较短时间内完成知识热身，以提高调研的针对性和质量；③在实际调研中，对接企业核心业务部门和法务部门的负责人及业务骨干介绍企业情况、业务流程、商业模式、技术背景、经营中常见的法律问题等，回答师生提出的问题，并根据实际情况安排参加调研的师生实地参观展示中心、生产车间、研发基地等；④调研结束后，各参赛团队根据前期的准备和调研中的所见所感，参照当年的调研主题，自行确定题目，撰写调研报告；⑤调研报告提交后，能源法研究会组织专家进行评审。

从2016年起，“全国‘绿能杯’高校法学研究生暑期调研竞赛”活动已经连续举办了4届，调研主题先后涉及核电、煤炭、光伏、天然气等行业，参加调研的队伍从最初的5支增加到23支，先后有近200名师生参加调研活动。该活动获得了法学理论界和实务界越来越多的关注和支持，成为创新能源法律人才培养模式的载体、沟通理论教学与实践活动的平台以及落实能源法研究会《能源法学科建设工作纲要》的重要举措。4年时间转瞬即逝，每年的竞赛活动在所有领导、专家、老师、学生和对接单位的工作日志上都不过是很短暂的一项工作任务，但直到近期，我们才意识到，这个小小的赛事已经积累了多达百万字的调研报告和培训文稿，4年前播下的“小苗”不觉间已然亭亭如盖。为了展示调研活动的调研成果、推动能源法研究和能源法人才的培养，在有关各方的支持下，经过重新整理，历届调研报告现正式分卷结集出版。

二、观感

在审阅了参赛的调研报告后，我们发现，各参赛高校调研报告的写法大体分为两类。第一类报告是针对某个企业具体情况的调研，以及针对某个个案的典型研究。此类报告对调研行业的背景、调研企业的概况、所涉法律问题、初步的解决建议等进行了较为详细的介绍。此类报告的写法特点是具体、细微，由小见大，其主体内容是围绕被调研对象展开的。考虑到对企业敏感信息的保护和调查报告一般的写作规范，在这类调研报告中，我们对调研企业的具体信息做了一定的技术处理。第二类报告是参赛团队从调研中获得问题意识和灵感，然后由此延伸，对国内相关领域的立法和监管等进行了整体的研究。对于这类报告而言，调研的所见所感是获得对问题“前理解”的场所，是验证自己研究路径、研究结论的依据。从内容上讲，此类报告与调研企业的直接相关度较弱。同时，我们也留意到，由于调研时间和对企业情况的了解有限，几乎所有的调研报告都采用了外部观察者的视角，尚无从整体上以企业内部观察者视角撰写的报告。从选题方向上看，各参赛团队根据自己所在院校的办学特点和学科优势，选择了能够发挥自己研究专长的题目，初期从环境、安全、公共参与等视角切入能源领域的选题较多，后期逐渐出现了越来越多的能源行业发展法律保障方面的选题，其研究视野逐渐宽阔。

各参赛团队在赛前培训和实地走访中仅仅是获得了研究的初始素材，在实地走访以后还需要进行大量的文献搜集和阅读，并提炼观点，谋篇布局，最终才能完成调研报告。在这个过程中，参赛团队不仅体现出高度的使命感、旺盛的求知欲和运用专业知识解决具体问题的能力，而且还在外出活动时体现出严守纪律、互相关照的责任意识和奉献精神。这些都给我们带来惊喜、意外和感动。但是在肯定成绩的同时，我们也发现参赛团队在活动中还存在以下不足。

首先，作为法科学生，参赛队员对于法律社会功能的理解不够系统深入，普遍存在“有立法就能解决问题”的看法。对于在调研中发现的问题，他们的基本思路为：第一，需要针对问题有一部专门的立法；第二，现有法律层级不够高；第三，现有法律规定不够具体；第四，执法要加强各部门合作。一方面，我国确实存在能源法律体系不完善的问题，而法律人的使命之一正是向社会输入规则以解决社会问题。另一方面，法律的完善是一个社会性的系统工程。这种“头痛医头、脚痛医脚”的直线性思维，忽略了法律作为一个体系与社会生活之间的复杂互动，忽略了法律发挥作用的社会政治背景。在一个行政力量较强的国家中，层级较低的规范性文件未必不能充分发挥作用，未必没有其内在的合理性。这种简单的解决方案背后是一种对问题症结的简单归因思维，而社会现象往往有着复杂的成因，某一领域问题长期存在的背后一定有着多种社会因素所形成的稳定的社会张力结构，而且拆解这种旧有结构所产生的震荡是非常难以预见的。基于这个原因，立法者在制定规则的时候往往慎之又慎。

其次，很多参赛队员在未对现行法律规范做全面检索的情况下，就断言法律体系不健全，存在法律漏洞。造成这个问题的原因可能有两个。一个原因是前面已经提到的他们过于重视高位阶法律渊源而忽视低位阶法律渊源，在检索了高位阶法律渊源之后就轻下结论，殊不知，他们在学校里学习的知识体系是围绕高位阶法律渊源展开的，而法律实务工作中的大量具体问题是通过低位阶法律渊源解决的。另一个原因则是他们在资料检索的时候过于依赖数据库关键词。法律用语尽管是一种高度规范的语体，但是围绕某一法律问题，规范性文件中未必均使用同一关键词。法律通过设定权利和义务调整社会关系、解决社会问题，法律的相对静止与社会生活的变动不居始终是一个重大的矛盾。立法固然是解决这种矛盾的终极方法，也是强度最大、成本最高的方法，但在立法之外，还有法律解释、漏洞补充等方法可供使用。因此，过于强调“立法中心主义”的解决方案，实际上是对法律作用方式理解不深的表现。

最后，参赛队员撰写的调研报告在研究内容和深度上还存在欠缺，在写作和表达方式上也存在逻辑不够清晰、前后连贯性不强的问题。造成这个问题的原因有两点。第一，能源法作为一个独立的法律领域，其重要特点在于所涉知识的综合性，特别是技术知识。因为法科学生一般没有很强的理工科基础，所以他们对调研活动中某些技术性问题的理解和看法不够深入，其结论也不够全面。第二，虽然他们在参加集训、进行调研访谈时都认真做了笔记，但在撰写调研报告时，他们采用了多人分工合作的方式，这就难免会造成调研报告整体性不强、前后逻辑性欠佳、连贯性不强的问题。

尽管有上述不足，但是编者除了必要的修改和完善，基本保持了调研报告的原貌。

第一，对于学生而言，成长路上迈出的第一步总是带有稚嫩的特点。作为竞赛的组织者、指导者，我们应当宽容这种稚嫩。如果以我们的标准去看，这些调研报告在内容和形式上仍然有很大的改进空间，但是站在学生的角度，他们已经在调研中得到了锻炼，意识到了自己的不足，并且竭力使自己做得更好。我们也有意记录和呈现这种稚嫩，让参赛学生能看见自己成长的印记，鼓起前进的勇气。第二，这些调研报告是稚嫩的，但也是认真的。认真的工作成果总是有价值的，特别是当一定量的认真工作汇总在一起的时候，专业的读者就可以从中披沙拣金，以促进能源法理论和实务工作水平的提升。

三、反思

全国“绿能杯”高校法学研究生暑期调研竞赛活动的初衷是宣传国家有关能源发展、环境保护等方面的法律政策，建立能源法研究会、高校和企业之间联合践行社会责任的渠道，培养高校法学研究生调查研究和实践的能力，加强能源法学科建设，培养能源法学研究力量，扩大学科影响力，推动能源法研究。时至今日，可以说，这个初衷在很大程度上实现了。通过调研活动，我们发现了一大批值得继续深入研究的课题，创新了能源法人才培养的模式。更为重要的是，对于许多参加实地调查、悉心研究的同学而言，这段经历成为他们求学历程中难忘的回忆，甚至成为他们以后进入能源法行业的重要进阶。回望这个历程，我们有以下几点深刻体会。

第一，能源法专业人才成长的一个重要规律就是能源法专业人才有着非常陡峭的学习曲线。合格的能源法人才不仅要谙熟诉讼和交易法律知识，了解能源行业相关知识，而且要了解经济、工程乃至地质方面的知识。这些知识的获得并非完全依靠课堂教学，还需要到一线去观察、去感受、去体验。我国的能源法学教育整体还处在起步阶段，甚至能够单独开出“能源法学”课程的法学院校都屈指可数。受过法学教育的学生在进入能源法领域以后，一般都会遭遇迎面而来的挑战，经历破蛹化蝶的煎熬，付出巨大的成长代价。本次调研竞赛活动正是基于以上考虑，旨在使学生们在校园里就能以缓释的方式为进入充满挑战的能源法领域做好准备，为能源法专业人才的培养探索新渠道。

第二，合格法律人的标志是其对法学知识体系的融会贯通。从教育学的角度来讲，这个融会贯通分为两步：首先是在课堂上，渐次完成从理论法学到部门法学、从实体法学到程序法学、从国内法学到国际法学相关知识的系统学习；其次是在实践中，在问题的驱动下，在运用知识解决问题的过程中，发现各种知识之间的联系，产生一种综合的体系感。这种体系感不仅意味着法律人要在头脑中建立有机的“知识之网”，从而使自己在面对实际问题时知道用哪一部分知识来解决问题；而且意味着法律人要通过追根溯源的研究发现原来被忽视法条的含义，发现原来理解不够深入的法律运行机制，发现原来未能透彻掌握的法律作用于社会生活的规律。从这个意义上来讲，本次调研竞赛活动是给所有参赛队员布置的一份加速其成长的综合性“大作业”。

第三，实践教学需要的很多资源是学校无法提供的，需要社会各界的支持。能源法研究会正是这样一个发挥着汇总能源法实践教学资源的平台，它汇聚的实践教学资源涉及煤、电、油、核、气等各能源行业，涵盖上游、中游、下游能源全产业链，包括立法、监管、合规、交易、诉讼等能源法各方面内容。这个平台为竞赛开展提供了全方位的支持，极大地降低了竞赛组织的协调成本。从调研单位的确定、调研方案的落实、集训专家的推荐、调研单位具体接待人员的落实到住宿和出行等方面的安排，我们都能感受到身后强大的支持力量，感受到同属于能源法职业共同体的心灵相通、志趣相投。因此，本次调研竞赛活动是能源法研究会践行“三个服务”办会宗旨的具体体现。

四、展望

能源法学有一个非常典型的特点——小学科、大世界。在法学学科体系中，能源法常常被视为环境资源法下面一个小的分支。从世界范围看，能源法作为一门独立学科进入法学院的课堂是在20世纪70年代“石油危机”以后。作为一门独立的学科，能源法有自己独特的研究对象、核心范畴、问题意识和研究范式。但无论是在大陆法系国家还是英美法系国家，能源法都是一门小学科，迄今为止，“能源法学”都只在少量法学院中被作为一门选修课程讲授。与此形成对照的是，能源行业是国民经济的基础，是文明发展的标志和驱动力量，它为相关领域的优秀人才提供了无比广阔的舞台。这种小大之间的对比与联系预示着法学教育未来一个重要的发展趋势——法学教育和研究的主要增长点可能是和部门法有着不同研究范式的领域法。能源法与所有正在蓬勃发展的其他领域法一样，正显示出旺盛的生命力和无远弗届的发展前景。

领域法是以问题为导向，以特定经济社会领域与法律有关的现象为研究对象，融经济学、政治学和社会学等多种研究范式于一体的交叉性、开放性、应用性法学学科体系。领域法不仅融合了部门法的研究方法、研究工具和研究手段等各要素，而且在方法论上突出体现了以问题意识为中心的鲜明特征，是新兴交叉领域“诸法合一”研究的有机结合，与部门法同构而又互补。领域法的崛起，必将对以部门法知识传授为目标的传统法学教育模式提出挑战。领域法不是排斥和否定部门法，而是重新发现并创造性地运用部门法。领域法教育要求培养对社会需求保持开放和互动的法律人才，要求把学生培养成为运用法律思维解决某一领域法律问题的专家。“绿能杯”调研竞赛活动作为领域法学教育的新探索，将进一步在组织形式、内容设置、报告质量等方面不断完善，为繁荣发展法学教育作出具有独特价值的贡献。

五、致谢

在有关领导、专家、同事和相关单位的支持与呵护下，全国“绿能杯”高校法学研究生暑期调研竞赛走过了快速成长的 4 年。饮水思源，我们代表所有参赛团队和指导教师向所有关心和支持该活动的单位和个人表示衷心的感谢！

谨向中国法学会研究部领导对“绿能杯”竞赛的关心、帮助和指导表示感谢。中国法学会甘藏春副会长在参加 2019 年能源法年会时发表致辞，专门提及“绿能杯”竞赛，并对能源法学科后继人才培养问题作出指示。中国法学会研究部李存捧巡视员出席了第一届“绿能杯”启动仪式，殷切寄语要把竞赛办实。我们始终记得这个叮嘱的深意和期望，也始终记得《中国法学会章程》中赋予我们“深入实际进行调查研究，总结新经验，反映新情况，研究新问题”的职责。

谨向中国法学会能源法研究会会长石少华先生表示感谢。石少华会长高度重视能源法学科建设和人才培养工作，一直关注赛事各方面的进展，同时，他的卓越领导力是“绿能杯”竞赛从构想变为现实的关键因素。此外，中国法学会能源法研究会周立涛常务副会长、曹富国副会长、郭进平副会长、陈臻副会长、肖国兴副会长、李朝晖副会长、周凤翱副会长、吴爱红秘书长、张晓京副秘书长、刘春瑞副秘书长等领导在居中协调、具体指导和调动各方面资源方面都倾注了大量心血。他（她）们既以至诚之举鼎力相助，又以不言之教嘉惠后学。

谨向“绿能杯”竞赛的承办方——北方工业大学及从事具体组织协调工作的该校文法学院、法律系及能源法研究中心的工作人员表示感谢。北方工业大学的王建稳副校长每年都关注、参加“绿能杯”竞赛的启动仪式，刘泽军院长和王海桥主任对竞赛活动的筹备和组织工作给予了大力支持和帮助。每年 7 月，来自全国各高校法学院（系）的参赛师生都聚集在这里，北方工业大学成为“绿能杯”竞赛物理意义上的集结地和出发点。北方工业大学作为全国最早设置法学专业的理工类院校，其法学教育多年来形成了具有自身特色的发展模式。北方工业大学对能源法学科的坚定支持以及对兄弟院校的深情厚谊给所有参赛师生留下了难以忘却的深刻印象。

谨向参赛各校的指导教师和参赛学生表示感谢。各位指导教师怀着对能源法研究的热爱和育人的使命感，牺牲暑期休息时间带领学生参加竞赛，指导学生完成调研报告，关心学生的生活安排，在鲜活的实践课堂里与学生共成长、同进步。各位参赛学生在短时间内迅速补充能源行业知识背景，调动法学知识储备，跟随指导老师奔赴全国各地开展调研，不辞辛苦。他们最终呈现的调研报告虽显稚嫩，但足以为能源法研习者提供丰富的参考。

谨向历届活动的培训专家和评审专家表示感谢。培训专家欣然接受邀请，精心准备，为所有参赛师生奉献了高密度、高质量、高水准的培训课程，展现出令人钦佩的敬业精神和专业水准。评审专家在自己繁忙的工作日程中挤出时间，认真阅读每一份瑕瑜互现的调研报告，衡文宽严有度，评审公允精当。专家们的客观公正和专业水准是“绿能杯”竞赛权威性和公信力的保证。

谨向历届所有协办企业表示感谢。每到一处，我们都有充实的日程、生动的讲解、鲜活的现场参观和深入的专题交流；每到一处，我们都能见到严格精细的生产流程、不断改进的技术和愈益完善的企业内控，令我们对能源事业的未来充满信心；每到一处，我们都能真切感觉到曾经悬在半空的缥缈思绪终于在坚实的大地上扎根。

谨向资助“绿能杯”竞赛系列调研报告出版的北方工业大学北京城市治理研究基地和浙江阳光时代律师事务所等单位表示感谢。它们这种践行社会责任、襄助人才培养的善举，是能源法学科不断发展、能源法人才队伍日益壮大的强劲助推力量。

感恩这一路上所有的问候、帮助、善意和期许。这些或巨或细、或急或缓的力量汇聚成河，使“绿能杯”竞赛的轻舟扬帆驶向更为广阔的前方。

张小平　陈兴华

2020年2月15日

前　言

《中国法学会能源法研究会发展规划(2015—2020年)》指出,能源法研究会要加强能源法学科体系建设研究,探索、推动能源法学科体系建设,力求能源法学在国家高等法学教育体系中获得应有的地位。多年以来,能源法研究会一直在积极探索能源法学的学科建设道路。从其他法学学科的发展经验来看,研究生教育是加强学科建设、提高学科地位的重要途径。研究生社会实践调研是研究生专业教育的一个重要实施途径,也是培养创新型研究生的有效举措。自2016年来,能源法研究会每年定期组织、开展由北方工业大学承办的"全国'绿能杯'高校法学研究生暑期调研竞赛"活动,至今已举办了六届。本书收录了第三届竞赛活动的调研成果——11支参赛队伍的调研报告全文以及4支参赛队伍的调研报告内容提要,并在最后的附录中收录了该届启动仪式暨赛前培训的速记实录稿,以便读者更全面地了解竞赛的整体情况。

第三届竞赛的调研主题是"分布式光伏产业快速发展的法律应对"。第三届竞赛的协办企业包括阳光电源股份有限公司、江苏爱康实业集团有限公司、宁波锦浪新能源科技股份有限公司、深圳市英威腾光伏科技有限公司、晶科电力科技股份有限公司、国网西海岸新区电力公司、青岛市天一新能源有限公司、晋能清洁能源光伏发电有限公司、中船重工海为(新疆)新能源有限公司等,参加高校有北方工业大学、中央财经大学、重庆大学、天津大学、中国石油大学(华东)、河北大学、山西财经大学、广东外语外贸大学、华东理工大学、安徽大学、西南科技大学、上海杉达学院、云南财经大学、昆明理工大学等。2018年7月12日,竞赛启动仪式暨赛前培训会在北方工业大学召开,阳光时代律师事务所葛志坚律师、国网能源研究院有限公司新能源与统计研究所室主任胡静博士、晶科电力科技股份有限公司客户中心主任李帅为参赛师生做赛前培训。之后,各参赛高校师生分赴安徽、江苏、深圳、上海等地的光伏企业开展实地调研。在评审环节中,中国法学会能源法研究会副会长、中国石油天然气集团公司原总法律顾问郭进平、国网能源研究院有限公司新能源与统计研究所主任黄碧斌、阳光时代律师事务所葛志坚律师担任评委。最后评选结果为:西南科技大学的《分布式光伏产业"去补贴化"发展现状及应对措施研究》和重庆大学2队的《分布式光伏产业发展中政策风险的有效消解》获一等奖;山西财经大学的《分布式光伏发电产业法律政策调研报告》、重庆大学1队的《智能光伏:肇启、愿景与实现》、北方工业大学《我国光伏扶贫的进展、困境及对策研究》、广东外语外贸大学的《光伏产业补贴政策及影响调研报告——以××地区光伏企业为调研对象》和上海杉达学院的《光伏行业民事纠纷解决的法律分析》获二等奖;中国石油大学的《"531新政"下我国分布式光伏产业的发展困境与路径研究》、安徽大学的《分布式光伏产业风险问题研究——基于"531新政"视角》、中央财经大学的《光伏发电"领跑者"计划相关问题调研报告》、河北大学的《户用分布式光伏产业相关问题调研报告》、华东理工大学的《光伏产业财政激励法律问题研究》、天津大学的《光伏企业社会责任调研报告》、新疆师范大学的《光伏发电产业相关问题调研分析》和云南财经大学的《云南省光伏产业发展情况调研报告》获三等奖。

经各篇调研报告作者授权,北方工业大学能源法研究中心主任陈兴华副教授和中央财经大学张小平副教授将这些报告结集成册,并对各篇报告进行了必要的修改和润色,使之更符合出版规范。此外,参与本书审稿工作的还有大唐公司法律事务部处长李德庆。在此过程中,编者在不改变原义的基础上根据出版要求对报告进行了一定的删减和改动。由于竞赛之初缺乏经验,各篇调研报告在体例和格式等方面缺乏统一性,这给编撰工作造成了诸多困难。需要特别说明的是,这些调研报告成稿于2018年,当中的一些数据和法律政策建议从现在的情况来看会有一定的滞后性,虽然编者对此类问题进行了一些修正,但为了保持原报告的完整性和系统性,成文中难免仍有不足之处。此外,本书收录的启动仪式暨赛前培训速记稿系编者根据现场资料整理,带有一定的口语表达特点,在系统性和严谨性方面难免有所欠缺,请读者注意甄别。

在本书的编写过程中,北方工业大学法律硕士研究生、能源法研究中心研究助理杜宜和颜静对各篇报告的体例和格式进行了修改和统一,立信会计出版社王艳丽女士对本书的出版给予了指导和帮助,并对本书进行了专业细致的编辑加工。在此,编者一并深表感谢,并恳请广大读者和同行对本书提出意见和建议。

编者

2021年8月31日

目　　录

序

前言

分布式光伏产业“去补贴化”发展现状及应对措施研究 …… 1

一、分布式光伏产业快速发展的背景 …… 1

二、分布式光伏产业补贴现状 …… 5

三、“去补贴化”过程中遇到的问题 …… 8

四、国外分布式光伏产业在政府削减补贴后的发展经验 …… 9

五、对我国分布式光伏产业未来发展的建议 …… 13

六、结语 …… 16

附件一　我国推进分布式光伏产业发展的部分政策 …… 17

附件二　光伏投资系统成本 …… 18

附件三　各省市光伏补贴政策 …… 18

附件四　日本可再生能源补贴政策 …… 20

附件五　德国可再生能源相关政策 …… 21

附件六　美国光伏产业促进政策 …… 21

分布式光伏产业发展中政策风险的有效消解(摘要) …… 23

一、调研目的 …… 23

二、调研内容 …… 23

三、调研小结 …… 24

分布式光伏发电产业法律政策调研报告 …… 26

一、分布式光伏基本概况及我国产业现状 …… 26

二、国内外分布式光伏产业政策的历史沿革 …… 30

三、国外分布式光伏产业发展经验借鉴 …… 35
四、我国现阶段分布式光伏主要法规政策研究 …… 36
五、分布式光伏产业发展中的主要法律问题及其完善建议 …… 44
六、结语 …… 49
智能光伏:肇启、愿景与实现(摘要) …… 51
一、选题背景 …… 51
二、调研目的 …… 51
三、调研内容 …… 51
我国光伏扶贫的进展、困境及对策研究 …… 54
一、光伏扶贫概述 …… 55
二、光伏扶贫项目建设中的问题 …… 60
三、国家对光伏扶贫项目的管理政策及其影响 …… 62
四、光伏扶贫工作建议 …… 63
附件 国家及地方光伏扶贫相关政策 …… 66
光伏产业补贴政策及影响调研报告——以××地区光伏企业为调研对象 …… 72
一、我国光伏产业补贴政策概况 …… 72
二、光伏补贴政策对国内光伏产业发展的影响 …… 74
三、光伏产业补贴政策的合理性与合法性基础 …… 75
四、光伏产业补贴政策对××地区光伏产业发展的影响 …… 78
五、结语 …… 82
光伏行业民事纠纷解决的法律分析 …… 83
一、光伏行业民事纠纷类型 …… 83
二、光伏行业民事纠纷的争议焦点与法律分析 …… 86
三、光伏行业买卖合同纠纷的解决途径 …… 92
四、结语 …… 93
“531 新政”下我国分布式光伏产业的发展困境与路径研究 …… 94
一、取消政府补贴对分布式光伏产业的影响 …… 94
二、取消分布式光伏补贴的合理性分析 …… 95
三、取消分布式光伏补贴的条件和原则 …… 97
四、“531 新政”下促进分布式光伏产业发展的具体路径 …… 98

五、结语 …… 99
分布式光伏产业风险问题研究——基于“531 新政”视角 …… 100
一、“531 新政”出台背景 …… 100
二、分布式光伏产业面临的风险 …… 101
三、分布式光伏企业风险应对建议 …… 104
四、结语 …… 107
光伏发电“领跑者”计划相关问题调研报告 …… 108
一、“领跑者”计划概况 …… 108
二、前两期“领跑者”计划与领跑基地建设遴选评估中存在的问题 …… 109
三、第三期“领跑者”计划与领跑基地建设遴选评估情况 …… 110
四、完善建议 …… 113
五、结语 …… 114
户用分布式光伏产业相关问题调研报告(摘要) …… 115
一、选题背景 …… 115
二、调研内容 …… 115
三、调研小结 …… 116
光伏产业财政激励法律问题研究 …… 118
一、光伏产业财政激励的必要性 …… 118
二、我国光伏产业财政激励中的问题 …… 120
三、我国光伏产业激励机制的重构 …… 123
光伏企业社会责任调研报告(摘要) …… 126
一、调研背景 …… 126
二、调研内容 …… 126
三、对策及建议 …… 128
光伏发电产业相关问题调研分析 …… 129
一、调研地区光伏发电情况 …… 129
二、我国光伏发电产业发展趋势 …… 130
三、光伏发电产业发展中遇到的问题 …… 132
四、相关应对措施建议 …… 134

云南省光伏产业发展情况调研报告 …… 135

一、调研背景 …… 135

二、调研方法途径 …… 136

三、调研内容 …… 136

四、云南省光伏产业发展建议 …… 139

附录　启动仪式暨赛前培训速记稿 …… 140

一、启动仪式 …… 140

二、葛志坚:新能源项目开发投资建设法律风险防范 …… 146

三、胡静:我国光伏发电开发利用情况 …… 161

四、李帅:光伏行业浅谈 …… 171

后记 …… 182

分布式光伏产业"去补贴化"发展现状及应对措施研究

撰写学校：西南科技大学
指导教师：崔金星
撰 写 人：崔红宇、代爱琳、童云霞、杨丽容

推动可再生能源发展、发挥可再生能源的战略性优势是贯彻落实中共十九大报告中提出的"加快生态文明体制改革、建设美丽中国"这一新目标、新任务的重要举措。近年来，我国大力推进分布式光伏产业的发展，颁布了大量促进分布式光伏产业发展的政策法规。依托政策补贴和能源转型的机遇，我国光伏产业经过十几年的黄金发展期，光伏发电技术日益成熟，产业规模日益壮大，光伏产业开始从追求速度和规模发展转向追求高质量发展。2018 年 5 月 31 日，国家发展和改革委员会、财政部、国家能源局联合印发了《关于 2018 年光伏发电有关事项的通知》（俗称"531 新政"），要求"合理把握发展节奏，优化光伏发电新增建设规模""加快光伏发电补贴退坡，降低补贴强度""发挥市场配置资源决定性作用，进一步加大市场化配置项目力度"。受新增建设规模放缓和补贴政策"退坡"的影响，分布式光伏产业面临降低发电成本、优化发展规模、提高运营质量的严峻挑战。在此背景下，本报告重点讨论"531 新政"后分布式光伏产业现状、面临的问题以及其他国家的经验，希望由此进一步探索分布式光伏产业发展的新模式，为我国分布式光伏产业健康发展提供建议，使分布式光伏产业发展实现从补贴驱动向市场驱动的转变。

一、分布式光伏产业快速发展的背景

（一）能源消费结构转型是大势所趋

1. 全球能源消费结构变化

当前，我们生活在第三次工业革命时代。随着化石能源不可持续性利用缺陷的日益凸显，可再生能源替代化石能源已经是大势所趋。虽然全球一次性能源消费量仍呈

增长态势，但全球煤炭的消费量自 2013 年后不断下降，清洁能源（如天然气）和可再生能源（如风能、水能等）正在引领新的发展趋势（见图 1～图 5，图中数据均来自 2018 年版《BP 世界能源统计年鉴》）。

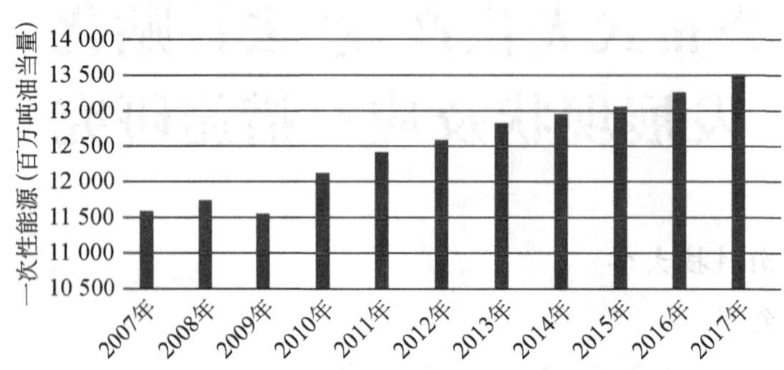

图 1　2007—2017 年全球一次性能源消费量

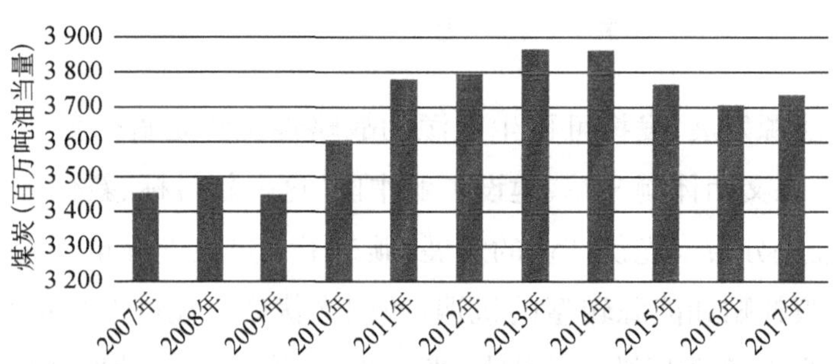

图 2　2007—2017 年全球煤炭消费量

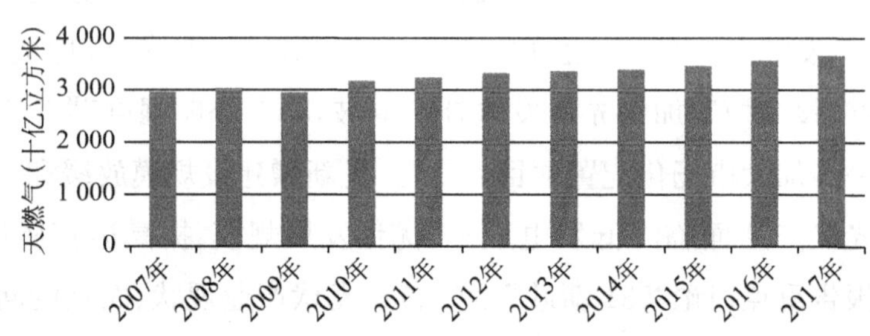

图 3　2007—2017 年全球天然气消费量

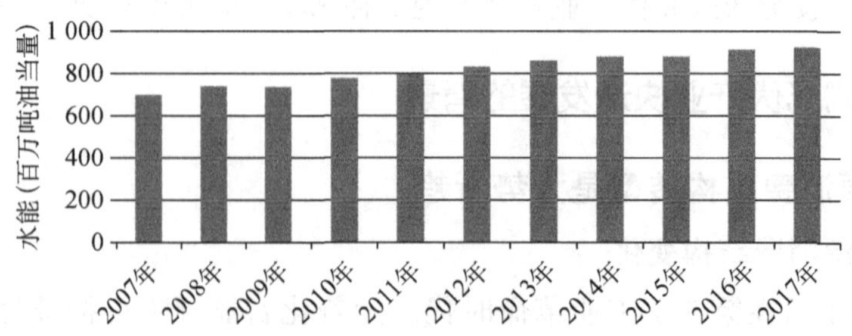

图 4　2007—2017 年全球水能消费量

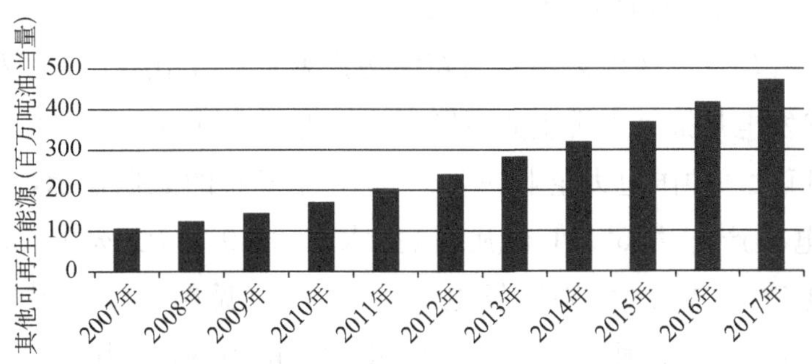

图 5　2007—2017 年全球其他可再生能源消费量

2. 近年来我国能源消费结构变化

我国 2007 年和 2017 年一次性能源消费结构分别如图 6 和图 7 中所示。我们从图 6 和图 7 中可以看出，我国的能源结构正在逐步转型升级，煤炭占比逐渐下降，可再生能源、天然气占比逐渐上升，但可再生能源占比仍然很小。未来，可再生能源的开发利用具有巨大的发展潜力。

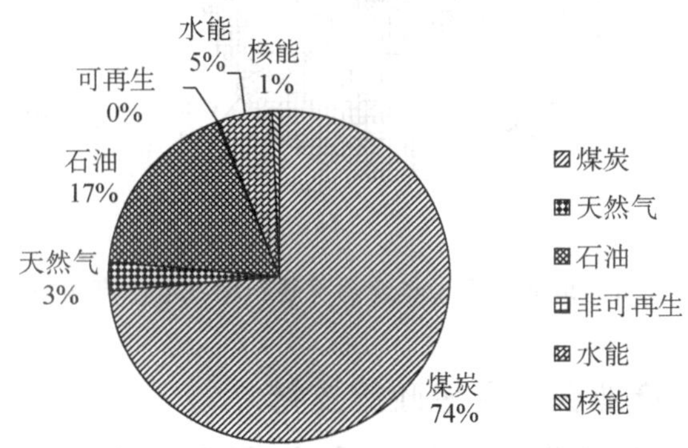

图 6　2007 年我国一次性能源消费结构

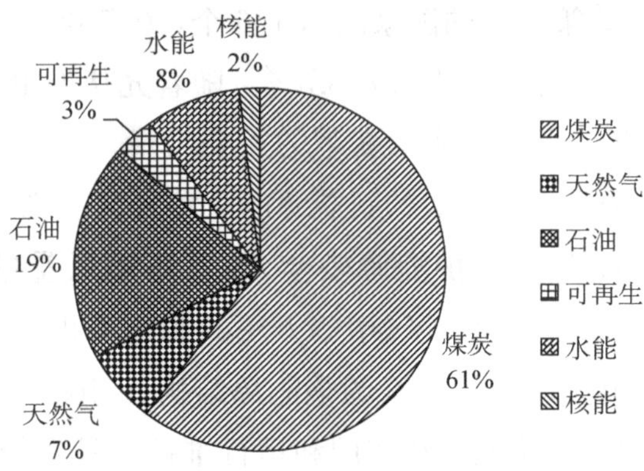

图 7　2017 年我国一次性能源消费结构

（二）分布式光伏产业发展潜力巨大

近年来，我国以光伏、风电为代表的新能源产业取得了快速发展，光伏装机量跃居世界第一。光伏发电是推动可再生能源发展的主力军，其中，分布式光伏市场引领新能源的变革，潜力巨大。中国电力企业联合会 2018 年发布的数据显示，2018 年上半年全国基建新增发电生产能力 52.11 吉瓦，包括水电 2.49 吉瓦、火电 15.15 吉瓦、核电 1.13 吉瓦、风电 7.53 吉瓦、太阳能发电 25.81 吉瓦（见图 8）。其中，太阳能发电比 2017 年同期多投产 2.19 吉瓦，太阳能新增发电生产能力约占全国基建新增发电生产能力的一半。由此可见，分布式光伏产业的发展形势迅猛，追求分布式光伏产业高质量发展已经成为能源行业的全新目标。

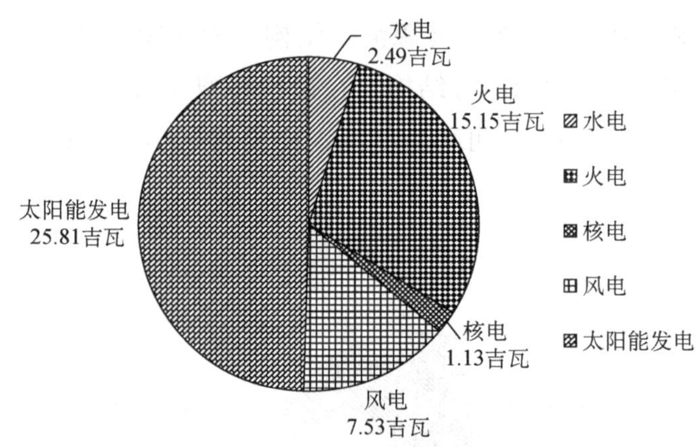

图 8　2018 年上半年全国基建新增发电生产能力

（三）分布式光伏产业获得更多政策支持

从全球来看，德、美、日等发达国家以及印度、墨西哥等新兴国家高度重视可再生能源的发展，纷纷出台促进可再生能源发展的政策与措施。据国际可再生能源机构统计，2016 年制定可再生能源政策目标的国家已达 176 个，2017 年全球可再生能源发电容量增加 167 吉瓦，达到 2 179 吉瓦，增速约为 8.3%。随着光伏发电规模不断扩大，成本显著降低，光伏发电已经成为当下新能源变革的重要力量。近年来，在国家政策的支持下，我国以光伏发电、风力发电为代表的新能源产业发展迅速，装机量跃居世界第一。

（四）发展可再生能源是维护能源安全、改善环境质量的需要

我国早在 2005 年就制定并通过了《中华人民共和国可再生能源法》（以下简称《可再生能源法》）。发展可再生能源是国家调整能源结构、保障国家能源安全的需要。与常规火力发电相比，分布式光伏发电在使用和运行维护上具有较大的优势（见表 1），发展分布式光伏产业有利于缓解我国能源供需矛盾，促进能源结构不断优化升级，也有利

于保证我国能源产业免受国际能源市场动荡的影响，保障能源安全。① 基于分布式光伏产业的众多优势，政府高度重视分布式光伏产业的发展。

表1　分布式光伏发电的优势

使用上	① 就近供电，无须长途运输，减少长距离输电线路损失，能在一定程度上缓解局部地区的用电紧张状况 ② 不用燃料，运行成本低 ③ 无运动部件，不易损坏 ④ 无污染、无公害，零排放，属于清洁能源，环保效益突出 ⑤ 建设周期短，灵活便捷，可根据负荷增减调整太阳能方阵容量，减少资源浪费
运行维护上	操作简单，安全性有保障

二、分布式光伏产业补贴现状

（一）光伏产业“去补贴化”的正当性

当前，我国光伏产业的补贴政策已经到了亟须调整的节点时刻。首先，光伏产业在国家补贴政策的支持下，短时间内取得了快速发展，但由于补贴力度大，补贴时间长，国家财政的补贴压力巨大。其次，光伏产业经过十几年的快速发展，光伏发电以及并网销售技术都有了很大提高，具备了脱离财政补贴、自主发展的基础。最后，由于补贴政策的存在，光伏产业的发展在一定程度上存在盲目性，产生了产能结构性过剩导致的大规模“弃光”现象。

1. 光伏产业存在项目补贴缺口

据统计，2015 年我国可再生能源基金收入为 514.87 亿元，支出为 579.6 亿元，缺口为 64.73 亿元。2016 年我国可再生能源附加补贴缺口约为 550 亿元。2017 年我国光伏发电补贴缺口高达 1 000 亿元。由于国家可再生能源电价补贴缺口过大，电价调整的频率也随之加快。现阶段，减少光伏产业补贴、缓解财政压力更能促进光伏产业乃至整体社会经济的健康发展。

在此背景下，“531 新政”打破了标杆上网电价及补贴金额“一年一调”的传统，明确开始对光伏产业控规模、降补贴，倒逼光伏产业转型升级，加速平价上网进程。

2. 光伏发电成本降低

1）光伏组件成本降低

光伏产业经过多年发展，技术水平获得了很大的提高。随着光伏组件制造成本的下降，光伏发电度电成本持续降低，光伏产业规模快速增长，国际竞争优势不断巩固，光

① 梁文翰.我国分布式光伏发电现状探究[J].中国战略新兴产业，2018(24)：31-32.

伏发电项目对政策补贴的依赖程度逐步降低。近年来,各种光伏材料和组件的产量及价格变化趋势见图 9~图 11。

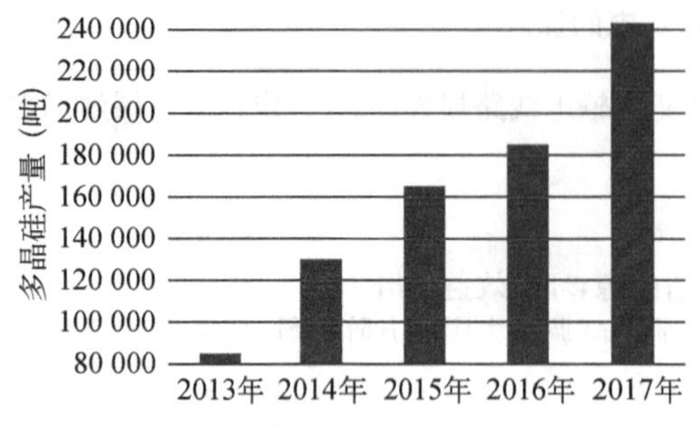

图 9　2013—2017 年我国多晶硅产量

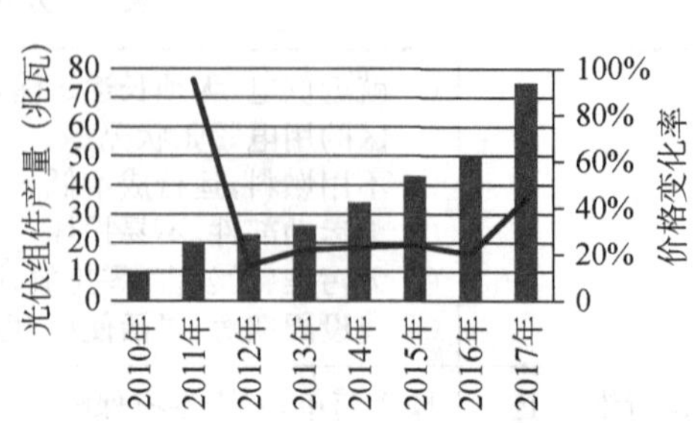

图 10　2010—2017 年我国光伏组件产量及价格变化率

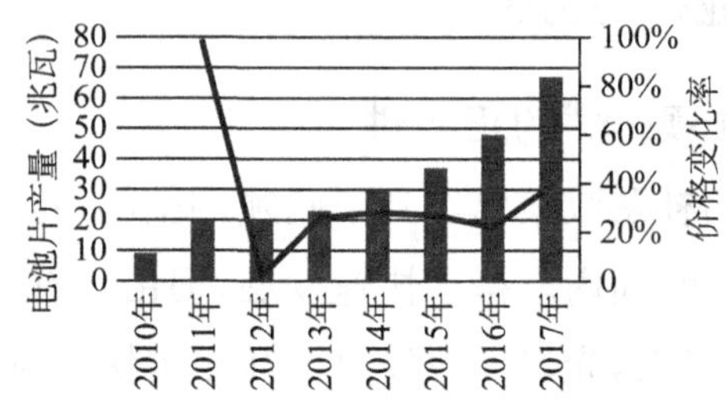

图 11　2010—2017 年我国电池片产量及价格变化率

2）系统投资成本降低

随着光伏组件成本的下降,光伏发电成本也逐渐降低,从 2007 年到 2017 年,光伏发电成本累计下降了约 90%,未来光伏发电项目投资成本也将继续下降。光伏发电成本和项目投资成本的不断降低,为光伏产业“去补贴化”提供了现实支撑。

3. “弃光”现象明显

过去,光伏产业依托国家补贴政策和新能源跨越式发展等战略机遇,获得了很大的发展,但与此同时,光伏发电快速发展带来的“弃光”现象也不容忽视。以此次调研的企业为例,企业“弃光”的原因如下:第一,西北地区缺乏电源和电网的优化配置,光伏装机发电量超过电网容量,为了缓解电网压力,企业只能选择“弃光弃电”;第二,省际电网壁垒的存在一定程度上阻断了电力外送,高发电量和低用电量之间存在矛盾,从而导致“弃光”现象的存在。

(二)补贴政策差异化特征明显

“531 新政”后,国家对光伏产业的补贴政策出现了大的调整,主要体现在暂停普通地面电站指标发放、限制分布式光伏规模和调低上网电价等方面。国家能源局针对分布式光伏电站的规模和补贴力度出台了详细的规则。

1. 分类执行光伏电站政策

新规则要求分布式光伏发电自发自用、就近消纳。以6兆瓦为分界线，分布式光伏项目分为小型光伏发电设施和小型分布式光伏电站两类。其中，小型分布式光伏电站容量为6兆瓦～20兆瓦，这部分光伏发电量要求全部“自发自用”；6兆瓦以内的项目包含户用光伏系统和工商业屋顶光伏，这一部分小型分布式光伏发电设施所发电量要求“自用为主，余电上网”，而且要求余电上网的电量不超过50%。此外，不符合上网电量要求的项目将被“踢出”分布式光伏阵营，执行普通光伏电站政策。由于分布式光伏项目在电价补贴、市场交易等各方面都优于普通光伏电站，如果被“踢出”分布式光伏阵营，小型光伏电站的收益将会大幅下降。

2. 享受分布式光伏优惠政策的限制性规定

户用光伏项目是指建在居民固定建筑物、构建物及附属场所的，容量不超过50千瓦的光伏发电系统。此类光伏项目仍然可以选择“全部自用”“余电上网”“全额上网”三种运营模式。除了户用光伏项目，其他的分布式光伏项目从“531新政”后都有了电量自用比例的要求。这样的政策变动是为了保证光伏装机容量，同时减少分布式光伏发电并网给电网带来的压力。纳入规模化管理之后，分布式光伏只能在规划内发展，不再“野蛮生长”。

3. 地区政策差异

“531新政”对分布式光伏电站的规模和补贴控制作出了详细的规定，并规定政策出台前已完成并网的分布式光伏项目由地方财政依法予以支持。这也就意味着分布式光伏电站的收益水平和建设规模将在很大程度上受到不同地方政策的影响。[①] 但中央完全放手让地方对分布式光伏进行调整，存在着诸多问题。多样化的地方保护主义和地方性保护条款常常要求分布式光伏在建设中选用本地生产的组件产品。例如，安徽省马鞍山市明确要求在该市注册、新建的分布式光伏发电项目只有使用该市企业生产的光伏组件，才能享受补贴政策。这种政策虽然在短期内可带动本地的经济发展，但长期来看不利于市场的良性竞争。[②]

4. 其他差异

光伏产业补贴政策其他差异包括补贴模式差异和补贴对象差异。其中，补贴模式差异表现在发电量补贴、上网电价补贴和一次性初装补贴等方面；补贴对象差异表现为有些补贴针对工商业分布式光伏发电项目，有些补贴针对用户屋顶光伏发电项目。

---

① 杨凯奇.“5·31”新政满月—光伏行业何以应对“后补贴时代”[J].新能源经贸观察，2018(07)：28-31.

② 刘蕾，楚春礼，鞠美庭.中国分布式光伏发电政策演变和发展探讨[J].未来与发展，2018，42(06)：6-14.

三、"去补贴化"过程中遇到的问题

（一）分布式光伏企业自身遇到的问题

1. 分布式光伏企业创新性和竞争力不足

相对于传统火力发电而言，现阶段分布式光伏发电仍缺乏竞争力。目前，分布式光伏发电的成本仍然相对较高，而且分布式光伏企业的发展仍过度依赖国家补贴政策。据了解，我国光伏电源/电池产品以晶体硅电池为主，且主要集中在常规电池环节，产品结构相对单一，在高端电池工艺及装备、材料方面也存在不足，包括黑硅、钝化发射区背面电池、N型技术等所需的关键设备仍依赖进口。

2. 分布式光伏企业市场化交易不足，融资困难

随着分布式光伏产业规模的扩大，国家财政不可能为分布式光伏产业持续发放巨额补贴。在现阶段逐渐实现"去补贴化"的形势下，分布式光伏市场化交易关系到分布式光伏产业的发展前景。因此，分布式光伏市场化自由交易必须尽快推广普及。

此外，现有的分布式光伏交易市场缺乏活力，投资主体单一，分布式光伏产业过度依赖政策补贴，银行等金融机构为分布式光伏项目提供金融服务的动力不足，导致分布式光伏产业融资困难。

3. 分布式光伏企业从业人员素质参差不齐

目前，我国分布式光伏行业门槛较低，设备高度集成，从业人员的素质良莠不齐，这在一定程度上影响了很多分布式光伏项目的质量和寿命。① 从某种程度上说，我国分布式光伏行业是一个资金密集型、人力密集型行业而非高端技术密集型行业，大多数工作人员入行前对光伏了解甚少，一些企业缺乏必要的员工培训。

（二）法律政策制定落实过程中的问题

1. 缺乏政策环境

"531新政"后，由于国家补贴额度下调，分布式光伏发电市场存在动力不足的隐患。针对分布式光伏项目点对点就近消纳及"隔墙售电"等问题，有关部门未出台相应切实可行的法律政策和实施细则。在现阶段电力体制改革过程中，由于投资者缺乏对分布式光伏项目的投资热情，不少企业渴望寻求政府非补贴类的优惠政策，但是政府在延续对可再生能源补贴优惠政策的同时缺乏新增的非补贴类优惠政策。这导致分布式光伏产业的发展缺乏驱动力。

---

① 夏金彪.政策收紧促使光伏产业高质量发展[N].中国经济时报，2018-06-05(006).

2. 补贴发放的落实不到位

当前，个别地区存在供电公司未规范分布式光伏发电项目并网及费用结算流程的情况，从而使部分分布式光伏发电项目无法及时获得国家补贴，且电费结算周期过长。

（三）光伏产业市场化转向过程中的问题

分布式光伏发电市场化交易的普及性有待提高。当前，我国电力市场的开放程度仍然不够，仅供电侧实现了一定程度的竞争，售电侧市场化改革尚待深入。“531新政”颁布后，分布式光伏发电项目效益堪忧，分布式光伏发电亟须市场化交易。绿色电力证书是可再生能源电力市场的交易凭证，但分布式光伏发电由于依旧受固定补贴扶持，尚不包括在绿色电力证书核发范围内。这一问题的存在严重阻碍了分布式光伏发电交易的市场化。

四、国外分布式光伏产业在政府削减补贴后的发展经验

（一）日本

日本政府虽然相继出台了一系列的削减补贴政策，但是从整体上来说，相关政策出台后日本的光伏装机量并没有出现大幅度的降低。同时，在日本，居民所建户用分布式光伏项目占比较大，这得益于分布式光伏组件技术的提升和政府提倡建设零能耗住宅的政策导向。

1. 发展光伏发电储能技术

光伏企业从依赖光伏发电补贴政策到转型发展光伏发电储能技术，进一步实现电力自产自销，是光伏产业发展的一条必经之路。此外，大力发展蓄电池市场对光伏发电企业来说是一个新的商机，对住宅光伏系统的所有者来说也是一个机遇。

第一，对于户用分布式光伏发电来说，用户可以选择通过使用储能电池建立自己的家庭光储系统，这有利于实现光伏发电的自产自销。

第二，由于地质灾害频发，日本通过发展蓄电池技术将光伏板所发的电能储存在蓄电池中，灾害发生时光储系统可以正常供电。这对时刻需要电能来维持运转的设施十分必要。

2. 提倡建设零能耗住宅

日本政府一直在大力推进零能耗住宅政策。零能耗是指不消耗常规能源，完全依靠太阳能或者其他可再生能源。零能耗建筑是指利用被动式设计方法，采用高性能设备系统，最大限度地降低建筑能耗，同时保证良好的室内环境，充分利用可再生能源，实现建筑能源需求自给自足，一次能源消费量为零的建筑。其目标是降低二氧化碳的排放量，减少人类的能源消耗。这种零能耗住宅能够在任意气候条件下，在科学设计和分

类选材的基础上，使室内自然温度接近或保持在人体舒适温度（15 ℃～26 ℃）范围内，从而为居住者提供健康、舒适、环保的居住空间。

日本政府为了推动零能耗住宅的发展，一方面给予日本居民建造零能耗住宅的资金补助，另一方面也给予房地产开发公司开发建设零能耗公寓楼的补助。推进零能耗住宅建设的核心要素之一便是安装屋顶光伏发电板，实现太阳能清洁发电。因此，一部分居民为了获取零能耗住宅国家补助，选择光伏发电作为自有发电系统。这进一步促进了光伏发电产业的发展。

3. 建立城市微电网系统

微电网系统是指由分布式电源、储能装置、能量转换装置以及负荷、监控和保护装置等组成的小型发配电系统。其对外表现为以整体单元接入主网运行，将本区域内光伏发电的电力通过微电网系统进行配置，实现电量的最大利用。这种系统具有以下三个优点。

第一，微电网系统使光伏发电实现当地自产自销，不再大力依靠传统煤电，保护了生态环境。

第二，光伏发电产生的电能可以储备在锂电池储能系统中，由储能电池控制电能，从而使电价下降，为光伏企业带来经济效益。

第三，在主电网供电中断时，微电网系统也能供电。这进一步提高了国家应对灾难的能力。

（二）德国

德国政府为了调整对可再生能源的补贴机制，主要根据本国的《电力入网法》和《可再生能源法》，采取了固定电价与可再生能源电价附加政策。

1. 固定电价政策

1）逐年降低电价

为了缓解财政压力并提高可再生能源产业的竞争力，德国开始逐步降低固定电价标准。德国的《可再生能源法》经历多次修订，在上网电价补贴标准方面体现为对可再生能源新建项目的逐步降低。反映在地面光伏发电上，其单位固定电价从 2000 年的 51 欧分降低到 2013 年的 11 欧分。这种降低不仅减轻了政府日益增长的补贴压力，而且也促进了光伏企业的竞争。

2）自动调节电价

德国可再生能源电价在发展中融入市场机制，反映市场供求关系，进行自我调节，并形成了一套自动调价机制。德国政策规定，光伏发电的电价水平随新增装机总量每季度进行调整，使补贴价格能够及时反映市场供需。

3）促进竞争性

在保障电力销售端竞争的基础上，德国形成了两个关于可再生能源发电的重要机制。第一，提高居民电力消费价格，促进户用分布式光伏发电的发展。第二，提高化石能源的发电成本，从而使光能、风能等新能源在发电侧和用电侧具有相对优势。

2. 可再生能源电价附加政策

德国依据可再生能源发电量测算其补贴额度，并设定电价附加征收标准。具体方法如下。

（1）根据与该年度相对应的固定电价水平，对下一年度可再生能源发电总规模进行估测，并预测其补贴资金需求。

（2）依此为条件，考虑本年度补贴实际发放和本年度电价附加征收总量差额（因为电价附加是根据预测预征的，与实际补贴支出存在差距，不足部分由下一年电价附加征收补齐），估测并设定下一年度电价附加征收标准。

（3）结合国家对可再生能源所制定的总体发展战略和其各个发展阶段的发展目标，对补贴标准进行调整。

（三）美国

1. 投资税收减免政策

投资税收减免政策最初是美国政府为了鼓励绿色能源投资而出台的，该政策规定，投资人投资光伏发电项目可按照投资额的30%抵扣应纳税款。其具体措施包括以下三个方面。

第一，投资税抵扣额为投资成本的30%。这是针对2016年前建成运行的太阳能项目，包括光伏发电和光热发电项目、制冷或供暖设施项目、太阳能过程供热设施项目、使用光导纤维的混合式太阳能照明项目、燃料电池项目、小型风电项目。

第二，投资税抵扣额为投资成本的10%。这是针对2016年后商业运行的太阳能项目，如地热系统项目、微型汽轮机项目、热电联产项目等。投资税抵扣政策降低了投资分布式光伏项目纳税人所需缴纳的税额。在分布式光伏发电项目投运时，投资税抵扣即开始生效。此项政策减轻了投资人发展可再生能源项目时的投资、集资压力，降低了投资人的前期投资开发成本。

第三，政策要求储能系统储备的电能至少有75%来自可再生能源，否则投资人不能享受投资税收减免政策。具体来讲，储能系统储存的电能有75%～90%来自可再生能源时，投资人可以享受部分投资税收减免政策；储能系统储存的电能100%来自可再生能源时，投资人可完全享受投资税收减免政策。基于此项政策，可再生能源企业为了获取投资税收减免政策的支持，会在储能系统中大幅提高可再生能源的发电比例。这对于调整能源消费结构、改善环境质量等都有很好的促进作用。

2. 可再生能源配额制

可再生能源配额制是指在地区电力建设中，可再生能源发电必须在全部电力中保持或占有一定的比例，使与配额比例相当的可再生能源电量可在各地区（各电网）间交易，解决地区间可再生能源资源的差异。

美国可再生能源配额制的实施可以追溯到20世纪90年代。为了激活可再生能源市场，促进可再生能源的生产和消费，美国联邦政府制定了一系列可再生能源发展目标。例如，《2005年美国能源政策法案》规定：在2007—2009年消费的电能中可再生能源发电比例应不低于3%；2010—2012年这一比例应不低于5%；2013年以后这一比例不得低于7.5%。《2007年联邦能源独立与安全法案》对政府资助建设的生活用能作出了强制性规定。《2009年美国复苏与再投资法案》要求电力公司在2020年提供不少于20%的可再生能源电力。

3. 气候行动计划

2013年，美国政府提出“气候行动计划”，明确指出要加快对清洁能源的利用，并对在公共用地、政府资助住房和军事设施方面的可再生能源消费量作出明确规定。① 在美国，各个州之间的可再生能源具体配额因各州的具体情况不同而有不同的最低份额要求。2018年，美国共有29个州和华盛顿特区要求本州内的供电企业按照当地政府的计划收购最低份额的可再生能源电力。由此可见，美国政府通过法律来强制增加可再生能源发电在电能中的比例，由此促进光伏发电企业的发展和革新。

（四）丹麦

丹麦作为一个自然资源较为贫乏的国家，其煤矿、石油等能源常年依赖进口。20世纪90年代，丹麦开始改变“依赖型”能源模式，进行能源结构改革，分布式光伏发电成为推动可再生能源发展的手段。丹麦通过制定一系列法律法规和政策，有效地推动了分布式光伏发电的推广。

1. 完善可再生能源法律体系

为了促进可再生能源电力系统的发展，丹麦制定并完善了相关法律体系。比如，1976年制定了《供电法案》，1979年制定了《供热法案》，1981年出台了《可再生能源利用法案》并于2008年对其进行了修订，2003年出台了《能源供应法案》并于2010年对其进行了修订。其中，《供电法案》规定：电网公司必须优先购买热电联产电站生产的电能，而消费者有义务优先使用热电联产电站生产的电能。《供热法案》《可再生能

---

① 林卫斌，付亚楠.发达国家可再生能源发展机制比较[J].开放导报，2018(03)：23-27.

源利用法案》和《能源供应法案》均对分布式光伏发电作出规定，明确提出对其予以鼓励、保护和支持，并给予补偿政策和优惠贷款。完善的基本法使丹麦分布式光伏发电产业的发展有了较高层次的法律保障。

2. 对可再生能源发电提出引导性目标

丹麦政府于 1981 年制定了第一个能源计划，随后制定了第二个能源计划，并于 2013 年出台了《能源政策协议》，制定了较高的可再生能源发展目标。在丹麦政府制定的这些能源计划和可再生能源发展目标中，分布式光伏发电是不可或缺的主要内容。丹麦可再生能源发展的高目标促进了分布式光伏发电产业的快速发展。

3. 综合运用经济手段促进分布式光伏发电的发展

丹麦为了促进分布式光伏发电的发展，主要采用了包括税收优惠、财政补贴、银行信贷优惠等经济手段，并且将污染物排放税收条例作为参照对能源税进行调整，对分布式光伏发电项目的建设和投资进行补贴。

4. 清洁电能优先上网和电价补贴政策

丹麦的《电力供应法》对分布式光伏发电上网进行了具体的规定：分布式光伏发电可优先上网，电网负责对其收购和付款，业主可在分布式光伏发电设备没有第一时间上网的情况下，向电力公司主张赔偿。

丹麦对分布式光伏发电上网采取固定电价政策，其上网电价主要包括市场竞价和补贴两部分。其以市场竞价为基本原则，依据不同的并网年份，对分布式光伏企业采取差异性补贴政策。这种方法可以保证补贴政策的科学性和合理性。

五、对我国分布式光伏产业未来发展的建议

（一）对分布式光伏产业自身突破性发展的建议

1. 增加融资渠道，降低投资风险

分布式光伏企业在发展过程中完全依赖政府补贴或者个人投资是不现实的，我国必须进一步推动分布式光伏企业融资证券化。具体措施包括：建立透明的信息披露机制，如组件商情况、组件产品质量、开发商资质、项目发电量、地方政策变动等信息应公开化、透明化，在此基础上建立完善的项目风险评估机制和风险共担机制，吸引保险机构的介入，从而为新型分布式光伏项目融资机制的建立创造条件。[①] 此外，在金融创新和"互联网+"时代背景下，众筹模式也可以成为分布式光伏企业融资的新途径。

① 谢旭轩，高虎.当前制约我国分布式光伏发展的问题调研及建议[J].中国经贸导刊，2015(12)：46-49.

2. 就近消纳,降低电网压力

近年来,分布式光伏发电并网的波动性、随机性和不可控性给配电网安全带来了巨大挑战。因此,在实践中,我们只有提出合理的解决途径和方案,才能使分布式光伏发电发挥其独特优势。

1) 促进电能就近消纳

在美国和德国,由于分布式光伏发电并网建立在传统电源的基础上,其传统电网输送的压力较大。我们可以以此为鉴,将分布式光伏发电生产的电能就近消纳,实现电源建设和电量消纳结构的优化配置。

2) 构建储能发电体系

总体来说,分布式光伏发电和供电的过程需要储能体系配合。因此,光伏发电中的配套管理部分也较为重要。由于分布式光伏设备有些是建设在农村和城镇居民屋顶上的,那么我们在电网改造的过程中要充分考虑未来分布式光伏发电并网的问题,拓展电网容量和配网构架。

3. 发展光伏储能技术,提高光伏发电利用率

通过储能技术使光伏离网发电是光伏发电过程中的一项关键技术。日本的分布式光伏发电及光伏发电储能技术较为先进,其配套政策也较为完善,我们可以借鉴日本在降低光伏补贴、发展光伏发电储能技术等方面的相关经验。储能技术的发展和提高,一方面可以弥补光伏发电并网的波动性和不确定性等固有缺陷,使光伏设备能够脱离电网全天候为用户提供电量;另一方面可以促进分布式光伏发电生产的电能就近消纳,缓解大规模光伏发电并网给电网带来的压力。

4. 培养企业人员服务意识,促进企业健康发展

目前,我国分布式光伏产业普遍存在以下两个问题:一是加工服务受制于国外,二是光伏产业从业人员缺乏创新意识。

基于以上问题,发现市场、挖掘消费者潜在需求,是分布式光伏产业亟须解决的关键问题。否则,“光伏技术民用化”难以落实。因此,培养光伏企业人员的服务意识,建立完善的服务营销体系,把光伏产业的重要竞争优势凸显出来,是当下分布式光伏产业转型升级的突破口。

(二) 促进分布式光伏产业发展的法律途径

1. 完善相关立法

第一,我国虽然制定了《可再生能源法》及相关政策,但我国与光伏发电相关的法律还不够健全,制度还不够完善,缺乏对分布式光伏发电产业发展的重视与支持。我们可以参考德国在可再生能源立法方面的措施,积极制定完备的可再生能源法律法规,充分保障可再生能源和分布式光伏产业的发展权益。具体而言，我国的《可再生能源法》有必要补充并明晰与分布式光伏产业有关的内容，同时完善促进分布式光伏产业发展的财税、价格政策和措施，为分布式光伏产业创造一个良性的发展环境。①

第二，我国应实现科学立法，使相关法律具有较强的可操作性。具体而言，相关部门可根据上一年光伏产业的发展情况等制订下一年的年度发展计划等相关政策，并对相关政策进行不断修订和完善，从而更好地发挥法律政策对光伏产业的推动作用。相关政策的制定要细致严谨，一方面对一般情况作原则性的说明，另一方面对特殊情况下的处理方法作特殊说明，以保证法律法规的有效执行。②

第三，做好政策预期，减少行业动荡。光伏企业如果对补贴“退坡”的预期评估出现偏差，就会导致光伏发电市场出现动荡，从而影响光伏产业的长期健康稳定发展。因此，政府在制定相关政策时要做好充足的市场调研，结合光伏发电产业市场，进一步完善补贴“退坡”机制，为光伏企业转型升级预留时间。这样，光伏投资主体就会根据国家的相关政策采取相应的应对措施，并据此测算出项目的投资收益率，进行技术创新和投资创新，促使光伏发电市场平稳运行。

2. 根据产业规模适时调整补贴政策

具体而言，我国应根据光伏发电技术发展水平、光伏发电成本和市场消纳情况，及时调整电价水平和财税支持政策，改变“一刀切”的光伏政策，逐步形成单位电量适当补贴的良好机制，充分发掘技术创新的潜力，实现光伏产业的规模化发展。

3. 降低光伏发电并网的非技术成本

第一，相关部门要认真落实《国家能源局关于减轻可再生能源领域企业负担有关事项的通知》，促进分布式光伏产业的发展，加快屋顶分布式光伏电站建设。

第二，深化农村配电网的升级改造，促进农网和光伏发电并网的发展，加强电网的有效利用。

第三，合理解决电源和电网建设周期不同步的问题。电网建设的滞后性不可避免，关键是要把已经建成投运的电站输配电设施尽快纳入地方的电力规划，逐步为光伏发电并网扫清障碍。

4. 明确光伏补贴政策“退坡”之后的各方责任

第一，国家相关部门要时刻关注分布式光伏产业在发展过程中遇到的困境，及时制定相关的政策法规，做好分布式光伏产业发展的引导。

---

① 李秀云.德国分布式能源发展经验浅析[J].风能，2014(11)：91-92.

② 谢秦，宗志刚.德国分布式光伏补贴政策变化及其对中国的启示[J].电气时代，2015(02)：39.

第二，地方政府一方面要积极落实国家关于分布式光伏产业发展的政策法规，另一方面要结合地方经济发展水平，对地方分布式光伏产业给予相应的扶持。

第三，分布式光伏企业要遵守相关政策法规，同时也要提高自身的创新性，拓宽企业的融资渠道。

六、结语

分布式光伏发电技术的进步和发电成本的降低，使分布式光伏产业对国家政策补贴的依赖度逐步降低，同时推动分布式光伏产业更加向市场化倾斜，实现产业质变。分布式光伏产业在从快速发展到高质量发展的转型过程中，即使相关补贴政策出现调整，产业根基也不会从根本上动摇，未来分布式光伏产业的发展前景依然良好，可再生能源产业仍然是国民经济中具有强大发展潜力的一部分。

参考文献

[1] 梁文翰.我国分布式光伏发电现状探究[J].中国战略新兴产业，2018(24)：31-32.

[2] 杨凯奇."5·31"新政满月—光伏行业何以应对"后补贴时代"[J].新能源经贸观察，2018(07)：28-31.

[3] 刘蕾，楚春礼，鞠美庭.中国分布式光伏发电政策演变和发展探讨[J].未来与发展，2018，42(06)：6-14.

[4] 夏金彪.政策收紧促使光伏产业高质量发展[N].中国经济时报，2018-06-05(006).

[5] 徐伟，孙德宇，路菲，等.近零能耗建筑定义及指标体系研究进展[J].建筑科学，2018，34(04)：1-9.

[6] 谢秦，宗志刚.德国分布式光伏补贴政策变化及其对中国的启示[J].电气时代，2015(02)：39.

[7] 林卫斌，付亚楠.发达国家可再生能源发展机制比较[J].开放导报，2018(03)：23-27.

[8] 谢旭轩，高虎.当前制约我国分布式光伏发展的问题调研及建议[J].中国经贸导刊，2015(12)：46-49.

[9] 李秀云.德国分布式能源发展经验浅析[J].风能，2014(11)：91-92.

附件一　我国推进分布式光伏产业发展的部分政策

政策阶段	代表性文件	政策要点
探索阶段	《关于加快推进太阳能光电建筑应用的实施意见》《关于实施金太阳示范工程的通知》《关于做好2012年金太阳示范工作的通知》	1. 实施太阳能屋顶计划示范工程，正式启动光伏建筑市场，设立可再生能源专项资金，作为可再生能源示范项目主要资金来源 2. 实施"金太阳"示范工程，带动国内光伏发电的产业化和规模化发展 3. 持续调整示范项目补贴标准，按比例补贴变为定额补贴，数额逐年下降
全面推广阶段	《太阳能发电发展"十二五"规划》《能源发展"十二五"规划》《国务院关于促进光伏产业健康发展的若干意见》《关于申报分布式光伏发电规模化应用示范区的通知》《国务院关于促进光伏产业健康发展的若干意见》 《光伏发电运营监管暂行办法》《关于分布式光伏发电实行按照电量补贴政策等有关问题的通知》《关于发挥价格杠杆作用促进光伏产业健康发展的通知》《分布式光伏发电项目管理暂行办法》《光伏发电运营监管暂行办法》 《关于印发加强光伏产业信息监测工作方案的通知》《能源监管行动计划(2014—2018年)》《关于支持分布式光伏发电金融服务的意见》《关于光伏发电增值税政策的通知》《关于对分布式光伏发电自发自用电量免征政府性基金有关问题的通知》《分布式光伏发电项目管理暂行办法》	1. 首次将太阳能发电纳入国家发展规划，要求建立有利于其发展的竞争与管理机制 2. 坚持集中与分布式相结合，推进太阳能多元化利用，建设配套分布式电源的智能电网，全面指导分布式光伏发电大力发展 3. 鼓励因地制宜地开展分布式光伏发电应用，健全电力运行机制；电网公司应承担配套电网建设与改造，提供并网服务，提高电网接纳能力，给出分布式光伏发电界定条件及具体并网流程
市场多元化推动阶段	《关于进一步落实分布式光伏发电有关政策的通知》《关于下达2015年光伏发电建设实施方案的通知》《关于实施光伏扶贫工程工作方案》《关于进一步深化电力体制改革的若干意见》《关于在能源领域积极推广政府和社会资本合作模式的通知》《关于促进先进光伏技术产品应用和产业升级的意见》《2017年能源工作指导意见》《关于可再生能源发展"十三五"规划实施的指导意见》《关于开展分布式发电市场化交易试点的通知》《关于进一步深化电力体制改革的若干意见》《配电网建设改造行动计划(2015—2020年)》《关于2018年光伏发电项目价格政策的通知》《可再生能源发展"十三五"规划》	1. 实施光伏"领跑者"计划，推动分布式能源系统大容量储能应用技术产业化 2. 开放电网公平接入，提高系统消纳能力和能源利用效率，推动智能电网建设与互联网深度融合，满足分布式电源发展需求 3. 鼓励发展屋顶光伏项目，建立市场化交易机制，引入过网费机制，建立分布式发电直接交易平台 4. 首次调低"自发自用，余量上网"模式的项目补贴标准，提出2020年光伏项目电价应与电网销售电价相当

附件二　光伏投资系统成本

单位:元/千瓦时

项目	2017年	2018年	2019年	2020年	2022年(估)	2025年(估)
合计	6.75	6.23	5.92	5.72	5.15	4.65
前期开发成本(含管理费)	0.45	0.42	0.40	0.38	0.32	0.25
电网接入成本	0.46	0.45	0.42	0.40	0.30	0.20
电缆成本	0.29	0.29	0.28	0.27	0.27	0.34
一次性土地成本	0.31	0.32	0.33	0.34	0.34	0.40
汇流箱等主要一次设备成本	0.49	0.48	0.47	0.46	0.45	0.13
通信、监控等二次设备成本	0.15	0.15	0.14	0.14	0.14	0.80
安装成本	0.98	0.94	0.92	0.90	0.85	0.25
支架成本	0.34	0.32	0.31	0.30	0.28	0.18
逆变器成本	0.28	0.26	0.25	0.23	0.20	0.30
组件成本	3.00	2.60	2.40	2.30	2.00	1.80

附件三　各省市光伏补贴政策

补贴地区	补贴对象	补贴标准	补贴年限
北京	并网发电的分布式光伏发电项目	0.3元/千瓦时	2015年1月1日—2019年12月31日
重庆	巫山、巫溪、奉节户用光伏	2 000～3 000元	20～25年
	潼南区发电减排项目	0.16元/千瓦时	至2020年
三亚市	2020年前建成的农村居民家庭屋顶光伏发电项目	0.25元/千瓦时	项目建成投产后连续5年
江苏省	镇江扬中市居民屋顶光伏项目	0.3元/千瓦时	6年
	镇江句容市分布式工商业项目、居民屋顶光伏项目	0.1元/千瓦时、0.3元/千瓦时	5年
河北省	2018年年底前建成的村级光伏扶贫电站	0.2元/千瓦时	3年

（续表）

<table>
<tr><th>补贴地区</th><th>补贴对象</th><th>补贴标准</th><th>补贴年限</th></tr>
<tr><td rowspan="4">广东省</td><td rowspan="3">东莞市：2017 年 1 月 1 日—2018 年 12 月 31 日经备案且并网验收的分布式光伏发电项目（装机容量：120 兆瓦）</td><td>对各类型建筑和构筑物业主，按装机容量补助 18 万元/兆瓦（≤144 万元）</td><td>4 年</td></tr>
<tr><td>对机关事业单位、工厂、学校、医院等非自有住宅建设企业，按实际发电量补助 0.1 元/千瓦时</td><td>5 年</td></tr>
<tr><td>对利用自有住宅及在自有住宅区域内建设的居民分布式光伏发电项目的自然人投资者，按实际发电量补助 0.3 元/千瓦时</td><td>5 年</td></tr>
<tr><td>佛山市：2016—2018 年建成的分布式光伏发电项目</td><td>对 2016—2018 年建成的分布式光伏发电应用项目的各类型建筑和构筑物业主给予一次性奖励；对 2016—2018 年建成的分布式光伏发电应用项目和地面光伏电站的各类投资者，连续 3 年按实际发电量给予补助</td><td>3 年</td></tr>
<tr><td rowspan="3">安徽省</td><td>合肥市：2016 年 1 月 1 日—2018 年 12 月 31 日并网的屋顶分布式发电项目</td><td>0.25 元/千瓦时</td><td>15 年</td></tr>
<tr><td>亳州市：分布式太阳能光伏发电项目</td><td>0.25 元/千瓦时</td><td>10 年</td></tr>
<tr><td>马鞍山市：在该市注册的企业，新建分布式光伏发电项目，且全部使用该市企业生产的组件</td><td>0.25 元/千瓦时</td><td>5 年</td></tr>
<tr><td>江西省</td><td>原享有补贴用户</td><td>0.2 元/千瓦时</td><td>20 年</td></tr>
<tr><td rowspan="4">浙江省</td><td>杭州市余杭区：装机容量 0.3 兆瓦以上光伏发电项目</td><td>0.2 元/千瓦时</td><td>5 年</td></tr>
<tr><td rowspan="3">平阳县：2015 年 5 月 11 日—2017 年 12 月 31 日建成并通过并网验收的分布式光伏发电项目</td><td>单位屋顶光伏项目：0.3 元/千瓦时</td><td>5 年</td></tr>
<tr><td>居民家庭屋顶光伏发电项目：0.3 元/千瓦时</td><td>5 年</td></tr>
<tr><td>屋顶所有者：0.05 元/千瓦时</td><td>5 年</td></tr>
</table>

（续表）

补贴地区	补贴对象	补贴标准	补贴年限
浙江省	金华市：2018 年 12 月 31 日前，在市区范围内建成的企业分布式光伏发电项目和居民家庭屋顶光伏发电项目	企业分布式光伏发电项目：0.2 元/千瓦时 居民家庭屋顶光伏发电项目：0.3 元/千瓦时	3 年
	平湖市：居民屋顶成片建设光伏发电 0.1 兆瓦及以上项目	2 元/千瓦时	3 年
山西省（晋城市）	贫困户（5 千瓦上限）	0.2 元/千瓦时	至 2020 年
	普通用户（2017 年 12 月 31 日前备案，2018 年 3 月 31 日前并网）	0.2 元/千瓦时	1 年
湖南省	2014 年 1 月 1 日—2019 年 10 月 31 日前投产的分布式光伏发电项目	0.2 元/千瓦时	2016 年年底前投产项目补贴时间为 2017 年 1 月 1 日—2019 年 12 月 31 日，2017 年 1 月 1 日后投产项目补贴时间为运行日至 2019 年 12 月 31 日
山东省	"自发自用，余量上网"模式分布式光伏发电项目	0.37 元/千瓦时	—
	"全额上网"模式户用分布式光伏扶贫项目	0.85 元/千瓦时	—
上海市	2016—2018 年投产的分布式光伏发电项目	工商业用户：0. 25 元/千瓦时； 学校用户：0.55 元/千瓦时； 个人、养老院：0.4 元/千瓦时	5 年

附件四　日本可再生能源补贴政策

政策阶段	代表性文件/会议	政策要点
第一阶段	2012 年实施的《可再生能源特别措施法案》	1. 电力公司有义务购买个人和企业利用太阳能、风力和地热等方式生产的电力，以鼓励并普及可再生能源发电。电力公司以对发电方有利的价格全部收购，利用太阳能发电的家庭使用不完的电力也可以卖给电力公司 2. 设立一个第三方委员会，负责确定电力价格，以确保电价的透明度 3. 启动固定上网电价政策，大于 10 千瓦的光伏系统上网电价为 40 日元/千瓦时，补贴时间为 20 年；不足 10 千瓦的光伏系统上网电价为 42 日元/千瓦时，补贴时间为 10 年

（续表）

政策阶段	代表性文件/会议	政策要点
第二阶段	2015年日本经济产业省召开的新能源小委员会第12次会议	1. 提出了固定价收购制度(FIT)的调整方向，推进可再生能源的均衡导入 2. 兼顾扩大可再生能源和减轻国民负担
第三阶段	2016年日本经济产业省举行的可再生能源价格审议会议	宣布2017年的太阳能固定收购电价按计划下调至21日元/千瓦时
第四阶段	2017年实施的《修订可再生能源特别措施法》	1. 调整可事先确定数年后电力收购价格的定价方法 2. 当认定有助于减轻电力用户负担时，可用投标方式确定电力收购价格

附件五　德国可再生能源相关政策

政策阶段	代表性文件	政策特点
第一阶段	1974年《能源供应安全保障法》 1982年《电力供应保障法令》 1982年《燃气供应保障法令》	目标在于应对和管理能源危机
第二阶段	1991年《电力输送法》	强制要求公用电力公司购买可再生能源电力，为德国可再生能源的发展打下了良好的基础
第三阶段	2000年《可再生能源法》	该法被视为当时世界上最进步的可再生能源立法

附件六　美国光伏产业促进政策

政策阶段	代表性文件	政策要点
探索阶段	1992年《能源政策法案》 1997"百万太阳能屋顶计划"	1. 确立了美国光伏产业的投资税收抵免政策(ITC) 2. 对于太阳能光电项目永久减税10% 3. 在100万个屋顶上安装太阳能光伏系统，计划到2010年完成
发展阶段	2005年《能源政策法案》	1. 划拨1.176亿美元的奖励津贴用于太阳能项目的开发以及技术攻关 2. 到2012年，太阳能、风能、生物能等可再生能源发电量占总发电量的10%，到2025年达到25%

（续表）

政策阶段	代表性文件	政策要点
完善阶段	2009年《美国清洁能源与安全法案》 “千万太阳能屋顶计划”	1. 制定了投资额为1 500亿美元的可再生能源十年发展计划，其中200亿～300亿美元用于直接退税或者补贴 2. 提供300亿～400亿美元作为太阳能等可再生能源项目的贷款担保 3. 2012—2021年，在千万个屋顶上安装总装机容量达到35吉瓦的太阳能光伏系统，每年投入专项资金用于补贴这些太阳能光伏系统
成熟阶段	2018年北卡罗来纳州“分布式光伏补贴计划”	1. 非营利性机构（学校、教堂）：100千瓦以下的光伏系统，每瓦折扣75美分 2. 居民：10千瓦以下的光伏系统，每瓦折扣60美分 3. 商业机构：100千瓦以下的光伏系统，每瓦折扣50美分

分布式光伏产业发展中政策风险的有效消解(摘要)

撰写学校:重庆大学
指导教师:王江
撰 写 人:杨静、刘鹏、胡园园、郑瑶

一、调研目的

由于光伏产业的爆发式增长以及现有相关政策的局限性以及分布式光伏市场信息的不对称,分布式光伏产业发展的政策性风险不断加大。本报告在对光伏产业政策进行梳理的基础上,通过对分布式光伏产业现状的深入调研,对分布式光伏产业实际面临的发展困境进行了法律分析和对策考量。

二、调研内容

本报告第一部分分析了世界上主要发达国家以及我国光伏产业的发展现状。2000年,德国率先制定了《可再生能源法案》。随后,欧美以及日本等发达国家和地区纷纷大力推广和扶持太阳能光伏发电项目。自此,光伏发电产业发展态势强劲,众多光伏厂商纷纷扩大产能,全球光伏发电装机容量呈现快速增长趋势。2016年11月4日,《巴黎协定》生效,进一步推动了全球可再生能源的使用。根据欧洲光伏产业协会的统计数据,截至2017年,全球光伏发电装机容量累计达404.5吉瓦,亚太地区装机总量占全球的55%。其中,我国在全球光伏产业的发展中取得了举世瞩目的成就。截至2017年,我国光伏发电累计装机容量占据全球光伏发电累计装机容量的32%。

本报告第二部分详细地介绍和梳理了我国与光伏产业相关的政策,对分布式光伏产业政策进行了深层次剖析,并对产业政策中蕴含的风险进行了详细分析。分布式光伏政策可细分为环境型政策、供给型政策和需求型政策三种类型。“531新政”出台后,

分布式光伏项目在后续资金支持方面面临巨大困难，尤其是已经投资完毕但尚未并网的项目。因为在“531新政”中，国家提出要对分布式光伏项目进行规模管理，即把2018年5月31日（含）前并网的分布式光伏项目纳入规模管理，未纳入国家规模管理范围的项目则由地方政府依法予以支持。由于未能准确预判国家光伏补贴及装机量方面的政策走向，许多光伏企业盲目扩建项目，那些在5月31日前已经投资建设但尚未并网的项目只能依靠地方补贴支持。这些未并网的项目由于没有固定的补贴保障，项目投资亏损的可能性非常大，相关企业面临巨大的违约赔偿风险。另外，在市场发展过程中，分布式光伏企业对储能技术、微电网技术以及市场推广等有强烈需求，但国家政策方面供给不足，从而导致企业出现产业链被人为切割、技术更新动力不足、融资困难、自身造血能力不足以及补贴“断奶”等一系列问题。

本报告第三部分结合调研的实际情况，对我国分布式光伏企业有效消解政策风险提出了相关建议，以期抛砖引玉，为分布式光伏产业的持续健康发展贡献力量。当前，我国能源发展既面临厚植发展优势、调整优化结构、加快转型升级的战略机遇，也面临诸多矛盾交织、风险隐患增多的严峻挑战。光伏企业作为光伏产业政策风险的最大承受者，应当积极采取措施，有效消解政策风险，以促进光伏产业的持续健康稳定发展。具体来讲，光伏企业可从以下四方面来消解政策风险。第一，抓住“一带一路”机遇，布局国内外市场。一方面，企业应当积极参与国际光伏技术交流，充分利用国际、国内市场和资源，顺应光伏产业发展趋势。另一方面，光伏企业应充分利用相关政策红利，向国外出口光伏组件和电池产品。第二，分类管控风险，灵活应对常量与变量。政策风险主要来自其不确定性，但政策风险不同于其他风险，其所蕴含的不确定性具有可度量性和可预测性。因此，光伏企业可以通过对相关政策进行系统梳理，把握其常量和变量，并将其转换成可度量的可控风险。第三，多渠道开展政策“游说”，推动政策逆向生成。出台相应政策以规制可再生能源的持续健康发展是我国的必然选择。面对未来政策可能蕴含的风险，分布式光伏企业不应囿于传统的被动风险消解途径，而应当积极采取措施，多渠道开展政策“游说”，将风险消解在“摇篮”之中。第四，立足内力提升，多手段强化抗风险能力。在修炼内功方面，光伏企业应该规范企业内部管理，积极提升科学技术水平，以降低发展成本，有效应对政策风险，在激烈的市场竞争中取得优势地位。

三、调研小结

光伏发电既是促进全球能源转型的重要组成部分，也是推动我国能源结构升级的有力武器。良好的政策规定可以为光伏产业持续健康发展提供稳定的外部环境，有效弥补市场失灵的缺陷；而多变的政策规定则会蕴含大量的政策风险，导致光伏产业发展中充满不确定性因素。自2009年光伏发电技术在我国被广泛应用以来,学界大多数研究者将视线聚集在相关政策的制定与调整上。但我们在注重加强对光伏行业的规划和监管时,忽略了分布式光伏产业市场与政策的关系,忽略了分布式光伏企业的实际发展状况,忽略了实践过程中分布式光伏企业面临的诸多政策困境,在一定程度上造成了产业政策与光伏市场的人为切割。本报告力图通过对我国现有分布式光伏政策的分析,帮助企业采取相应措施来应对政策变化,有效消解分布式光伏产业发展的政策风险。

分布式光伏发电产业法律政策调研报告

撰写学校：山西财经大学
指导教师：郗伟明
撰　写　人：高哲、师瑞、李艺男、任泽龙、李宛笑、王珏、郗志豪

一直以来，我国对分布式光伏发电产业都采取积极鼓励的态度，出台了一系列扶持措施。目前，虽然我国分布式光伏产业发展势头较好，但相关问题也日益凸显，分布式光伏产业正处于转型期，面临着严峻的考验。特别是"531新政"实施以来，政府补贴大幅下降对光伏产业造成了非常大的冲击。

基于此背景，本报告致力于从产业政策角度入手，寻找分布式光伏发电领域存在的问题并寻求解决之道，以期促进分布式光伏产业的长远发展。

本次调研拟解决的问题有：①分布式光伏发电行政审批中遇到的法律问题，包括备案发文主体不合格、备案文件时效有限、行政审批流程烦琐、周期较长等；②分布式光伏发电建设用地涉及的法律问题，如以租代征、未批先建、禁止"农光互补""林光互补"形式的用地和土地权属不统一带来的困扰等；③光伏屋顶租赁涉及的法律问题，如房屋建设手续不齐全引发的法律问题、租赁期限与光伏发电项目建设及运营周期不匹配带来的法律隐患、房屋在租赁屋顶前被先抵押查封以及房屋拆迁和出租人违约引发的法律风险、同一屋顶签署多个租赁合同带来的法律风险等；④分布式光伏发电法律制度实施中的主要问题，如立法零散导致政策执行依据不足、涵盖面窄以及上网制度及其电价机制存在疏漏等。

一、分布式光伏基本概况及我国产业现状

随着全球经济规模的不断扩大，人们对能源的需求量持续增长。过去世界各国主要使用的能源是石油、煤炭等污染严重且不可再生的能源。随着社会的发展，环境污染

问题逐渐严重，常规能源也日益减少，开发可再生的新能源成为社会的共识。太阳能因其无污染、可再生且储量丰富的特点受到社会的关注和开发利用。

太阳能是由于太阳内部的核聚变反应而产生的一种能量。美国科学家恰宾和皮尔松在1954年发明了单晶硅太阳电池，光伏发电技术由此产生。在此之后，光伏发电技术不断改进，光伏发电在全球范围内的投入规模也不断扩大。欧洲光伏工业协会预测，21世纪太阳能将会替代煤炭等传统能源成为主要的能源来源，至21世纪末，光伏发电的产量将达到总电力的60%以上。由此可见，未来光伏发电产业在能源领域具有十分重要的地位。

（一）分布式光伏基本概况

1. 分布式光伏的含义

分布式光伏发电主要通过光伏组件，将收集到的太阳能经过物理作用转化成电能。分布式光伏发电是一种新型的发电方式，拥有广阔的前景。对于分布式光伏电站的建设，人们一般都是按照因地制宜、分散布局的原则进行布局，以加强对太阳能资源的充分利用，尽可能减少化石能源的消耗。分布式光伏发电的特点是就近发电、就近并网及就近使用，它不仅能为周边居民和企业提供源源不断的电能，而且不会污染环境。

一直以来，人们对分布式光伏的定义各有不同。一开始，人们将其定义为：在用户所在场地周边运行，以用户侧自发自用为主的一种发电设施。之后，基于该定义，国家电网对其增加了两项规定：一是10千伏以下接入，二是单点规模低于6兆瓦。目前，人们对其的定义变为：通过建筑屋顶和相关场地建立起来的小型发电站，它既可选择“自发自用，余电上网”的方式进行备案，也可以选择“全额上网”的方式进行备案，但接入电网的电压不得高于35千伏，发电量不得超过2万千瓦。

现阶段，分布式光伏发电在我国的普及度并不高，主要应用在城市中，这可能与乡镇、农村对太阳能的重视不足有关。对大型城市来说，将光伏组件安装在城市之中的大型建筑屋顶上，对太阳能进行收集，并将其转化为电能，以满足周边的用电需求，在一定程度上可以缓解城市居民和企业用电紧张的局面。

2. 分布式光伏的特点

首先，分布式光伏发电系统主要安装在建筑物的屋顶、墙面上，不占用宝贵的土地资源。这不仅可以提高土地的利用率，还能充分利用可再生资源，对减少化石燃料的消耗及促进可持续发展都有着无比重要的意义。

其次，相比于大型电站的建设投资，分布式光伏的建设成本相对较低，而且分布式光伏的电能一般用于周边人们的日常用电消费，无须建设远距离输电线路，大大降低了输电成本。此外，由于分布式光伏系统所发出来的电能输送距离较短，电能输送过程中的损耗非常低,从而大大提高了电能的利用率。

最后,相对于大型电站而言,分布式光伏发电对于现阶段电力市场的改革有着很好的促进作用。一旦发生大规模电网故障,分布式光伏还能实现负荷供电,具有非常高的可靠性。此外,分布式光伏发电还具有一定的调峰作用,是现代智能电网中不可或缺的一部分。

3. 并网型分布式光伏与集中式光伏的比较

分布式光伏多数建设在建筑物的顶部,可以很好地满足周边用户的用电需求,而且可以以并网的形式完成供电差额的补偿和对外输送。

分布式光伏的优点包括:①能就近供电,从而有效减少电网输送的投资成本及电能在输送过程中的消耗;②能充分利用建筑物表面的空间,让建筑物具备更好的隔热效果,而且不会占用空旷的土地,从而提高了土地利用率;③能和智能电网及微电网进行对接,运行灵活,受限制因素较少,必要时还能和电网进行脱离,实现独立运行。

分布式光伏的缺点包括:①现阶段使用的分布式光伏板不能实现对太阳能的大面积收集,只能把分散的电能都汇聚至一处,从而增加了额外损耗;②电压与无功调节难度较大,尤其是接入式大容量光伏,对功率因数的控制需要更高的技术条件,稍有不慎就会出现电路短路的情况,而且对二次设备的要求更高,系统比较复杂。

集中式光伏通常都是建设在荒漠地区的大型电站,以全方位对该地区太阳能进行利用,其电能主要接入到高压输电系统,被输送到各大城市中。

集中式光伏的优点包括:①对于选址的要求比较低,光伏能源集中,电能的输出比较稳定;②相对于分布式光伏,集中式光伏的运行更加灵活,能轻松控制电压,更有利于实现电网频率调节;③集中式光伏的建设周期较短,能适应各种环境,更不存在对水源、煤炭的依赖,不会受到空间的限制,而且成本比较低,扩容也相对简单。

集中式光伏的缺点包括:①集中式光伏发电通常都是在荒漠地区,和城市的距离比较远,因此需要建设长距离的输电线路,容易对周边环境和居民生活形成干扰,其电能在输送过程中还会出现无功补偿、电能损耗等问题;②大容量光伏电站都需要具备多台变换装置才可以实现发电和电力输出,管理成本较高。

此外,基于外部政策角度分析,分布式光伏受到的政策扶持力度更大,尤其是在2017年之后,分布式光伏的发展更加迅速。在我国中东部地区,国家对这些区域的度电补贴力度不仅更大,而且补贴范围更广。相比之下,近年来集中式光伏电站在发展中受到一定的限制,从而影响了集中式光伏电站的发展。

(二) 现阶段我国分布式光伏产业的基本情况

1. 我国分布式光伏产业概况

在国家政策支持以及先进技术应用的推进下,我国分布式光伏产业发展迅速,新增装机容量不断增加，数量上也逐渐超过了集中式光伏电站。

据统计，截至2016年年底，我国分布式光伏装机容量达到10.32吉瓦。截至2017年6月，我国新增光伏装机容量为24.4吉瓦，其中有7.11吉瓦来自分布式光伏。值得一提的是，随着光伏电池组件效率的不断提升、原材料价格的不断降低以及制造工艺的持续提升，光伏发电成本大大降低。据统计，2016年国内的硅材料、组件、逆变器的成本比2012年分别降低了44.4%、41.6%、57.1%。随着发电成本的大幅降低，分布式光伏发电有望实现平价上网，这将进一步提升分布式光伏发电的竞争力。此外，我国"十三五"规划对可再生能源进行全方位的扶持，可以预见在全球能源转型的趋势下，我国将不断加大对太阳能的利用，持续推动分布式光伏发电产业的发展。作为一种把太阳能转化成电能的系统，分布式光伏无疑拥有广阔的前景。

2. 我国分布式光伏产业快速发展的原因

1) 国家目标引领

国家发展和改革委员会于2017年发布的《太阳能发展"十三五"规划》指出，我国分布式光伏装机容量到2020年要突破60万千瓦，分布式光伏示范区要达到100个，要在超过一半的现有建筑屋顶上以及80%的新建筑屋顶上进行光伏系统的搭建。值得一提的是，自2014年起，太阳能光伏扶贫计划正式实施，这进一步推进了分布式光伏产业的发展。

2) 激励政策支持

为实现大力发展新能源的目标，我国自2013年出台了一系列激励光伏产业发展的政策，其中最有影响力的是分布式光伏系统补贴计划。除了国家性补贴，各地方政府也纷纷出台了地方性补贴政策。相关激励政策使分布式光伏发电项目成了最具吸引力的投资项目之一。

3) 成本下降，效率提高

2010—2017年，全球光伏组件成本普遍下降，下降幅度为79%左右。另外，随着技术的发展，光伏发电效率进一步提升。在这些利好条件下，分布式光伏发电成本大幅降低。随着发电成本的不断降低，越来越多的私营企业开始进入分布式光伏发电市场，进一步促进了分布式光伏产业的发展。

4) 存在多种可盈利的商业模式

现阶段，国内的工商业电费标准比家庭电费标准高许多。在这种情况下，不少企业都自行安装光伏发电装置，通过电力自给的方式节省企业的运营成本。此外，近年来新出现的光伏农业、光伏林业、光伏渔业等"光伏+"产业受到人们的高度关注，是未来分布式光伏产业新的发展方向。

3. 我国分布式光伏产业补贴情况

现阶段，国内各地对于分布式光伏的补贴金额和补贴标准都不尽相同，有的按照装机容量来给予投资补贴，有的基于国家度电补贴的前提另外给予短期年限补贴，还有一些省市根据自身情况在国家政策上增加地方性保护条款。对于一些贫困地区而言，当地通过光伏扶贫可以很快地建设分布式光伏发电市场，同时还能将余电输送到周边地区，这对当地的经济发展有着重要意义。为了突破屋顶资源的限制，一些省市制定了屋顶租赁补贴政策，这样不仅可以提高屋顶资源储备，还能以“0 风险”的优势吸引越来越多的当地民众参与，从而扩大当地的分布式光伏产业规模。

二、国内外分布式光伏产业政策的历史沿革

（一）我国分布式光伏产业政策演变过程

1. 理念形成和示范工程探索阶段

为了积极应对气候变化，推动能源结构转型，2002—2012 年，我国大力推动节能减排工作和可再生能源的发展，并为此制定和修订了多项法律法规。在初始阶段，因为环境、科学技术、社会观念等各方面水平的限制，光伏发电主要以集中式发电站的模式存在，且应用规模较小。相关产业政策制定的目的主要是根据不同地区的实际情况建设离网光伏电站或者“风光互补”电站，使电力缺乏地区能够得到供电，如 2002 年的“送电到乡工程”。

2009 年我国开始发布并实施“太阳能屋顶计划”与“金太阳示范工程”，这标志着我国分布式光伏的发展初步形成一定规模。到 2012 年年底，分布式光伏规模累计达到 633 万千瓦，迅速推动了我国光伏市场的发展。这一阶段是分布式光伏理念形成与示范工程探索阶段，是后续国家制定相关战略计划的基础。

2. 国家全面推广阶段

从 2012 年下半年开始，我国充分意识到分布式光伏在实际应用方面的优势及其对于社会发展的重要性，开始规划分布式光伏的发展，并积极付诸实践。2012 年 7 月至 2014 年 9 月，为了促进分布式光伏产业的发展，国家及各地区出台了多项政策，这些政策的内容主要包括：①明确分布式光伏的国家战略地位；②大力提升分布式光伏的应用规模；③健全电力运行机制；④优化电价补贴方式；⑤明确分布式光伏的监管权责，加强信息监管；⑥营造市场支持环境。

3. 市场多元化推动阶段

近年来，我国的雾霾现象越来越严重，国家对大气污染治理问题也更加重视。调整能源结构、推动清洁能源的发展和利用成为国家和政府迫在眉睫的任务。国家能源局在

2014年发布《关于进一步落实分布式光伏发电有关政策的通知》，主要明确了分布式光伏在我国的发展导向，并且规范了分布式光伏发电的并网、审批、结算等流程和制度。

2015年，在光伏发电领域，我国制订了“领跑者计划”。这一计划的主要目的在于通过设定较高水平的技术标准挑选出能够生产高质量产品的企业，然后给予这些企业政策倾斜。此后，各个企业争先改进产品质量并在技术方面进行创新，我国光伏产业开始步入良性竞争的发展状态。2017年相关部门发布了《关于开展分布式发电市场化交易试点的通知》，这一通知主要涉及分布式光伏发电交易平台的试点建设，使用户和发电方能够在交易平台上就用电事项直接进行交易。为了使电力能够被就近消费，管理部门还制定了相关市场调节政策。

在各项政策的推进下，我国分布式光伏发展的制度体系基本形成。在这一阶段，改进产品技术、发展多元化应用模式、通过市场化引导光伏发电平价上网是我国分布式光伏发电产业的主要目标。

4. 我国地方性分布式光伏政策分析

1）补贴政策

目前，我国各地区对分布式光伏发电企业主要有两种补贴模式：一是以装机容量为依据的初始投资补贴，二是在国家补贴的基础上追加短期年限补贴。

（1）初始投资补贴。

初始投资补贴政策的特点是直接、清晰，其在农村的实施效果十分明显，能够有效吸引家庭用户进行投资，在这种补贴模式下，农户们在投资初始就能得到补贴，从而对国家的政策更加信赖。但是这种模式可能会造成地方财政的负担，同时也容易导致部分人为了得到补贴而进行虚假申报。

（2）追加投资补贴。

追加投资补贴是现在大部分地区采取的政策激励模式。在这种补贴模式下，山东、河北、浙江等省的激励效果十分明显，分布式光伏市场发展迅速。一些地区以本地的实际发展水平和自然环境为基础，针对分布式光伏发电技术制定了更加具体且便于操作的标准，如杭州市的《屋顶分布式光伏发电项目验收规范》以及河北省的《分布式光伏组件安装技术规范》等。

2）智慧能源示范

依据《国家能源局综合司关于组织实施“互联网+”智慧能源（能源互联网）示范项目验收工作的通知》，许多地区开始考虑区域电力系统顶层设计中的可再生能源就近消纳问题，并开始发展、建设能源互联网示范工程。2017年，国家能源局公布首批55个“互联网+”智慧能源示范项目，包括城市能源互联网综合示范项目12个、园区能源互联网综合示范项目12个、其他及跨地区多能协同示范项目5个、基于电动汽车的能源互联网示范项目6个、基于灵活性资源的能源互联网示范项目2个、基于绿色能源灵活交易的能源互联网示范项目3个、基于行业融合的能源互联网示范项目4个、能源大数据与第三方服务示范项目8个、智能化能源基础设施示范项目3个。这些示范项目的成功经验有助于各个地方的电力建设发展。

除此之外，各地区的分布式光伏政策还具有以下一些特点：在财政紧张的贫困地区，光伏扶贫是一种有效开拓市场的发展模式；一些地区为了解决屋顶资源有限的问题，在政策中设置屋顶租赁补贴内容；为了解决融资难问题，越来越多的地区开始运用“PPP模式”发展光伏产业。

（二）国外分布式光伏产业政策的发展

全球光伏发电产业发展十分迅速。2013年世界光伏发电量超过1 600亿千瓦时，占总电力需求的0.87%。欧洲的光伏发电能够达到其总电力需求的3%，其中意大利、德国、希腊排名前三，占比分别为7.8%、6.2%、5.8%。2014年全球光伏市场累计装机容量达到182兆瓦，2015年全球新增装机容量43.18兆瓦。由此可见，光伏发电产业具有很大的发展潜力，世界各国都开始关注光伏发电市场，积极推动太阳能的开发利用。

1. 美国分布式光伏产业政策发展概况

1）发展初期

1992—2007年是美国光伏产业的发展初期。1992年，美国出台了《能源政策法》，其中规定了多项与光伏发电产业相关的税收优惠政策。1996年，美国制定了“光伏建筑物计划”并投入了大量资金。随后在1997年，美国又制定了“百万屋顶计划”，即计划到2010年，在百万个建筑物上安装光伏设备。美国在2004年制定的《2030及未来美国光伏产业路线图》表明，美国的光伏发电量到2025年要占新增发电量的1/2。2006年，美国制定“美国太阳能总统计划”，计划降低光伏发电的电价，使其能够在十年内与传统电力的电价持平。

2）政策鼓励阶段

2008年，美国参议院决定将光伏行业的各项税收减免政策延长2～8年，这极大地推动了光伏产业的发展。此外，2008年美国财政部用于支持太阳能行业发展的拨款为4.67亿美元，能源部为太阳能行业提供的贷款担保为5.35亿美元。这些政策和财政支持都是美国光伏市场快速发展的保障。

2009年，美国国家税务局开始实行“1603计划”，对光伏投资的支持政策从税收减免改为现金补贴。2010年7月，美国参议院通过“千万屋顶计划”，宣布美国将在10年内安装1 000万套光伏系统。2011年，为了降低光伏发电的成本，美国通过了“SunShot

计划”，该计划声称美国能源部将投资 2 500 万美元用于提高光伏发电的技术水平，降低其发电成本，争取到 2013 年将光伏发电的成本降低为 0.11 美元/千瓦时。

3）持续推进阶段

随着光伏发电技术的成熟和光伏产业投资规模的增加，美国延长了与光伏发电相关各项优惠政策的时间，但优惠力度有所减弱。例如，企业利用太阳能发电的税收优惠从 2017 年开始逐年递减，至 2020 年结束；投资税收减免的有效期延长至 2022 年，税收减免上限从总投资额的 30%降低至 10%。据《2014 年美国太阳能市场回顾》中的数据，美国 2013 年光伏产业新增装机容量为 4 776 兆瓦，2014 年新增装机容量为 6 201 兆瓦，同比增长 29.84%，2015 年新增装机容量为 7 268 兆瓦，同比增长 17.21%。

从美国上述光伏发电的发展状况和激励政策可以看出，光伏产业的发展离不开政府在资金、技术、市场等多方面的支持，其中最常见的是税收优惠政策和贷款补贴政策支持。

2. 德国分布式光伏产业政策发展概况

1）初始阶段

德国是最早开展光伏发电的国家。德国从 1990 年就开始发展光伏发电产业，1999 年开始实施“十万太阳能屋顶计划”，计划至 2003 年安装十万套屋顶光伏设备。为了实现这一目标，德国按 0.55 欧元/千瓦时的价格收购居民的光伏发电电量，而居民则可按普通电价付费用电。

2）电价规制阶段

德国在 2000 年制定的《可再生能源法》明确规定了光伏上网电价制度。该制度规定：光伏发电上网电价以发电成本为基础每年递减 5%，以此激励光伏发电厂家进行技术创新，降低成本；政府对并入总电网后输出的光伏电力给予大约 50 欧分/千瓦时的补贴。这一政策为德国的光伏市场引来了许多投资者，推动了光伏市场的持续发展。

2004 年德国对《可再生能源法》进行修订，对光伏发电上网电价补贴机制进行了更为详尽的规定，对各种类型、规模的光伏发电系统规定了不同的补贴，并且取消了对补贴金额的限制。德国通过这一法案形成了较为完善的光伏发电上网电价补贴政策。2008 年德国再次对《可再生能源法》进行修订，将光伏发电上网电价降低了 15%，并且提高了其递减率。德国在 2011 年第三次对《可再生能源法》进行修订，提出了“双价制”，规定电价递减率随着新增光伏装机量的大小变动，将卖电和用电分开，即在常规价格用电的基础上，对光伏发电“自发自用”部分有一定的价格补贴，以此鼓励用户“自发自用”。

2008 年德国将固定电价回售制度的有效期延长至 2010 年，而且不限制光伏发电设

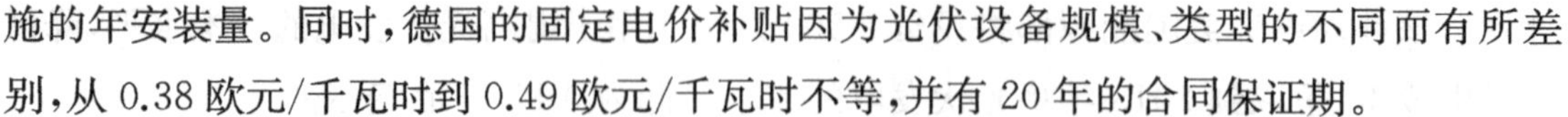

施的年安装量。同时，德国的固定电价补贴因为光伏设备规模、类型的不同而有所差别，从 0.38 欧元/千瓦时到 0.49 欧元/千瓦时不等，并有 20 年的合同保证期。

3）补贴下降阶段

从 2009 年开始，由于德国光伏发电产业产能过剩，德国政府降低了对光伏发电并网电价的补贴。例如，将居民建筑物顶部的光伏发电项目并网电价由 16%调整至 13%，将开阔地方的太阳能发电项目补贴削减至 12%，将军用和工厂安装的光伏系统补贴削减至 8%。此后，德国对普通光伏发电项目逐渐不再实施上网电价补贴，开始对电池储能系统进行补贴。例如，2013 年德国通过复兴信贷银行对家用光伏电池储能系统进行补贴。

3. 国外分布式光伏产业主要政策汇总

1）固定上网电价政策

固定上网电价政策在实践中所发挥的作用最为明显，欧洲是实施这种政策的主要地区，德国是其中成功实施固定上网电价政策的代表性国家。除此之外，奥地利、丹麦等许多国家也都采取了这一政策。但是，由于不同国家的政策内容有所不同，固定上网电价政策在具体操作中也有一些负面作用。例如，西班牙在开始实行固定上网电价政策的初期，其光伏发电市场发展十分迅速，但是当上网电价大幅度降低后，其光伏发电市场受到重创。由此可见，只有适应市场发展的政策，才能发挥其正向激励作用。

2）补贴优惠政策

补贴优惠政策包括初始安装补贴和投资研发补贴两种类型。初始安装补贴的优点在于使初始投入所需资金减少，可以吸引众多投资者进入这一行业。投资研发补贴可以推动光伏产业的技术创新和人才培养，鼓励企业以科技手段降低光伏成本，进而推动行业发展。

3）政府提供贷款担保政策

政府提供贷款担保政策可以解决光伏投资者的融资难题。例如，日本安装光伏系统的用户可以享受贷款优惠，德国的银行为投资光伏发电系统的用户提供长达 8 年的低息贷款，并且对上网电价免收营业税。

4）税收减免政策

美国自 1992 年就开始对光伏发电企业实施税收减免政策，2008 年在参议院的许可下又出台了一系列新的税收减免政策。

5）净计量电价政策

净计量电价政策是指拥有可再生能源发电设施的用户可以根据其向电网输送的电量从自己的电费账单中扣除一部分用电量，即政府仅计算用户的净消费电量。截至 2018 年，世界上有 37 个国家实行了净计量电价政策，如意大利、美国、日本等。这项制度有助于吸引民间资本进入光伏行业，推动市场的发展。

三、国外分布式光伏产业发展经验借鉴

1. 国外分布式光伏代表性政策分析

在全球气候问题面前，各国基于国家发展规划和实际装机规模，采取各项政策措施推动光伏产业的发展，引导市场体量合理增加，促使上网电价平稳下降。

目前，德国、美国关于促进分布式光伏产业发展的政策相对而言比较成熟。例如，德国实行固定上网电价政策，通过单位电量定额补贴在一定程度上降低光伏发电的成本，使投资者获得相对稳定的回报。这一政策有助于民间资本进入光伏行业，推动光伏产业的发展。美国大多数州实行净计量电价政策，即政府给予电价补贴，使得光伏发电电价与居民购电电价相当。除此之外，美国还采用多项政策共同推动光伏产业的发展，如税收抵免政策、成本加速折旧政策等。总的来看，德国的分布式光伏产业主要依靠政策补贴拉动，美国的分布式光伏产业主要依靠市场带动。固定上网电价政策虽然可以有效吸引光伏用户，开拓光伏市场，但是长时间的补贴会导致财政负担过重。因此，实现光伏产业长期发展的目标最终还是要依靠市场化。

2. 国内外光伏产业政策对比

我国关于光伏产业的各项政策与其他国家相比，规范性较弱，且不够详细，执行中的问题较多（见表1）。

表1　国内外光伏产业政策对比

项目	我国政策及特点	国外政策及特点
周期性	周期相对长，具有连贯性，但不够灵活，不能很好地应对实践中的各种突发状况	能够根据客观情况的变化及时调整各项政策的周期，比较灵活
资金支持	各项补贴基本是由政府宏观把握，由国家财政负担，缺点在于获批程序较为复杂、发放不及时等，从而可能出现资金不足的情况	政府和企业共同投入资金，企业会根据实际情况及时调整，降低风险
补贴对象	对光伏投资者进行补贴，有助于扩大生产规模	以产量为标准进行补贴，有助于刺激企业提高技术水平和产品质量
技术支持	国内外都非常重视光伏技术的创新发展，政府和民间资本共同发挥作用	

3. 国外经验对我国的启发

从国外经验看，分布式光伏产业合理稳定的发展离不开政府、电网企业、光伏企业以及其他发电企业等多方的合作与协调。我国政府及相关单位需要对分布式光伏发电的发展进行中长期规划，制订年度计划，做好各项政策的衔接工作，构建科学合理的电

价调节机制，鼓励用户、企业等各方积极投入分布式光伏产业，但同时也要兼顾社会公平和经济效率。例如，电网企业需要做好分布式光伏并网服务，实现光伏发电的大范围调剂平衡，增强电网的跨区域交换能力，加强运行管理。光伏企业应当重点关注分布式光伏技术创新工作，提高光电转换效率，降低发电成本，推动光伏产业升级发展。

在国家各项政策的大力支持下，我国的分布式光伏产业即将迎来高速发展的春天。相关部门应当基于域外分布式光伏产业发展的经验和教训，结合实际情况，制定适合我国光伏产业发展的各项政策，推动我国分布式光伏产业科学、合理发展。

四、我国现阶段分布式光伏主要法规政策研究

（一）我国分布式光伏管理现状

1. 分布式光伏管理体制基本情况

目前，我国光伏产业已基本形成了以国家发展和改革委员会、国家能源局为主管单位，全国和地方性行业协会为自律组织的管理格局。

依据《可再生能源法》，凡是中华人民共和国境内的可再生能源，均由国务院能源主管部门进行统一管理。涉及辖区范围内可再生能源的开发、利用、管理方面的工作，则由这一辖区内的相关机构负责。县级以上可再生能源资源的管理，由县级能源工作部门负责。具体来说，目前我国国家能源委员会负责研究拟订国家能源发展战略，审议能源安全和能源发展中的重大问题，统筹协调国内能源开发和能源国际合作的重大事项；国家能源局负责组织可再生能源和新能源的开发利用，组织指导能源节约、能源综合利用和环境保护等具体工作。《国家能源局关于进一步落实分布式光伏发电有关政策的通知》（国能新能〔2014〕406 号）第十五条规定："国家能源局派出机构会同地方能源主管部门等加强分布式光伏发电相关国家和地方政策落实的监督检查。国家能源局派出机构负责对分布式光伏发电的并网安全进行监管，电网企业应配合做好安全监管的技术支持工作。"值得一提的是，分布式光伏发电方面的专项监管工作由国家能源局派出机构会同省级能源主管部门一起执行，其中有关专项监管报告要按照 180 天或者是 365 天的期限进行上报，而且既要向国家能源局上报，同时也要以适当的方式向社会公布。

中国光伏行业协会和中国循环经济协会可再生能源专业委员会是全国性行业自律组织。中国光伏行业协会的前身系中国光伏产业联盟，是由中华人民共和国民政部批准成立、中华人民共和国工业和信息化部（以下简称工信部）为业务主管单位的国家一级协会，于 2014 年 6 月 27 日在北京成立。中国光伏行业协会致力于督促会员单位遵守宪法，法律、法规和国家政策，遵守社会道德风尚；维护会员合法权益和光伏行业整体

利益，加强行业自律，保障行业公平竞争；完善标准体系建设，营造良好的发展环境；推动技术交流与合作，提升行业自主创新能力；在政府和企业之间发挥桥梁、纽带作用，开展各项活动，为企业、行业和政府服务；推动国际交流与合作，组织行业积极参与国际竞争，统筹应对贸易争端。

中国循环经济协会可再生能源专业委员会在原国家经济贸易委员会、联合国开发计划署、全球环境基金"加速中国可再生能源商业化能力建设项目"的支持下组建，并于2002年3月25日获得了中华人民共和国民政部的正式批准。中国循环经济协会可再生能源专业委员会致力于推动可再生能源领域技术进步并推广先进技术，积极促进中国可再生能源产业的商业化发展。

2. 分布式光伏相关管理部门职责

1）国家发展和改革委员会

国家发展和改革委员会（以下简称国家发改委）是国务院的职能机构，是综合研究拟订经济和社会发展政策、进行总量平衡、指导总体经济体制改革的宏观调控部门，主要负责分布式光伏产业的宏观布局与产业规划。

在节能环保方面，国家发改委的主要职责包括：针对节能减排方面的工作拟定目标方案、制定政策，同时积极参与生态建设、环境保护规划等方面的工作，对其中的各类重大问题进行全面考量，对环保产业、清洁生产方面的工作进行综合协调并有效确保这一方面的工作得以顺利开展。具体到分布式光伏产业，国家发改委的职责是拟定一些产业发展方面的政策并加以实施，如分布式光伏产业发展战略和中长期规划等。

2）工业和信息化部

工业和信息化部（以下简称工信部）作为行业管理部门，其具体工作涉及规划、政策、标准方面的相关管理，对于分布式光伏产业的发展起到积极的指导作用。

针对分布式光伏产业，工信部的主要职责包括：制定并实施分布式光伏产业的发展计划和相关产业政策，明确产业布局走向，并对政策实施提出一些建议，起草相关草案，制定行业技术标准。例如，针对分布式光伏产业的能源节约、清洁生产制定相关政策，针对新产品、新技术方面的应用推广拟定相关方案，提出有关于分布式光伏产业体制改革方案，等等。

3）国家能源局

国家能源局成立于2008年，是国家发改委直属机构，下设综合司、法改司、规划司等十三个司，直接管理国家整个能源体系，主要负责分布式光伏产业具体政策的出台。

针对分布式光伏产业，国家能源局的主要职责包括：①基于分布式光伏产业发展的实际层面，起草该产业相关的发展规划，明确有关监督管理的法律法规，同时基于这一产业的发展规划等内容有效解决实践中的一些问题；②专门做好分布式光伏产业政策标准的制定工作，在开展这一工作当中充分依据国务院规定，对新能源固定投资项目进行审核并加以核准；③针对电力市场发展进行监管，对于其中出现的一些问题进行规范，定期核准市场电价，同时拟定一些有关于电力方面的辅助服务价格；④对除核安全以外的电力运行等方面的工作进行监督，对一些行政许可加以设定并予以实施；⑤对分布式光伏企业发生的电力安全事故开展调查并及时处理。

4）财政部

财政部是我国负责财政事务的国务院组成部门，负责为分布式光伏产业发展提供资金支持。

针对分布式光伏产业，财政部的主要职责包括：①负责制定完善鼓励分布式光伏产业发展的财税政策；②负责编制分布式光伏产业年度中央预决算草案并组织执行；③制定分布式光伏产业经费开支标准，对各个部门或者相关单位送审的年度预决算进行审核；④根据中央下发的这一产业方面的财政拨款等内容进行相关工作的办理，并做好这一方面工作的监督；⑤积极参与中央建设投资的相关政策制定，落实该产业的政策补贴和财政管理。

5）住房和城乡建设部

住房和城乡建设部是2008年中央“大部制”改革背景下新成立的负责建设行政管理的国务院组成部门，主要负责国家建设方面的行政管理事务。

针对分布式光伏产业，住房和城乡建设部的主要职责包括：负责有关于城镇减排方面的工作，同时做好建筑节能方面的相关事宜。除此之外，住房和城乡建设部还需要与相关部门一起制定有关于建筑节能方面的一些重要政策，并对政策的执行进行监督。具体到分布式光伏产业，住房和城乡建设部主要负责指导城乡分布式光伏项目的建设工作。

3. 分布式光伏监管基本情况

2018年1月30日，国家能源局发布《国家能源局综合司关于开展光伏发电专项监管工作的通知》(国能综通监管〔2018〕11号)，从工作目标、监管依据、监管原则、主要内容、时间进度和工作要求六个方面对光伏发电监管工作进行了统筹部署。按照国家能源局的安排和要求，各地能源监管局要围绕光伏项目发电量、上网电量、弃光率、并网接入情况、相关价格及收费政策执行情况、电量收购、电费结算及补贴支付情况等方面展开工作。

随后，国家能源局先后发布《国家能源局2018年能源工作指导意见》《国家能源局2018年市场监管工作要点》《光伏扶贫电站管理办法》《分布式光伏发电项目管理办法(征求意见稿)》和《国家能源局关于减轻可再生能源领域企业负担有关事项的通知》，这些文件均把加强光伏发电监管作为重要内容之一。

除了国家能源局的监管，地方主管部门也频频出手加强对光伏发电的监管。例如，

国家能源局山东监管办公室发布了《关于开展2018年山东省光伏发电专项监管工作的通知》。此外，国家能源局南方监管局、国家能源局新疆监管办公室、国家能源局浙江监管办公室、国家能源局福建监管办公室和国家能源局江苏监管办公室等主管部门均已在各自辖区内展开了专项监管工作。

（二）我国分布式光伏立法现状

据不完全统计，我国在分布式光伏方面颁布和实施的法规文件累计有百项之多。另外，各省、自治区、直辖市等地方政府根据各自区域的具体情况颁布和实施的政策法规数量也十分可观。这些法律法规及地方性政策从不同层面、不同角度对分布式光伏建设工作作出了法律描述和规定，在促进分布式光伏产业的发展方面发挥了重要作用。

1. 相关法律

目前，我国针对光伏产业的法律主要是《可再生能源法》。《可再生能源法》第二条明确定义可再生能源包括风能、太阳能等。《可再生能源法》第九条提出："编制可再生能源开发利用规划，应当遵循因地制宜、统筹兼顾、合理布局、有序发展的原则，对风能、太阳能、水能、生物质能、地热能、海洋能等可再生能源的开发利用作出统筹安排。规划内容应当包括发展目标、主要任务、区域布局、重点项目、实施进度、配套电网建设、服务体系和保障措施等。组织编制机关应当征求有关单位、专家和公众的意见，进行科学论证。"《可再生能源法》第十七条规定："国家鼓励单位和个人安装和使用太阳能热水系统、太阳能供热采暖和制冷系统、太阳能光伏发电系统等太阳能利用系统。国务院建设行政主管部门会同国务院有关部门制定太阳能利用系统与建筑结合的技术经济政策和技术规范。房地产开发企业应当根据前款规定的技术规范，在建筑物的设计和施工中，为太阳能利用提供必备条件。对已建成的建筑物，住户可以在不影响其质量与安全的前提下安装符合技术规范和产品标准的太阳能利用系统；但是，当事人另有约定的除外。"

关于县级能源主管部门的职责，《可再生能源法》第十八条规定："县级以上地方人民政府管理能源工作的部门会同有关部门，根据当地经济社会发展、生态保护和卫生综合治理需要等实际情况，制定农村地区可再生能源发展规划，因地制宜地推广应用沼气等生物质资源转化、户用太阳能、小型风能、小型水能等技术。县级以上人民政府应当对农村地区的可再生能源利用项目提供财政支持。"

2. 地方性法规

地方性法规是中国特色社会主义法律体系中的一个重要组成部分，改革开放以来，特别是中共十八大以来，地方性法规对推进当地经济社会发展起到了非常重要的作用。关于分布式光伏的发展，不同省份的地方性法规对其进行了不同的规定。

以×省为例，2012年9月28日×省第十一届人民代表大会常务委员会第三十一次会议通过并发布了《×省气候资源开发利用和保护条例》，该条例分别对分布式光伏的开发规划部门、支持服务部门、鼓励政策及论证程序进行了明确规定。其中，第十四条规定：县级以上人民政府应当依照气候资源开发利用和保护规划，有计划地组织太阳能、风能资源的开发利用工作；县级以上气象主管机构应当为太阳能电站和风电场的勘查、选址、建设、运营等提供技术支持和服务。第十五条规定：尽可能地鼓励单位机构或个人基于自身的实际情况，安装太阳能供热采暖等系统；建设单位应当在建筑物的设计和施工中为太阳能利用提供必要条件；城市规划、国家重点建设工程、重大区域性经济开发项目和大型太阳能、风能等气候资源开发利用项目应当进行气候可行性论证。

2011年颁布的《×省节约能源条例》对县级以上人民政府的职责作出了更加细致的规定：人民政府（县级以上）要充分按照相关标准，对节能活动的开展实行财政相关补贴工作，进行价格调控。这里的节能活动指的是开发利用包括生物质能、风能、太阳能、水能、地热能等可再生能源在内的十项国家和省确定的节能活动。

关于分布式光伏的地方性法规，较为典型的是江苏省和浙江省（见表2）。

表2　江苏省和浙江省关于分布式光伏的地方性法规

时间	省份	名称	内容
2015年 3月27日	江苏	《江苏省绿色建筑发展条例》	1. 县级以上地方人民政府应当给予财政支持，重点用于下列领域：绿色建筑评价标识，合同能源管理，分布式能源建筑应用，可再生能源建筑应用，既有建筑节能改造等项目示范 2. 鼓励在厂房、学校、医院、党政机关、事业单位、居民社区安装分布式光伏发电系统，推广与建筑一体化的分布式光伏发电系统 3. 鼓励工业园区、旅游集中服务区、生态园区、大型商业设施等能源负荷中心建设区域分布式能源系统或者楼宇分布式能源系统
2015年 12月04日	浙江	《浙江省绿色建筑条例》	1. 鼓励农村民用建筑因地制宜，采用乡土材料和传统工艺，推广应用建筑墙体保温和太阳能光热、光伏等绿色建筑技术 2. 鼓励国家机关、学校、医院、大型商场、交通站场等单位在其建筑物表面安装分布式光伏发电系统

3. 部门规章

2016年4月27日，工信部发布《工业节能管理办法》（中华人民共和国工业和信息化部令第33号）。其中，第二十七条明确规定："鼓励工业企业创建'绿色工厂'，开发应用智能微电网、分布式光伏发电、余热余压利用和绿色照明等技术，发展和使用绿色清洁低碳能源。"这里的"绿色工厂"是指实现用地节约化、生产洁净化、废物资源化、能源低碳化的工厂。"绿色工厂"建设是《中国制造2025》提出的战略任务，分布式光伏的应用对"绿色工厂”建设意义重大。

2017年国家能源局发布《分布式光伏发电项目管理暂行办法》。其中,第三条提出:“鼓励各类电力用户、投资企业、专业化合同能源服务公司、个人等作为项目单位,投资建设和经营分布式光伏发电项目。”第十条规定:“省级及以下能源主管部门依据国务院投资项目管理规定和国务院能源主管部门下达的本地区分布式光伏发电的年度指导规模指标,对分布式光伏发电项目实行备案管理。具体备案办法由省级人民政府制定。”第十一条规定:“项目备案工作应根据分布式光伏发电项目特点尽可能简化程序,免除发电业务许可、规划选址、土地预审、水土保持、环境影响评价、节能评估及社会风险评估等支持性文件。”第十九条规定:“电网企业收到项目单位并网接入申请后,应在20个工作日内出具并网接入意见,对于集中多点接入的分布式光伏发电项目可延长到30个工作日。”

(三)我国分布式光伏产业政策梳理

1. 补贴政策分析

《国家发展改革委 财政部 国家能源局关于2018年光伏发电有关事项的通知》专门对2018年光伏装机规模进行了严格限制,同时将新建项目补贴统一下调了0.05元/千瓦时。该政策签署日期为2018年5月31日,行业内简称为“531新政”。在“531新政”实施之前,我国光伏产业发展突飞猛进,截至2017年年底,我国光伏装机规模连续3年全球第一,光伏装机量连续5年全球第一。然而繁荣背后暗藏隐患,光伏产业过度依赖政府补贴等问题已经成为不得不除的沉疴积弊。“531新政”的“突袭”,正是为了避免上述问题或将引发的“光伏寒冬”,将光伏产业重新推向良性发展轨道。可以说,“531新政”给光伏产业的发展踩了刹车,使光伏产业告别野蛮生长时代,进入新的历史拐点期。“531新政”实施之后,多个省份出台了对该政策的传达及解释文件,陆续对补贴政策进行了调整(见表3)。

表3 “531新政”后各地补贴政策

时间	省份	名称	内容
2018年6月	河北	《关于请对所有光伏扶贫电站项目给予省内电价补贴的函》	对2018年12月31日前并网的村级扶贫电站给予0.2元/千瓦时财政补贴。自并网之日起补贴3年,同时取消必须使用省内组件才能拿到补贴的限制
2018年6月	浙江	《关于进一步实施嘉兴市本级分布式光伏电量补贴政策的通知》	对2018—2019年并网的家庭屋顶光伏电站进行度电补贴,其中业主自投自建的按0.25元/千瓦时进行补贴,其他投资者投建的按0.2元/千瓦时进行补贴,自项目并网起连续补贴2年,每户每年最高补助1 000元

（续表）

时间	省份	名称	内容
2018 年 6 月	海南	《关于发布光伏发电项目建设风险预警的紧急通知》	自国家发文之日起，新投运的、采用“自发自用，余电上网”模式的分布式光伏发电项目，全电量度电补贴标准降低 0.05 元，即补贴标准调整为 0.32 元/千瓦时（含税）。采用“全额上网”模式的分布式光伏发电项目按所在资源区光伏电站价格执行
2018 年 6 月	山东	《关于分布式光伏并网有关事项的通知》	对于 2018 年 5 月 31 日（含）以后新投运的且纳入国家认可的规模管理的分布式光伏发电项目全部按投运时间执行对应的标杆电价。其中，采用“自发自用，余电上网”模式的分布式光伏发电项目补贴标准为 0.32 元/千瓦时（含税）；采用“全额上网”模式的分布式光伏发电项目按Ⅲ类资源区光伏电站标杆上网电价执行，调整后为 0.7 元/千瓦时（含税）
2018 年 6 月	江西	《关于落实 2018 年光伏发电有关事项的通知》	2018 年 6 月 1 日（含）后，已并网的未纳入国家认可的规模管理范围的分布式发电项目，无法获得国家级的补贴电价，各县（市、区）供电分公司并网的光伏项目在系统流程“补贴电价”选项中一律选择“0 元”（即无国家中央财政的补贴电价）
2018 年 7 月	广东	《深圳市建筑节能发展专项资金管理办法》	对于太阳能光伏项目，根据年度实际发电量对项目投资主体给予 0.4 元/千瓦时补贴，补贴时间为 5 年。单个项目年度资助金额不超过 50 万元
2018 年 7 月	江苏	《关于进一步促进苏州光伏产业持续健康发展的若干意见》	2018—2020 年已经投入的分布式发电项目按照实际发电效果，一方面可以获得国家补贴的优惠政策，另一方面还可以按照个人或者单位 0.05 元/千瓦时的标准享受补贴；未纳入国家补贴的项目，给予项目应用单位或个人 0.37 元/千瓦时补贴。所有项目从并网之日起补贴 3 年，资金由苏州供电公司先行垫付，在发放国家补贴时直接配套，每月再与财政结算

2. 并网政策分析

分布式光伏发电产业的发展模式可分为两种，一种是“自发自用，余电上网”模式，另外一种是“全额上网”模式。2013 年出台的《国务院关于促进光伏产业健康发展的若干意见》规定，对于光伏发电企业，电网企业要为其提供并网服务，并对系统调度进行逐步优化，尽可能地确保光伏发电生产的电能有效运行，及时并网。同时，电网企业要对分布式光伏发电的并网方式进行简化，尽可能地对管理程序进行精简，将分布式光伏发电并网服务流程对外公布，以确保其并网服务体系的顺利运作。此外，电网企业要尽可能地免收以下两种费用，一是分布式光伏发电项目系统备用容量费，二是分布式光伏发电项目服务费用。2013 年 7 月，国家发展和改革委员会出台了《分布式发电管理暂行办法》，明确了有关分布式发电接入配电网的技术标准等相关内容。根据这份文件，电网企业的工作包括以下几个方面：一是充分做好这一项目的外部接网设施工作；二是专门负责相应的投资建设——主要是由接入引起的公共电网改造部分；三是制定分布式发电并网流程。2014 年出台的《国家能源局关于进一步落实分布式光伏发电有关政策的通知》指出，电网企业应明确分布式光伏发电并网电量，并依据当地光伏电站标杆上网电价进行收购，同时在相应的区域中设立并网服务窗口（主要解决分布式光伏发电方面的工作），该窗口在对外服务时要明确并网手续的相关事宜。这就意味着分布式光伏并网政策有了正确的引导内容。该通知解决了分布式光伏发电并网方面的一系列难题，为分布式光伏发电产业指明了发展的具体路径。

3. 融资政策分析

电价补贴政策一直是我国对光伏产业最重要的支持政策。针对光伏产业的融资问题，监管部门出台了众多政策进行引导。例如，2013 年出台的《国务院关于促进光伏产业健康发展的若干意见》提出，为了促进光伏产业的健康发展，相关部门要全面做好金融方面的各项支撑政策，同时信贷方面的政策要进一步完善。同年出台的《国家能源局支持分布式光伏发电金融服务的意见》（国能新能〔2013〕312 号）提出，国开行要充分发挥金融机构的积极作用，充分引导分布式光伏发电投入到实践当中来。同年出台的《中国银监会办公厅关于促进银行业支持光伏产业健康发展的通知》（银监办〔2013〕244 号）提出，实行授信客户导向管理和分类管理，避免“一刀切”。2014 年出台的《国家能源局关于进一步落实分布式光伏发电有关政策的通知》提出，要在原有的基础上对分布式光伏发电融资服务进行进一步创新，充分发挥银行金融机构的价值作用，充分挖掘分布式光伏发电的特殊价值，满足该产业融资方面的相关需求，对分布式光伏产业在贷款方面提供特殊的优惠政策，采取灵活的贷款形式。

4. 扶贫政策分析

2015 年出台的《中共中央关于制定国民经济和社会发展第十三个五年规划的建议》对我国全面建成小康社会进行了重要的工作部署，也对精准扶贫工作提出了新要求。在扶贫项目的探寻和试行中，光伏发电项目逐渐发展成为一种切实可行的扶贫项目。其中，户用分布式光伏发电精准扶贫项目体现出很高的综合效益，2015 年国务院扶贫办将其列入“十大精准扶贫工程”。

2016 年出台的《国务院关于印发“十三五”脱贫攻坚规划的通知》（国发〔2016〕64 号）专门提出，要在农业发展中尽可能地发挥分布式光伏发电的价值，积极地扩大太阳能等可再生资源的利用，充分扩大能源的使用范围，实行城市与乡村电网同价的操作路径。2018 年出台的《国家发展改革委 财政部 国家能源局关于 2018 年光伏发电有关事项的通知》（发改能源〔2018〕823 号）提出，要做好扶贫工作，发挥光伏扶贫的重要价值，同时要切实做好严格审核的各项工作，将光伏扶贫项目计划及时下达到位。

五、分布式光伏产业发展中的主要法律问题及其完善建议

（一）分布式光伏发电备案中遇到的法律问题及其完善建议

1. 备案发文主体不合格

我们从许多光伏企业或者社会投资方提供的备案文件中不难看出，虽然省级主管部门并未给市县级主管部门下发光电项目备案权限，但是在实际中，市县级投资主管部门却为这些光伏企业或投资方关联的光伏发电项目下发项目备案通知或备案证，这使得光伏企业取得的相关文件无法成为有效的项目备案文件。

2. 备案文件的时效问题

目前相关政策规定，光伏发电项目备案文件的有效期限为2年，这就意味着一旦2年有效期结束，光伏企业原来取得的备案文件即为无效，光伏企业此时如果没有重新备案，则不能开工。

3. 行政审批程序烦冗、耗时较长

在第三批光伏基地建设开始时，国家能源局要求各级政府应当为此尽可能提供各种程序便利和服务便利，简化各种审批手续，减轻企业负担。但现实中由于各部门利益不均衡，各个行政部门之间经常出现互相推诿的情况，从而给光伏企业增加了很多不必要的阻碍。

4. 完善建议

(1) 涉及备案发文主体的法律规定要做适当修改，可以将部分项目审批权限下放到市县一级，之后再上报省级部门备案。这样可以在国家能源局对相关内容进行统计、合理制定发展规划、进行统筹管理的基础上，减少审批环节，提高投产效率，从而吸引更多的光伏发电项目投资者。

(2) 放宽光伏项目建设周期。影响光伏发电项目建设的因素很多，只要光伏企业不存在立项获批后不开工建设的情况，光伏企业原来取得的备案文件到期后应自动延期，以免影响项目建设进度。

(3) 从中央层面对光伏发电项目的审批设立专门的规定，简化审批的各种流程。

（二）分布式光伏发电建设用地涉及的法律问题及其完善建议

1. 分布式光伏项目建设用地相关的法律问题

1) 以租代征

根据相关规定，光伏企业要获得永久性的用地权，必须通过征地、出让或者划拨等方式，如变电站以及集控楼的用地等。但在实践中，不少光伏企业只跟村委会等主体签

订简单的租赁协议，那么租赁协议中所包含上述土地使用权的取得方式可能违法。

2）未批先建

从光伏发电项目建设方面来讲，施工许可证是必要的。然而，施工许可证只针对升压站、集控办公楼这类建筑物发放，若是光伏企业仅建造光伏组件阵列，则此类项目开工建造不需要施工许可证，也不需要用地批准手续。此外，土地使用证在光伏发电项目开工之前是不需要的，因为相关法律没有要求在项目开工的时候必须取得土地使用证。这就造成了现实中很多光伏发电项目未批先建的情况。

3）禁止“农光互补”“林光互补”形式的用地

2015年起国土资源部①对“农光互补”“林光互补”光伏发电项目建设用地进行严加管理，对于光伏发电项目建设占用农用地、林地的情况，所涉地块都依照建设用地相关规定进行管理。换言之，光伏企业占用农用地、林地建造诸如光伏设施、农业光伏大棚、林间光伏薄膜等都应办理农用地、林地转换建设用地手续。出台上述政策的主要原因是2015年前“农光互补”“林光互补”等光伏发电项目骤增、鱼龙混杂，严重影响了光伏发电产业的市场秩序。但这项规定导致后续真正的“农光互补”“林光互补”项目建设遇到多重障碍。

4）土地权属不统一

国家标准《土地利用现状分类》将我国土地利用情况分为一级、二级两个层次的分类体系，即12个一级类、57个二级类土地；而国家林业局②发布的林业行业标准又将林地类型分为8个一级类、13个二级类。这就使得光伏发电建设者在向有关方面问询土地权属时会碰到国土部门将其定性为“未利用地”而林业部门却将其定性为“林地”这样的矛盾。政府各部门对土地性质界定不清和交叉管理给光伏发电项目建设者带来不少麻烦。

此外，从土地规划、用途管制等角度来看，我国土地可分为基本农田保护区、风景旅游用地区、生态环境安全控制区、重点森林保护区、自然与文化遗产保护区等。光伏发电项目建设者在向国土、林业、农业、水利等部门问询土地性质的同时，还要从土地规划、用途管制两方面再次完成土地性质的识别，这会造成光伏发电项目建设周期延长和光伏电站建设成本增加等问题。

2. 分布式光伏项目屋顶租赁涉及的法律问题

1）房屋建设手续不齐全

按照现行规定，分布式光伏项目投资方在进行建筑物屋顶租赁时必须取得多种证

---

① 2018年3月，自然资源部组建，国土资源部职责整合入自然资源部。

② 现为国家林业和草原局。

明，如土地使用权证、建设工程规划许可证等，但事实上并不是所有建筑物都有这些证明。

首先，租赁手续中的建设工程规划许可证是非常重要的，按照《最高人民法院关于审理城镇房屋租赁合同纠纷案件具体应用法律若干问题的解释》第二条规定，光伏企业租赁屋顶时必须取得这一许可证，否则双方所签的租赁合同是无效合同。

其次，光伏企业应当查看所租赁房屋是否为非法临时建筑。按照《最高人民法院关于审理城镇房屋租赁合同纠纷案件具体应用法律若干问题的解释》第三条规定，如果光伏企业租赁了非法临时建筑，则其可能面临蒙受巨大损失的风险。

最后，光伏企业在租赁房屋时应当取得房屋的消防验收证明，避免出现房屋荷载不足的安全隐患。有关行政部门规定，光伏发电项目如果没有消防验收证明，将不予对其正常并网。

2）租赁期限过短

《中华人民共和国合同法》第二百一十四条规定："租赁期限不得超过二十年。超过二十年的，超过部分无效。"但光伏发电项目建设及运营期普遍在二十五年左右，现实中为了方便以及避免续订的麻烦，一些光伏企业在租赁时附加了自动续租五年的约定。但是就现有的法院判决来看，此种约定是无效的。

3）房屋在租赁屋顶前被先抵押、查封

依据相关司法解释，房屋一旦出现抵押权实现的情形，受让行为就可以优先于租赁行为。因为租赁合同对房屋受让人不具有法律约束力，当受让人拒绝认可光伏企业和原业主签订的房屋屋顶租赁合同时，合同失效。

4）房屋拆迁和出租人违约

在租赁合同履行过程中，光伏企业经常会面临房屋被征收、拆迁或者出租人违约的问题。按照《国有土地上房屋征收与补偿条例》《关于办理申请人民法院强制执行国有土地上房屋征收补偿决定案件若干问题的规定》和《中华人民共和国民法典》的相关规定，当出租房屋被政府依法征收、拆迁时，光伏企业不仅无法继续使用租赁房屋的屋顶，而且其作为承租人也不能成为房屋征收补偿的主体，光伏企业可能因此遭受巨大经济损失。

此外，有些屋顶的业主在与光伏企业签订租赁合同后提出无法履行合同，因为其他投资方出价高，所以屋顶又租给别人了。对于这种情况，当光伏企业作为承租者向法院申诉维权时，将面临旧租赁合同未经备案，对新受让人不具有法律约束力的尴尬局面。

5）一房多租

当出租者将同一房屋出租给多个承租人时，这些合同全部真实有效。但是当光伏

企业作为承租人请求实现权利时，救济顺位问题可能导致其无法取得屋顶的使用权。根据《最高人民法院关于审理城镇房屋租赁合同纠纷案件具体应用法律若干问题的解释》第六条规定，承租人可以要求出租人承担违约责任。由此可见，当光伏企业既无法证明租赁标的的占有事实，也无合法备案登记，同时又无法证明合同成立在先时，光伏项目将会因租赁屋顶使用权存在权利瑕疵而被迫中止。

3. 完善建议

(1) 为了更好地促进光伏发电产业的发展，相关部门有必要从法律方面为项目建设提供规范，统一用地方式，减少审批环节。例如，相关部门可以规定光伏项目建设所涉建筑物都可以按照租赁的方式取得土地使用权。这样既可以减少取得土地使用权的审批环节，节约项目投资方的建设成本和时间，又不改变原有土地的属性，一举两得。

(2) 自然资源部门可以联合农业、林业等部门，通过大数据技术对全国土地的权属问题进行普查，以界定所有土地的性质，并向大众公布。这样，光伏企业就不会被土地权属问题困扰，从而减少项目建设成本。

(3) 真正的"农光互补""林光互补""渔光互补"项目大多数是以保护原有土地、不变更土地原有用途为原则，相关部门应支持鼓励这种土地使用新模式，同时通过强化对有关光伏项目用地的定期监管，出台相关管理政策，对涉嫌违规用地的项目严肃处理，从而为光伏发电产业营造良好的发展环境。

(4) 光伏企业在和出租人签署租赁合同前应当查清、确定房屋的权属问题，在签订合同后应当及时向行政部门备案，以便在之后发生纠纷时证明合同签订的先后顺序，解决纠纷。

(5) 对于征收、拆迁引发的房屋租赁纠纷，光伏企业在签订租赁合同时，应当考察房屋所在区域的规划情况，然后决定合同签订与否，这样可以在一定程度上避免此类问题的发生。即使在考察时没有发现此类迹象，租赁双方也应当在合同中明确房屋被征收、拆迁时的补偿方案。

(6) 对于现实中一房多租的问题，当多个承租人一起主张租赁权的时候，光伏企业有可能因为顺序问题而失去对屋顶的使用权。对此，在签订租赁合同前，光伏企业应当查清楚房屋的租赁情况，从源头上避免这类问题的发生。此外，光伏企业在签订租赁合同后，应以最快的速度进场开工，形成合法占有这一事实。

(三) 分布式光伏发电法律制度实施中的主要问题及其完善建议

1. 立法零散导致政策执行依据不足

目前，我国与光伏发电产业相关的法律较少，大多政策体现为部门规章、规定，相关的审批权、监管权等也是分散于不同的部门，如国家发改委、能源局、住建部等。同时，因为部门之间职能不清，相关立法缺乏科学性。从法律位阶上看，这些部门法规层次较低，权威性不足，而且在执行过程中，部门之间因为各自利益相互推诿的现象也经常发生。

我国光伏发电产业的发展主要是通过政府的行政手段来引导，缺乏与之相配套的法律法规作为支撑。光伏发电产业正处在快速发展之中，与其相关的法律目前只有一部《可再生能源法》，但是《可再生能源法》只是一部框架性法律，其立法目标的实现需要相应的配套政策和实施细则。我国虽然围绕《可再生能源法》制定了《关于加快推进太阳能光电建筑应用的实施意见》《太阳能光电建筑应用财政补助资金管理暂行办法》等一系列规范性文件，但是在实践中，国家促进光伏发电产业发展的法律保障体系仍不健全，且法律政策的协调性不足，致使许多关键性的具体措施难以操作，相关部门和企业无法可依。另外，光伏产业管理机制严重滞后的问题已经开始凸显，司法独立性不足也使法律监督难以落到实处。因此，通过法律制度引导规制光伏产业良性发展势在必行。

2. 并网政策方面的问题

目前，我国光伏发电并网政策方面存在的问题主要有三点。第一，目前传统发电的成本仍然比光伏发电的成本低，电网企业全额收购光伏项目所发电量的话，将对其造成很大的负担。第二，并网政策目前仅考虑当地和省一级之间的并网，没有从全国整体考虑，而且没有对未来的发展进行预估，也没有考虑同等级地区之间的相互接网问题。第三，光伏发电的昼夜发电量差异很大，目前的并网政策没有针对这种特征进行调峰补偿。

3. 完善建议

1）注重法治，完善配套措施

虽然我国现在已经确立了可持续发展的能源战略，但是与光伏产业相关的法律还需进一步完善。对于光伏发电产业来说，许多规定不具有可操作性，没有形成一个完整的体系，相关措施分散，目标不协调，规定不配套，甚至相互之间存在矛盾。因此，我国应当以可持续发展的能源战略为基准，进一步完善光伏发电领域的法律法规和相关配套措施，还应当调整与光伏发电有关的其他领域的法律，如电力、城市规划、建筑领域等，避免法律之间互相冲突。

2）注重分类，加强地方立法

欧美等发达国家和地区拥有综合性很强的可再生能源法律与政策，并且针对不同的可再生能源分别制定了相应的法律法规与政策。我国也应当在综合立法的基础上进行分门别类的立法，使其更有针对性。

目前,我国关于可再生能源的立法主要还是国家层面的,地方立法并没有对可再生能源给予足够的重视。从我国目前状况来看,各地经济、资源、技术、发展水平、气候等差异很大,地方政府只有因地制宜地制定相关地方性法规才能更好地促进光伏发电产业的发展。因此,在上位法范围内,地方政府应制定符合本地区特点的地方性法律。

3) 注重衔接,强调部门配合

随着光伏发电产业的规模越来越大,将来光伏发电和城市规划、行政管理、财政税收等领域的联系将会更加密切。因此,国家层面在制定新法、修改旧法时,要充分考虑各领域之间的联系与冲突,尤其要注意法律间的联动修订,加强各项法律法规的协调性。在地方层面,地方政府也应该在职权范围内联合地方各个部门,制定符合本地区特点的相关财税制度和金融制度。

六、结语

分布式光伏发电产业目前发展形势良好,但随之而来的问题也在不断凸显,分布式光伏发电产业面临转型与考验。未来,分布式光伏发电产业的发展必须依靠技术创新与制度创新,依靠法律的保护和引导。但是,目前我国与分布式光伏发电相关的法律法规仍不健全,国家层面应尽快完善与之相关的立法。

当前,政府仍是可再生能源开发利用的重要力量,但市场力量也不可偏废。我们既要加强政府的监督管理,又要发挥市场的决定性作用,平衡好政府、市场、社会之间的关系。相关部门应当以此为基础构建法律,使三者相互协调。

分布式光伏发电产业的前景是美好的,我国经济的快速发展使分布式光伏发电产业面临挑战与机遇,在政府的正确引导与市场的公平竞争环境下,分布式光伏发电产业必将迎来蓬勃发展的春天。

参考文献

[1] 陆利忠,周章贵.分布式光伏发电示范项目政策分析与合同法律问题探究[J].上海节能,2013(01):24-28.

[2] 孙艳伟,王润,肖黎姗,等.中国并网光伏发电系统的经济性与环境效益[J].中国人口、资源与环境,2011,21(04):88-94.

[3] 郑天航.光伏产业的能耗、投资经济性及其社会效益分析[J].上海电力,2006,19(04):348-354.

[4] 白生菊.太阳能光伏电站市场化运行模式探讨[J].青海科技,2003(06):24-25.

[5] 钱科军,袁越,石晓丹,等.分布式发电的环境效益分析[J].中国电机工程学报,2008,28(29):11-15.

[6] 李莎莎.企业人权责任研究[D].长春:吉林大学,2018.

[7] 李莎莎.企业人权责任边界分析[J].北方法学,2018,12(03):118-128.

[8] 李冬伟，黄祺雯.企业社会责任缺失：概念、前因及后果[J].财会通讯，2018(10)：30-34.

[9] 秦续忠，王宗水，赵红.公司治理与企业社会责任披露——基于创业板的中小企业研究[J].管理评论，2018，30(03)：188-200.

[10] 王瑞雪.论多元主体分担人权责任的类型与机制[J].浙江学刊，2018(02)：137-143.

[11] 余小伟."公平责任"是否"公平"——以二十世纪新侵权法理论为视角[J].政治与法律，2017(12)：107-122.

[12] 渠旭梅.环境保护责任下的企业自治与政府监管[J].企业管理，2017(09)：115-117.

[13] 毛俊响，盛喜.跨国公司社会责任的确立：基于横向人权义务的补充分析[J].中南大学学报(社会科学版)，2017，23(04)：27-36.

[14] 程骞.公司人权义务的法哲学原理[D].武汉大学，2016.

[15] 孙丰云.企业与人权的伦理关联[J].道德与文明，2016(02)：120-126.

[16] 程骞，徐亚文.人权视角下的公司环境责任——兼论"工商业与人权"框架的指导意义[J].中国地质大学学报(社会科学版)，2015，15(05)：1-9.

[17] 孙志芳.法治视域下国有企业践行社会责任研究[J].山东社会科学，2015(07)：188-192.

[18] 杨松才.论《联合国工商业与人权指导原则》下的公司人权责任[J].广州大学学报(社会科学版)，2014，13(11)：19-25.

[19] 李国庆.日本环境治理中的多元主体[J].环境保护，2014，42(05)：58-60.

[20] 徐强胜，辛世荣.公司自治与企业社会责任——关于公司法企业社会责任规范的功能与适用[J].法学杂志，2013，34(05)：39-47.

[21] 李学稳.论公司承担人权责任的理由与作用[J].中国劳动关系学院学报，2009，23(01)：97-100.

[22] 姚艳虹，陈丹，李果.论企业的人权责任[J].商场现代化，2005(21)：97-98.

[23] 曹兴权，杨佳红.企业法律形态的分化设计[J].现代法学，2002(05)：96-100.

[24] 卢代富.国外企业社会责任界说述评[J].现代法学，2001(03)：137-144.

智能光伏：肇启、愿景与实现（摘要）

撰写学校：重庆大学
指导教师：王江
撰　写　人：陈宝山、陈思源、杨睿、王嘉琪

一、选题背景

光伏产业已经成为我国可以同步参与国际竞争、并有望达到国际领先水平的战略性新兴产业，也是我国产业经济发展的一张崭新“名片”和推动我国能源变革的重要引擎。

但是，坚实的光伏产业基础背后仍有不少亟须解决的问题。一方面，无论是产业链升级的战略要求，还是电力并网、消纳难题的现实需求，以及降本增效等技术更迭的要求，都在不断呼唤光伏产业的智能化。另一方面，正因为智能光伏具有智能化、跨时代性等特征，大力发展智能光伏产业已成为解决降本增效、补贴退坡、弃光、并网等难题的最优方法和现实抉择。

二、调研目的

（1）调查了解我国智能光伏产业发展的现状，获取我国智能光伏产业发展的真实数据。

（2）根据搜集到的实践数据，统计并分析我国智能光伏产业的发展状况、成绩，寻找我国智能光伏产业发展中存在的问题及其制约因素。

（3）针对现状和问题提出推进我国智能光伏产业发展的制度建议。

三、调研内容

（1）本文根据工业和信息化部、住房和城乡建设部、国家能源局等六部门联合印发的《智能光伏产业发展行动计划（2018—2020年）》分析了智能光伏产业的发展路径：光

伏部件智能制造—智能光伏产品—光伏系统智能集成运维—智能光伏应用—智能电网/微电网，并以此发展路径为调研的架构和基础。

(2) 本文根据《互联网周刊》发布的“2018 中国光伏企业排行榜”，对我国排名前 100 的光伏企业进行了统计和分析。

首先，我们通过对相关光伏企业分析发现，我国光伏企业的智能化程度仍然很低，大部分光伏企业仍未涉足智能光伏业务。

其次，数据统计结果表明，我国现阶段智能光伏产业主要以光伏系统智能集成运维和智能光伏应用为主，而智能光伏产品和光伏部件智能制造占比较低。进一步来看，占比最大的光伏系统智能集成运维主要集中于智能光伏监控系统和运维系统，但其智能化水平仍然比较低。

最后，从智能光伏应用的统计结果来看，我国智能光伏应用中的智能光伏电站应用和智能光伏工业园区应用占比较大，智能光伏扶贫应用和智能光伏建筑及城镇应用所占比例较小。这说明我国智能光伏应用仍处在较低的发展阶段，应用的丰富程度仍然不足。

总体而言，我国智能光伏发展正从初级阶段逐渐向高级阶段过渡。但是，目前我国智能光伏应用面较窄，智能化程度较低。调研发现，技术瓶颈和现行政策制约了智能光伏产业的发展，其中政策和制度的作用显得尤为重要。此外，我国对智能光伏应用的促进政策存在不成体系、缺乏统筹、不全面等局限。这些因素共同形成了智能光伏产业发展的阻力。

(3) 本文在《智能光伏产业发展行动计划(2018—2020 年)》的基础上进一步对我国智能光伏产业发展进行了展望。

首先，让智能光伏更加智能是智能光伏产业发展的总体目标。在未来，智能光伏产业的发展方向应当是全产业智能化、全方位智能化以及更广泛的应用，让全社会都受益。

其次，完善智能光伏技术标准体系，加快建设公共服务平台。一是完善智能光伏技术标准体系，即建立成体系的、全面的、完善的智能光伏技术标准。二是加快建设智能光伏公共服务平台，即建设一批可以提供完善、多样、全面服务的智能光伏公共平台。

最后，发展以六大应用为基础的种类多样、领域广泛、使用便捷的智能光伏应用。具体包括：①建设大小不一、集成的、分散的、独立的、并网的智能光伏建筑，以及有智能光伏支撑的智能光伏城镇；②实现工业园区能源的升级和转换，智能光伏将成为工业园区的必备能源基础设施，实现智能光伏与工业园区的深度融合，在降低能源成本的同时实现工业园区的绿色化；③促进光伏和农、林、牧、渔更深层次、更全面的融合，全面实现

智能光伏农业;④实现脱贫攻坚战的胜利,实现智能光伏脱贫目标,建成一个又一个智能光伏农村;⑤实现更加智能、更加综合、更加便捷的智能光伏交通;⑥充分满足智能电网的技术要求,建设更加智能的光伏电站等。

(4) 针对调研中发现的问题,提出促进智能光伏产业发展的政策建议。

首先,我国应完善智能光伏的总体规划制度,从供需的匹配性、规划的科学性和整体性上对智能光伏产业的发展政策进行完善,防范产能过剩等问题。

其次,我国应完善产业间的协调制度。智能光伏产业协调制度应建立在整个能源产业协调的基础之上,既要考虑能源产业中各细分产业之间的协调,又要考虑与能源产业并列的其他产业间的协调。

再次,我国应完善财税支持制度。任何一个产业的发展都不能脱离财税政策的支持,包括财政补贴、税收优惠、政府采购和相关配套制度建设等。

最后,我国应完善创新激励制度。创新激励制度的完善主要应从构建股权激励制度、完善知识产权保护制度和建立技术资质实质审查制度三个方面着手。

我国光伏扶贫的进展、困境及对策研究

撰写学校：北方工业大学
指导教师：陈兴华、尚志红
撰 写 人：黄亚柯、柳第、原明慧、郭梓原、朱丹、王雨蒙

我国幅员辽阔，人口众多，区域经济发展不平衡。改革开放以来，我国的经济建设取得了举世瞩目的成就，但是，城乡之间、东中西部之间依然存在贫富差距。我国第一次大规模扶贫开发政策的调整始于 1986 年，中央正式成立了专门扶贫机构，确定了开发式扶贫方针。随后，国务院在 1994 年制定并发布"国家八七扶贫攻坚计划"，并在 2001 年出台《中国农村扶贫开发纲要(2001—2010 年)》。2015 年 11 月，为确保到 2020 年农村贫困人口实现脱贫，中共中央、国务院发布《关于打赢扶贫攻坚战的决定》。经过多年的扶贫开发，我国贫困发生率大幅降低，贫困人口大幅度减少①，扶贫成果举世瞩目。

光伏扶贫是精准扶贫理念指导下一种崭新的扶贫方式，是国务院扶贫办在 2015 年确定实施的"十大精准扶贫工程"之一。这种扶贫方式是利用贫困地区丰富的太阳能资源帮助农民实现脱贫。光伏扶贫深刻体现了精准扶贫的理念精髓，是落实国家精准扶贫、精准脱贫战略的重要举措。但是在实践中，光伏扶贫究竟落实到什么程度？农民是否真正受益？农民在发展光伏产业时遇到了什么困难？国家发布的相关产业政策对光伏企业产生了哪些影响？针对以上这些问题，我们开展了深入调研。

我们经过调研发现：一方面，光伏扶贫项目因为自身优势、电力企业的积极配合以及地方政府大力支持等原因而迅速推进；另一方面，资金问题、建设问题、运营维护问题等造成了当前光伏扶贫的困境。针对光伏扶贫项目中出现的种种问题，政府加强了对光伏扶贫项目的监管，使光伏扶贫项目的运作更加规范化。本报告对我国光伏扶贫的进展和困境展开深入调查研究，并提出相应的对策和建议。

---

① 至 2020 年 11 月，我国 832 个贫困县全部脱贫摘帽，全国脱贫攻坚任务全部完成。

一、光伏扶贫概述

（一）光伏扶贫的概念及发展现状

光伏扶贫是指在贫困地区因地制宜地建设光伏电站，将发电收益分享给贫困人口的一种精准扶贫模式。为开展光伏扶贫工程建设，国家相继出台了《光伏扶贫实施方案编制大纲》《“十三五”脱贫攻坚规划》《太阳能发展“十三五”规划》等一系列政策文件，对光伏扶贫工程的建设方式、财政补贴、发展目标等作出了明确的指示。

2014 年 10 月 17 日，国家能源局会同国务院扶贫办启动了光伏扶贫试点工作，于 2015 年年初在安徽、河北、山西、宁夏、甘肃、青海等地开展光伏扶贫试点专项建设。2016 年 3 月，国家发展和改革委员会、国务院扶贫办等部门联合印发了《关于实施光伏发电扶贫工作的意见》（发改能源〔2016〕621 号，以下简称《意见》），光伏扶贫工作在全国全面展开。

（二）光伏扶贫的项目类型与商业模式

1. 光伏扶贫的项目类型

按照政策设计，在实践探索中，光伏扶贫工程按照以下两个方向推进：一是积极探索分布式光伏扶贫，即户用光伏发电扶贫，贫困户可以通过出租屋顶等拥有一定产权的闲置资源来改善收入状况；二是实施集中式光伏电站扶贫，如村级光伏电站扶贫、光伏农业大棚扶贫、地面光伏电站扶贫，形成股权、产权等利益分配机制，帮扶贫困户增收。

2. 光伏扶贫项目的资金结构及运作模式

在国务院扶贫办、国家能源局的领导下，各地充分结合本地区的条件，开展了各种模式的光伏扶贫工作（见表 1）。

表 1　光伏扶贫项目的运作模式

出资方	模式
中央和地方财政	政府全额出资，PPP 模式
中央和地方财政、企业	中央扶贫资金＋地方财政配套＋企业垫付
	中央扶贫资金（70%～80%）＋企业投资（20%～30%）
	企业捐资
中央和地方财政、企业、农户	中央扶贫资金（60%～70%）＋农户贷款（30%～40%）
	中央扶贫资金（少部分）＋农户贷款（90%以上）
	地方财政出资 1/3＋光伏企业投资 1/3＋农户贷款 1/3

1）中央和地方政府全额出资的PPP模式

在这种模式下，政府参与全过程经营，政府与社会主体建立起“利益共享，风险共担，全程合作”的共同体关系。此种模式的典型代表为安徽省岳西县光伏扶贫PPP项目。该项目帮助40个村、5 000户家庭脱贫，每年直接为每个贫困户增收3 000元，为每个贫困村增收6万元。光伏扶贫项目若只靠贫困户自己运行维护，由于农民没有技术和专业知识，其发电收益有限。在PPP模式下，电站的后续运行维护由企业管理，发电收益更有保障。但是，在这种模式下，光伏项目的初始投资方为中央和地方财政，中央和地方政府的财政支出压力较大。

2）中央、地方、光伏企业按不同比例出资模式

在这种模式下，光伏项目的前期投入由中央、地方、光伏企业按不同比例出资，后期农户以发电收益分期偿还企业的垫付资金，农户的负担较低且积极性较高，中央和地方财政压力也较小。该模式的典型代表为山西省临汾市光伏扶贫项目。山西省临汾市建设100千瓦光伏地面电站需要约80万元，这些资金来源共由三部分组成：山西省光伏扶贫项目专项资金承担50万元，临汾市扶贫项目开发资金承担10万元，剩余20万元采取企业垫资或者直接捐资等方式解决。

3）政府出资、企业投资、农户贷款相结合模式

这种模式主要包括三种类型：①政府扶贫资金占比为60%～70%，其余部分由农户贷款出资；②政府提供少部分扶贫资金，农户贷款占90%以上；③地方财政出资、光伏企业投资和农户贷款各占1/3。在这种模式下，政府扶贫资金支出压力较小，同时因为企业参与投资，企业会对光伏项目投入更多精力，更有利于光伏项目的经营。但是，在这种模式下农户需要贷款出资，这会增加农户的负担，在前期项目投入时农户的积极性会较低。此种模式的典型代表为安徽省金寨县光伏扶贫项目。在该项目中，针对每家农户安装的3千瓦光伏系统，农户需要投资2.4万元，县政府出资8 000元，光伏公司出资8 000元。对于无力自筹资金的贫困户，银行会提供无息贷款，后期农户用发电收益来分期还款。

3. 光伏扶贫项目建成后的产权归属

目前，根据建成后的产权归属类型，光伏扶贫项目主要分为四种：户用光伏发电扶贫项目、村级光伏电站扶贫项目、光伏农业大棚扶贫项目和地面光伏电站扶贫项目。其中，户用光伏发电扶贫项目是指在贫困户所属屋顶或空地上建设3～5千瓦容量的光伏发电系统，贫困户拥有产权与光伏发电收益所得。村级光伏电站扶贫项目是指村集体经济组织利用村集体的土地建设100～300千瓦容量的小型电站，村集体拥有产权，发电收益由村集体和贫困户按比例分配。光伏农业大棚扶贫项目是指利用农业大棚等现

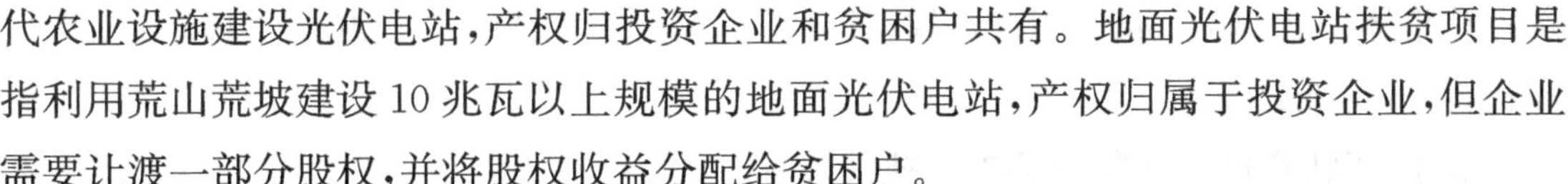

代农业设施建设光伏电站，产权归投资企业和贫困户共有。地面光伏电站扶贫项目是指利用荒山荒坡建设10兆瓦以上规模的地面光伏电站，产权归属于投资企业，但企业需要让渡一部分股权，并将股权收益分配给贫困户。

（三）各地光伏扶贫项目进展情况

2014年10月17日，国家能源局会同国务院扶贫办启动了光伏扶贫试点工作，分别在安徽、河北、山西、宁夏、甘肃、青海等地开展光伏扶贫试点专项建设。之后，光伏扶贫工作在全国迅速展开。国家能源局分别于2016年10月、2017年12月两次下达光伏扶贫专项规模5 160兆瓦和4 190兆瓦，2017年在年度规模中明确8个省共4 500兆瓦普通电站规模也全部用于光伏扶贫。截至2017年年底，我国共有940个县开展了光伏扶贫项目建设，累计建成规模10 110兆瓦，直接惠及约3万个贫困村的164.6万家贫困户。我国2015—2017年光伏扶贫指标如图1所示。

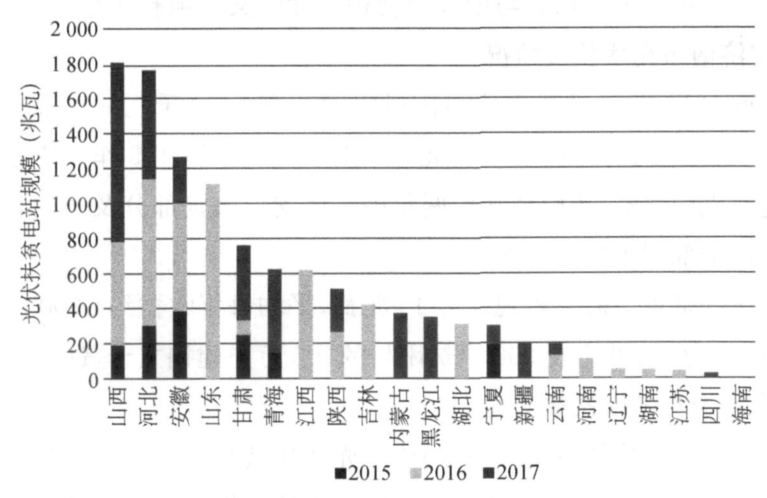

图1　我国2015—2017光伏扶贫指标汇总

1. 安徽省滁州市光伏扶贫情况

2016年下半年，滁州市琅琊区组织实施两项光伏扶贫项目：一项是扬子街道屋顶240千瓦光伏发电项目，总投资为200万元；另一项是西涧街道屋顶800千瓦光伏发电项目，总投资为574万元。

其中，扬子街道屋顶光伏发电项目于2017年5月全面建成并网，截至2017年12月共收益57 270.55元。2017年8月，扬子街道采取折股量化方式对光伏项目收益实施初次分配，分配对象为两个贫困村及其全体贫困户。其中，每个贫困村集体占有507.5股资产收益权，各分得0.87万元；贫困户共占有9135股资产收益权，共分得15.66万元。2018年1月，扬子街道采取折股量化方式对光伏项目收益实施第二次分配。其中，每个贫困村集体占有 507.5 股资产收益权，各分得 0.34 万元；贫困户共占有 9 135 股资产收益权，共分得 6.12 万元。

2. 广西壮族自治区蒙山县光伏扶贫情况

2017 年 10 月 18 日，广西蒙山县高堆村 300 千瓦“渔光互补”村级光伏扶贫发电示范项目正式并网发电。与传统扶贫项目相比，该项目结合当地地理特征，采取“渔光互补”方式发电，建设水下太阳能电池板，同时发展养殖业，实现双重收益，成为扶贫项目的成功典型。

该项目采用当时最领先的单晶 PERC 组件，功率高达 305 瓦，电站实际年发电量超过 40 万千瓦时，为贫困户带来的收益超过 35 万元。该项目扶贫收益覆盖全县 6 个贫困村，每年为每个贫困村创收超过 5 万元。另外，该项目优先安排有劳动能力的贫困户参与劳动，增加普通用工岗位 5 个，季节性用工岗位 10 个，打破贫困户“啥也不干，坐等拿钱”的局面，是实现贫困户增收与增强劳动积极性的又一项有效举措。

3. 山东省济南市光伏扶贫情况

济南市采取 PPP 模式，在 549 个贫困村建设功率为 50 千瓦的小型扶贫电站，建设总规模为 27.45 兆瓦，总投资达 2.24 亿元。市财政先期出资 1/3 作为资本金，其余资金由项目总承包商先期垫资，市财政在后两年内分期支付垫资部分及相应利息，项目收益扣除运营成本后全部用于精准扶贫。

第一批光伏扶贫项目总装机规模为 15 兆瓦，平均每年收益约1 800万元，20 年内可累计实现收益 3.6 亿元，共惠及 300 个贫困村的 0.6 万户建档立卡贫困户。

4. 湖南省株洲县光伏扶贫情况

株洲县十分重视光伏扶贫工作，专门成立光伏扶贫领导小组，共建设村级光伏电站 12 个、户用光伏电站 2 个，总规模为 896 千瓦。针对这些已建成的光伏电站，省级补助标准为 10 万元/个，市、县级财政补助标准为 20 万元/个，其余资金原则上由帮扶单位资助、上级政策性补助、自筹等途径解决。

5. 陕西省延安市光伏扶贫情况

截至 2017 年 6 月，延安市光伏扶贫项目累计完成投资 10.9 亿元，占光伏项目总投资 22.9 亿元的 47.6%；光伏扶贫项目规模 34.3 兆瓦，占光伏项目总规模 266.3 兆瓦的 12.9%。其中，黄龙县积极在本县范围内开展光伏扶贫项目建设，率先在全市完成光伏扶贫项目建设。

全市 13 个集中式光伏扶贫电站项目累计完成投资 9.2 亿元，占集中式电站总投资的 53%；集中式光伏扶贫电站规模 32 兆瓦，占集中式电站总规模的 16%。全市已建成的村级光伏扶贫电站累计投资 1.6 亿元，占村级光伏电站总投资的 29.8%；村级光伏扶贫电站规模 2.3 兆瓦，占村级光伏电站总规模的 3.5%。

6. 河南省光伏扶贫情况

截至 2017 年 12 月，河南省已建成并网光伏扶贫电站总规模为 920 兆瓦，其中村级光伏扶贫电站 5 085 个，总规模为 823 兆瓦。按照《国家能源局 国务院扶贫办关于“十三五”光伏扶贫计划编制有关事项的通知》（国能发新能〔2017〕39 号）要求，河南省发改委会同省扶贫办组织省内各地市分别编制了村级光伏扶贫电站建设计划，计划在“十三五”期间新增村级光伏扶贫电站 6 917 个，覆盖贫困户 321 150 户，总规模达 1 770 兆瓦。

（四）光伏扶贫项目建设迅速推进的原因

1. 光伏扶贫项目本身的优势

1）一次性投入，收益长期稳定

光伏设备的使用寿命一般为 20 年，在建成投产后，只要白天有太阳的照射，光伏设备就能持续发电，盈利比较稳定。农户利用光伏设备所发的电可以自己使用，也可以并入国家电网，并入国家电网的电可以获得国家和地方的补贴。通过这一途径，农户每年可以增收 3 000 元以上。

2）清洁环保

光伏电站在建设和运营过程中基本上不会产生污染。此外，有些光伏项目是建在屋顶、荒地等闲置的地方，不会占用耕地，有利于土地资源的充分利用。我国虽然幅员辽阔，但是耕地面积十分有限，有相当一部分难以开发利用的土地，在这样的土地上建设光伏扶贫电站，既不会占用有限的耕地资源，还能为贫困地区增收。

3）适应性强

我国的贫困地区主要位于西部省份和部分山区，这些地区的光照充足，太阳能资源丰富，其地形地貌以及光照条件完全能够满足光伏发电的需要。因此，在这些地区安装光伏设施，将光能转化为电能，一方面可以解决贫困地区的用电难题，另一方面也可以给农户带来一定的收益。

2. 光伏企业的投资积极性高

我国的光伏扶贫项目少部分由政府直接投资建设，大部分通过市场化运作由企业投资入股建设。光伏企业积极参与投资的原因在于早期的光伏项目可以拿到国家开发银行的政策性贷款，而且贷款比例高达整个项目的 80%，利息也低于标准利息。因此，在融资成本大幅降低的情况下，光伏项目的利润非常可观，项目收益也较高。

3. 电力企业积极配合

在国家相关政策的指引下，各级电力公司发扬责任担当精神，按照规定的投资要求简化并网流程和申请手续，采用“同步受理，同步建设，同步投运”的“三同步”模式，确保光伏扶贫电站建成后及时并网发电。例如，河南省栾川、滑县、内乡、光山等县电力公司克服建设工期短、物资和施工力量紧缺、并网服务点多面广等困难，为当地光伏扶贫项目建设提供了有力保障。

4. 地方政府大力支持

对于地方政府而言，扶贫和招商引资规模往往是地方政府政绩考核的重要指标。因此，出于扶贫和招商引资的需要，当地政府会对企业的扶贫项目予以一定的支持。例如，列入国家首批光伏扶贫重点实施范围的河南省台前县，结合自身实际，形成“抓住项目落地这个基础，扭住资金保障这个杠杆，盯住电网接入这个节点，把住群众受益这个关键”的台前模式，出色完成了国家下达的光伏扶贫建设任务。

二、光伏扶贫项目建设中的问题

（一）资金问题

1. 政府补贴不到位

由于地方能源主管部门在前期补贴政策制定过程中没有准确地评估光伏产业的发展规模，也没有准确衡量财政资金对光伏项目补贴的承受能力，片面地承诺补贴标准，光伏企业投资过热，光伏电站建设规模过大，致使政府补贴资金不足以支撑光伏产业的发展，各地拖欠补贴的情况十分普遍。

2. 违规使用资金问题

2013 年审计署发布的《5044 个能源节约利用、可再生能源和资源综合利用项目审计结果》显示，2011 年至 2012 年，为支持重庆、上海、安徽等 18 个省市的节能环保行业发展，国家财政拨出 800 多亿元资金，专项用于“三款科目”建设，但 348 个项目单位挤占、挪用、虚报、冒领“三款科目”资金共 16.17 亿元。例如，项目单位以并不存在的建筑物申报光电建筑示范应用项目并编造虚假合同等资料骗取工程补助资金，将申请获得的补助资金出借给个人、其他单位或挪作他用，通过重复申报项目、多报建设规模和装机容量违规获得工程补助资金，等等。

（二）建设问题

1. 光伏扶贫项目建设地区分布与贫困程度不匹配

据国家统计局发布的统计数据，2016 年我国贵州、云南、河南、湖南、广西、四川、甘肃、安徽、陕西等地的农村贫困人口超过 300 万人。但在实践中，光伏扶贫项目建设分布并不均匀，主要集中在经济发达地区，经济贫困地区的光伏扶贫项目建设明显不足。除北京、天津、浙江、福建、广东、重庆等发达省市外，西藏、贵州、广西等地区完全缺乏光伏扶贫项目的支持，四川、云南、河南和湖南的光伏扶贫电站数量相较于本地区贫困人口的数量明显不足。结合我国的太阳能五类资源地区划分，西藏地区横跨我国太阳能资源Ⅰ类和Ⅱ类地区，年日照数为3 000～3 300小时，太阳能资源极为丰富；云南、河南属于太阳能资源Ⅲ类地区，年日照数为2 200～3 000小时，光照资源条件也较好。综上，这些日照资源较好的地区应当借鉴其他地区光伏扶贫项目的经验，结合当地的光照等地理条件，制订适当的扶贫计划，建立有利于推动经济发展且与当地条件相适应的扶贫项目，实现光伏扶贫的专业化与精准化。

2. 光伏扶贫电站建设工程质量问题

由于光伏产业“钱途”可期，光伏扶贫电站投资吸引了业内外大量资本的关注。但在一片叫好声中，严重的电站建设质量问题层出不穷，为光伏行业敲响了警钟。在光伏扶贫项目建设过程中，原材料进场验收、施工过程控制、安全控制、光伏组件材料进场验收、并网验收等环节是光伏项目建设、管理、运营以及后期维护的重要环节。有一些光伏企业为了赶工期和省成本，在光伏扶贫电站建设中偷工减料，导致光伏电板质量不达标，发电效率低下。可以预期，伴随光伏扶贫电站的大规模建设，如果继续出现大范围的电站建设质量问题，光伏扶贫项目将面临“灾难性”的局面。因此，解决光伏扶贫电站建设工程质量问题已迫在眉睫。

3. 光伏扶贫项目建设过程中的贪污腐败问题

调研发现，在光伏扶贫项目的建设过程中，有些地区存在贪污腐败问题。例如，国家规定，光伏扶贫项目中的材料和设备供应商必须为业内一线厂家，以保证项目质量，提高项目收益率，但在村级光伏扶贫项目中，大部分中标的企业都是一些建筑企业，并不是专业的光伏总包企业，中标价格也远远高于行业标准。对其中可能存在的“利益输送”和贪污腐败问题，相关部门应加大审查监督力度。

（三）运维问题

1. 维护团队的缺失问题

光伏企业不仅需要高新技术，更需要高素质的管理队伍。从光伏扶贫项目的实际操作来看，光伏扶贫项目建成后需要一支负责运行维护的专业团队，以保证光伏扶贫项目的正常运行。但目前的实际情况是专业化的光伏扶贫人才队伍并不稳定，而且缺口较大。

2. 贫困户的认识问题

贫困户贫困的原因有很多，除了自然环境、经济状况这些外在因素，有的贫困户自身也存在问题。例如，政府给贫困户安装了光伏设施，但有些贫困户对设施极其不爱护，有的在太阳能电池板上晾晒粮食，有的甚至将太阳能电池板拆卸之后卖掉。追根溯源，贫困户往往接受的教育比较少，对新鲜事物接受程度不高，对光伏发电的认识不够深入，只顾眼前利益。他们追求的仅仅是“真金白银”，是当下的物质补贴，而非借光伏发电真正脱贫。

3. “弃光”问题

政府投入巨大人力、物力、财力建设的光伏电站在建成后可能出现“弃光”的情况。例如，在西部地区建设的光伏扶贫电站，由于当地的消纳和运送能力有限，“弃光”现象严重，造成了巨大的浪费。数据显示，2015 年光伏发电“弃光”量比 2014 年上升2.05个百分点；2016 上半年全国“弃风”“弃光”量更是高达 371 亿千瓦时，相当于 2015 年全年的“弃风”“弃光”量，甚至超过了 2015 年全年全社会新增用电量。调研发现，“弃光”现象的主要原因是电力设施的陈旧与输电运电技术的落后。

三、国家对光伏扶贫项目的管理政策及其影响

（一）国家加强对光伏扶贫项目的管理

随着光伏扶贫项目发展日益迅速，财政补贴压力加大，光伏扶贫项目在建设和运营过程中也存在很多监管方面的漏洞。针对光伏扶贫项目中出现的以上问题，政府加强了对光伏扶贫项目的监管。2018 年 3 月 26 日，国家能源局和国务院扶贫办联合出台了《光伏扶贫电站管理办法》（以下简称《办法》）。

首先，《办法》明确指出，光伏扶贫电站是以扶贫为目的，在具备条件的地区利用政府资金投资建设的光伏电站，其全部收益用于精准扶贫；原则上应在建档立卡的贫困村建设光伏扶贫电站，并限定光伏扶贫电站的资金来源，排除企业入股。具体来讲，光伏扶贫电站应由各地政府筹措资金进行建设，包括各级财政资金以及协作、定点帮扶和社会捐赠资金；光伏扶贫电站不得负债建设，企业不得投资入股。其次，《办法》对光伏电站的规模、建设、用地、入网、验收等事项作出了明确的规定，细化了各方面的实施步骤，明确了各个主体之间的责任。最后，《办法》明确光伏扶贫电站优先纳入可再生能源补助目录，补助资金优先发放，原则上年度补助资金于次年第一季度前发放到位。此外，《办法》针对光伏扶贫项目在推进过程中出现的补贴电费结算不及时、电站建设质量不高、后期维护欠规范等问题，以及扶贫对象扩大化和“一光了之”“一哄而上”等现象提出了针对性的要求。

在政府加强对光伏扶贫项目的监管新政颁布之前，许多不良企业只是利用光伏扶贫政策拿到政府补贴，而忽视光伏扶贫电站建设质量，导致光伏扶贫电站质量良莠不齐，事故频频发生。这样一来，一方面，贫困户无法得到良好的收益，光伏扶贫项目不能达到扶贫目的；另一方面，光伏项目建设产能过剩，利用率低，资源浪费严重。“531 新

政”后，政府在光伏扶贫中扮演主要角色，政府通过加强管控来规范光伏扶贫项目的发展速度和规模，防止光伏产业“野蛮生长”，将光伏扶贫引入健康的发展轨道，使其真正实现扶贫的目标。①

(二) 国家管理政策对光伏扶贫项目的影响

2018 年 5 月 31 日，发改委、财政部和能源局联合发布《关于 2018 年光伏发电有关事项的通知》，对光伏电站的发展规模和补贴力度进一步作了限定，并在限定规模的同时降低了补贴强度。“531 新政”的出台虽不是针对光伏扶贫项目的，但是在整个光伏产业产能过剩、财政补贴资金入不敷出的情况下，国家对光伏扶贫项目的管理越来越严格，光伏扶贫项目不可避免地会受到影响。

1. 规模缩减

虽然各个文件明确支持光伏扶贫项目，并且下达了新一批光伏扶贫项目计划，但是由于“531 新政”关闭了资本市场的大门，现在只能依靠政府出资和社会捐资来建设光伏扶贫电站。这对中央和地方政府而言都是一个比较大的负担。相关数据资料显示，2018 年国家财政预算总拨付 1 060.95 亿元资金用于扶贫，但这些资金具体到全国光伏扶贫项目上总额相对较小，不足以支撑光伏扶贫规模的扩大。

2. 原有的项目纠纷难以解决

在《光伏扶贫电站管理办法》出台前，各地方政府对企业出资参与的光伏扶贫项目持积极态度，纷纷出台各种优惠的政策吸引企业入驻。但现在却又不让企业参与，这种做法极大地打击了企业的积极性，留下了很多隐患。例如，那些由企业出资建设的光伏扶贫电站和负债经营的电站后续如何处理？政府是否需要回购？资金缺口如何解决？

3. 地方政府建立光伏扶贫电站的积极性受挫

2018 年发布的《光伏扶贫电站管理办法》规定，光伏扶贫电站不得负债建设，企业不得投资入股。这一规定在一定程度上限制了光伏扶贫项目的资金来源，也就是说，光伏扶贫项目的资金不能通过融资来解决，而是要当地政府承担。因此，光伏扶贫电站能建多少及如何建设，主要受当地政府支持资金的影响。这在一定程度上影响了地方政府建设光伏扶贫电站的积极性。

四、光伏扶贫工作建议

光伏扶贫是一种有效、可持续性的扶贫方式，具有巨大的优势，它不仅适应性强，收益稳定，而且具有较大的推广价值。但如前所述，随着国家相关政策的变化，光伏扶贫

---

① 郭雨薇，李友杰.光伏扶贫的战略意义及推广措施[J].湖北农业科学，2016，55(16)：25-39.

项目建设在推进过程中也遇到了很多问题。因此，光伏扶贫工作要真正达到扶贫的目的，政府势必要解决好资金和监管等方面的问题。

（一）坚持市场化运作，解决资金问题

贫困地区资金短缺，而光伏电站的建设需要大量的初始资金和专业的技术支撑，光靠政府的专项扶贫资金难以为继，必须开拓市场，引导多方主体参与。因此，相关部门应该采取市场化运作模式，通过制定相关的优惠政策，鼓励有资金、有实力的大企业对光伏扶贫项目进行投资建设。

（二）加强政府监管

目前，国家限制光伏扶贫项目的一个重要的原因是各地光伏扶贫项目发展混乱，有些地区以扶贫的名义谋求指标，套取补贴，享受低息贷款；有些企业以假乱真，以次充好，欺骗贫困户，使其不能获得稳定的收益。针对这些问题，一方面，相关部门要严格执法，按章办事，在光伏扶贫项目实施过程中对原材料进场验收、施工过程质量控制、安全控制、光伏组件材料进场验收、并网验收等环节严格把关，对光伏项目的建设、管理、运营以及后期维护全程进行监督，对于建设中出现的问题，要追责到个人；另一方面，政府也应该保护那些积极参与光伏扶贫项目的企业，为企业创造一个良好的投资氛围，给予其合理的盈利空间。

（三）优化光伏扶贫指标的分配机制

精准实施光伏扶贫工程是光伏扶贫政策的第一要义，这既是落实精准扶贫的客观要求，也是对政府统筹能力的考验。相关部门应进一步加强光伏扶贫指标分配的定量分析工作，结合各地贫困程度与光照资源条件，提出下一步光伏扶贫指标的优先分配顺序。对于地方超额规划的光伏扶贫项目，应在符合光伏扶贫政策、通过质量验收的前提下，采取中央与地方财政共同出资的策略。此外，精准识别光伏扶贫工程的受益困难群众是光伏扶贫工程收益分配的关键，相关部门既要准确识别符合贫困标准的受助群众，也要细致识别受助群众是否具备劳动能力，并据此划分扶贫项目收益的比例。①

（四）精准扶贫、因地制宜，降低光伏扶贫项目成本

“531 新政”公布后，光伏扶贫项目主要依靠政府出资建设。为了降低中央和地方政府的资金压力，各地政府应该做到精准扶贫，因地制宜，合理建设，将资金发挥最大效益，尽量减少不必要的花费。例如，光照资源丰富且电力需求大的地方应多建光伏扶贫电站，光伏电站尽可能建在农村的荒山和空地处，积极减少造价成本。此外，光伏扶贫工程作为国家“十大精准扶贫工程”之一，主要针对的是贫困人群，因此，地方政府应逐

① 吴素华.精准扶贫背景下光伏扶贫高质量发展研究[J].中国特色社会主义研究，2018(05)：41-46.

户回查，严格筛选扶贫对象，重点帮助“失能”“弱能”家庭安装光伏电站。

（五）积极推动光伏扶贫与其他产业相融合

为促进光伏产业的健康发展，达到精准扶贫的目的，使贫困人群获得最大的收益，相关部门应当制定完善的优惠政策，使光伏扶贫与其他产业有机结合，实现利益最大化，并激励企业参与光伏农业创新发展。例如，在农业大棚较集中的地区利用光伏发电节省农户成本，在适合发展旅游业的地区发展光伏休闲农业，以及通过“渔光一体”基地建设促进水产养殖与光伏发电并行发展。此外，地方政府还可以将光伏发电运用到现代农业种植、养殖、灌溉、病虫害防治以及农业机械动力提供等领域，使农场变工厂、田间变车间，以提高土地的利用率，实现清洁环保能源与农业的结合发展，帮助贫困户早日脱贫。

（六）加强光伏电站的管理及维护

扶贫光伏电站建成后需要专门人员进行后期维修，但大量专业技术人员长期驻守在扶贫地区在一定程度上会造成人才浪费的情况，且费用较高。为此，当地政府可以聘请当地具备电力知识的人员进行维护，并对其进行定期培训，这样既可以解决光伏电站运营中出现的日常问题，也可以增加当地的就业机会。此外，光伏电站研发机构应该加大对光伏电站相关配置的升级研发，提高光伏电站的发电质量和使用寿命，减少并网时对其他电路的影响，从根本上扫除光伏扶贫项目的实施障碍。

（七）提高贫困农户光伏发电意识

对于贫困地区的农户而言，政府仅对其进行经济上的扶持是不够的，还应加强对贫困户的思想教育，进行“意识扶贫”，包括从国家、环境到个人的角度讲解光伏扶贫的意义所在，同时带领农户学习国家相关的光伏扶贫政策，使其从内心深处真正认同这项政策，更加积极地参与光伏扶贫工程的建设。

参考文献

[1] 张伟波，崔志强.我国光伏发电产业存在的问题及对策建议[J].能源技术经济，2011，23(9)：12-16.

[2] 史珺.以发展眼光看光伏发电的可行性[J].社会观察，2011(11)：44-45.

[3] 顾悦.我国光伏产业危机分析与应对策略[J].轻工技术，2013，29(05)：144-145.

[4] 朱伟钢，林燕梅，周蕾.太阳能光伏发电在中国的应用[J].现代电力，2007，24(5)：19-23.

[5] 杨帅.光伏产业：政策重要还是基础研究重要[J].当代经济管理，2013，35(03)：15-21.

附件　国家及地方光伏扶贫相关政策

政策发布主体或地区	政策名称	政策要点
国家能源局、国务院扶贫办	《关于"十三五"光伏扶贫计划编制有关事项的通知》	单个村级电站容量控制在300千瓦左右，具备接网条件的可放大至500千瓦；不具备村级电站条件的地区，可建设集中式光伏扶贫电站
国家发展和改革委员会	《关于实施光伏发电扶贫工作的意见》	1. 在2020年之前，重点在16个省471个县的约3.5万个建档立卡贫困村，保障200万建档立卡无劳动力贫困户每年每户增收3 000元以上 2. 采用村级光伏电站（含户用）方式，每位扶贫对象的对应项目规模标准为5千瓦；采取集中式光伏电站方式，每位扶贫对象的对应项目规模标准为25千瓦
黑龙江省	《关于抓紧开展光伏发电扶贫工作的通知》	1. 村级光伏电站（含户用）：光伏发电收益扣除管理成本后，按照投资比例分红，产业扶贫资金或涉农资金投入要量化折股后分配给建档立卡贫困户 2. 集中式光伏电站：光伏电站收益按约定比例分配给签约的建档立卡贫困户，应确保受益贫困户每户年均增收3 000元以上
黑龙江省	《关于加快推进村级（含户用）光伏扶贫电站建设的通知》	1. 保障受益贫困户每户每年增收3 000元以上，持续获益20年 2. 每个贫困户的项目规模标准为5千瓦，村级电站建设规模原则上在300千瓦以下，具备接网条件的可扩大到500千瓦
河北省	《关于光伏发电项目有关电价补贴政策的通知》	1. 2017年年底以前建成投产的光伏扶贫电站项目，自2016年1月1日起补贴标准为每千瓦时0.2元，自并网之日起补贴3年 2. 其他地面光伏电站项目（包括分布式光伏电站项目），仍按照《河北省人民政府关于进一步促进光伏产业健康发展的指导意见》（冀政〔2013〕83号）文件规定，执行现行光伏电站电价补贴政策
河北省	《关于积极推进村级光伏扶贫电站（含户用）建设的指导意见》	1. 从2017年开始，确保在20年内，光伏扶贫对象家庭年均增收3 000元 2. 政府启动，企业投资运营。县级政府按每户5千瓦规模1.2万元左右的标准出资，其余资金由企业筹措，并负责项目建设、运营维护 3. 政府引导，PPP模式运营。项目总投资的20%作为资本金，由政府、企业出资各占10%，组建项目公司，其余部分由项目公司承贷承还
河北省	《关于做好2016年光伏扶贫实施方案的通知》	1. 分布式光伏发电项目及光伏扶贫项目发电量补贴分为国家补贴和省级补贴两类，均由电网公司转付给发电企业或用户 2. 省级补贴政策到2017年年底结束，分布式光伏并网业务全流程不收取任何服务费用

（续表）

政策发布主体或地区	政策名称	政策要点
山东省	《关于加快推动首批光伏扶贫项目建设的通知》	2016年度国家建设规模的光伏发电项目必须确保于2017年6月30日前建成并网，否则将执行2017年度的上网标杆电价（已调整为0.85元/千瓦时）
山西省	《光伏扶贫项目管理暂行办法》	1. 村级（户用）光伏扶贫电站，原则上按照每20千瓦补贴10万元财政扶贫资金给予支持 2. 村级（户用）光伏扶贫电站可享受金融富民扶贫工程贷款支持；对项目贷款，省级扶贫资金按5%贴息
山西省	《关于开展光伏扶贫工作的指导意见》	1. 采取村级光伏电站（含户用）方式，每户光伏扶贫对象对应项目规模标准为5千瓦左右；采取集中式光伏电站方式，每户光伏扶贫对象对应项目规模标准为25千瓦左右 2. 对光伏扶贫项目实行优惠土地政策，对村级光伏扶贫电站电费收益减免征收增值税
山西省	《关于编制2017年光伏扶贫实施方案的通知》	村级电站的收益分配标准为：贫困户每年每100千瓦不低于5万元
陕西省黄陵县	《黄陵县鼓励发展屋顶光伏扶贫工作实施方案》	1. 对发展屋顶光伏产业的贫困户，按照5万元以内、3年期限内、国家规定基准利率、免担保免抵押、财政扶贫资金全额贴息的标准补贴 2. 由县级供电部门根据国家、省光伏发电补贴政策，从并网发电之日起按每月、季度结算支付。需要还贷的，按照协议的还款金额由金融部门直接从收益中扣除，剩余的打入卡中
陕西省延安市	《延安市发展和改革委员会关于督促加快光伏扶贫项目进展的通知》	1. 全力保障我市266.291兆瓦光伏扶贫任务在2017年10月底前全部实施完成 2. 光伏扶贫项目在2017年6月30日前建成投运的执行0.88元/千瓦时电价，在6月30日以后投运的项目执行0.75元/千瓦时电价
陕西省吴起县	《吴起县人民政府办公室关于全面推进光伏扶贫项目建设的通知》	第一批光伏扶贫项目必须在2017年10月底前实施完成；对于逾期未建成的项目，将项目建设单位列入黑名单，不得再进入我县从事新能源项目建设
内蒙古自治区	《内蒙古自治区人民政府关于实施光伏发电扶贫工作的意见》	1. 项目法人公司必须由旗县（市、区）人民政府的投融资主体与社会投资企业合资组建，并在工商部门注册登记。项目法人公司注册资本不低于项目总投资的20%，旗县（市、区）人民政府的投融资主体占股不低于50% 2. 光伏发电扶贫项目自项目建成发电之日起持续扶贫20年，确保项目对应的贫困户每户每年光伏扶贫收益不低于3 000元

（续表）

政策发布主体或地区	政策名称	政策要点
内蒙古自治区宁城县	《宁城县光伏扶贫项目收益分配监督管理办法（试行）》	自建设发电之日起持续20年，每年向县财政扶贫账户缴纳光伏扶贫项目收益款，保证3 123户贫困户每户每年收入不低于3 000元
河南省	《关于组织实施光伏发电扶贫工作的指导意见》	鼓励各地及项目开发企业创新思路，统筹做好扶持到村与集中连片建设相结合，扶持到户与壮大集体经济相结合，根据各地条件选择适宜的光伏发电扶贫模式
河南省邓州市	《邓州市光伏扶贫工作实施意见》	鼓励企业、社会团体和个人参与光伏扶贫工程投资和建设，并给予必要的奖励和优惠
河南省	《2017年光伏扶贫工作推进方案》	以村级小电站为主要形式，保障扶贫对象20年以上稳定收益分配，2017年10月底前完成10.5万千瓦光伏扶贫建设
河南省夏邑县	《夏邑县关于支持光伏发电扶贫工程加快实施的意见》	对按时间节点建成并网的贫困户（确保年收益不低于3 000元），经验收合格后，由县扶贫部门根据到户增收项目政策，按10 000元/户标准给予贫困户项目资金扶持，并给予3年贷款贴息（按扶贫贷款政策支付贴息，电站并网运营9个月之后支付3 000元收益）
河南省	《关于进一步做好光伏发电扶贫工作的通知》	村级小电站由县级政府负责筹措项目资金，鼓励企业捐赠；光伏扶贫集中式电站由县级政府与商业化投资企业共同筹措资金，其余资金可由参与扶贫的金融机构提供优惠贷款
河南省虞城县	《关于印发虞城县支持光伏扶贫项目建设优惠政策的通知》	1. 优先选择有实力、技术先进、履行社会义务的光伏企业参与我县光伏扶贫项目开发建设 2. 企业税收优惠政策按照国家有关最新政策执行 3. 县政府积极协调农发行等金融机构，根据企业需求为光伏扶贫项目开展银企对接，提供优惠贷款，降低融资成本
河南省信阳市	《信阳市固始县加快实施光伏发电扶贫工程的意见》	1. 对率先实施光伏发电扶贫并于10月31日前已建成的项目，由县财政按8 000元/户标准予以无偿扶持 2. 从2017年2月开始，县财政给予3年贴息 3. 县财政对实施光伏发电扶贫上网的电价实行补贴，保证电价不低于1元/度；对全额投资实施光伏发电扶贫的光伏企业，县政府采取“一事一议”的办法，给予特殊的奖励支持
湖北省	《关于有序推进全省光伏发电项目建设的通知》	1. 有序推进300千瓦及以下小型村级光伏扶贫电站的建设工作，力争于2017年6月底前建成投产 2. 对300千瓦以上的光伏扶贫电站要慎重推进，国家规模指标外投资建设的300千瓦及以上光伏扶贫电站由于不能纳入国家可再生能源发展基金补贴范围而造成的损失，由项目业主自行承担

（续表）

政策发布主体或地区	政策名称	政策要点
湖北省	《关于组织编制2017—2019年光伏扶贫项目建设实施方案的通知》	1. 以县(市、区)为单位，总受益户数与总建设规模的配比关系为村级电站每户对应5~7千瓦，多村联建集中式电站每户对应25~30千瓦 2. 以政府投资为主的比例应达到70%以上，多村联建集中式电站的投资主体应为项目所在地政府成立的投资平台公司
湖北省神农架林区	《神农架林区村级光伏扶贫电站收益分配管理办法》	1. 村级光伏电站委托专业运维检修费用测算标准不超过售电量结算费用的15%~18%，电站保险费用控制在设备价格的0.5%内 2. 村级电站收益：按照电站营业收入总额，扣减电站运营成本后，余额为各村级光伏电站收益
湖南省	《关于进一步完善全省光伏扶贫组织实施并网结算和缴税办理的通知》	1. “自发自用，余电上网”分布式光伏发电项目实行全电量补贴政策，补贴标准为每千瓦时0.42元(含税) 2. 光伏扶贫发电项目自投入运营起执行标杆上网电价或电价补贴标准，期限原则上为20年
湖南省	《湖南省贫困村光伏扶贫三年行动计划实施方案》	总投入10.15亿元(省级财政投入2亿元，按每村补助10万元)，总装机量近145兆瓦
湖南省	《关于下达2017年省级新增财政扶贫资金(扶贫重点工作)计划的通知》	各地要根据《湖南省贫困村光伏扶贫三年行动计划实施方案》，按10万元/村的标准补助到项目村，用于建设村级光伏扶贫电站
湖南省茶陵县	《茶陵县推进光伏扶贫工作的实施意见》	1. 在光伏电站验收合格后，每村补助财政扶贫资金10万元，贫困村的贫困户加入村集体光伏发电项目的，每户每千瓦由财政扶贫资金补助1 000元 2. 每个村建设70千瓦至100千瓦的村级光伏电站，其中村集体大约投资32.8万元 3. 贫困户投资入股，每个贫困户大约投资2.46万元：贫困户自筹2.1万元(可以向银行申请扶贫小额信用贷款1.8万~2万元)，扶贫专项资金扶助0.3万元，村或工作队支持0.06万元
湖南省汨罗市	《汨罗市光伏发电扶贫工作方案》	光伏发电扶贫项目建设资金约1 008万元。资金来源：市城建投垫资三分之一；扶贫办筹资三分之一；乡镇及对口扶贫单位筹资三分之一
湖南省株洲市	《株洲市扶贫办关于进一步做好光伏扶贫工作的通知》	1. 严格按照包含选址、设计、建设、并网、护栏EPC(Engineering Procurement Construction)综合报价7元/瓦的指导价控制招投标底价 2. 按照“一县一企”的原则确定光伏扶贫电站的运维及技术服务企业。县域内承建企业在两家以上的，确定承担主要建设任务的承建企业为运维企业

（续表）

政策发布主体或地区	政策名称	政策要点
湖南省	《关于推进光伏扶贫工作的指导意见》	1. 村级光伏电站产权归村集体所有，项目收益除偿还贷款和运营维护外，40千瓦收益作为村集体收入，其余分配给建档立卡的无劳动能力贫困人口 2. 社会资本及企业参股合资建设的光伏扶贫电站，资产产权共有，收益按股份分成，投资主体要将贫困村、贫困户所占股份优惠折算量化，贫困村、贫困户按所持股份优先分红
重庆市	《关于印发〈重庆市光伏扶贫试点工作方案〉的通知》	1. 市级财政扶贫资金对建卡贫困户补助8 000元/户，对建卡贫困户、贫困村农户贷款安装光伏发电设备实行财政扶贫资金贴息；对设备安装企业贷款为建卡贫困户、贫困村农户垫支安装光伏发电设备实行财政扶贫资金贴息 2. 对分布式光伏扶贫并网输电，免收随电价征收的各类基金和附加以及系统备用容量费和其他相关并网服务费；对项目农户，采取发电量“全额上网”、净电量结算方式，按现行的三类资源区光伏电站标杆上网电价1元/千瓦时执行
重庆市	《关于“十三五”光伏扶贫计划编制有关事项的通知》	1. 在符合年日照时间在1 200小时以上区县的贫困村开展试点工作 2. 光伏扶贫项目按期建成后可享受全额收购可上网电量优惠政策，确保年度补助资金于第二年1月底前发放到位
重庆市	《关于“十三五”光伏扶贫计划编制的补充通知》	1. 对村级光伏扶贫电站的资金筹措明确为涉农整合资金、东西协作帮扶资金、中央定点帮扶资金、社会捐赠资金 2. 电站产权只归村集体，不以股权形式建设
四川省	《四川省光伏发电扶贫工作实施意见》	1. 政府平台公司与开发企业共同出资组建项目合资公司，作为光伏扶贫电站实施主体和承贷主体，鼓励企业捐赠、援建或提供指导 2. 公开选择光伏建设企业，光伏扶贫电站收益优先保障扶贫资金足额发放
安徽省阜阳市	《关于拨付光伏扶贫市级补助资金的通知》	拨付光伏扶贫户用光伏电站市级配套资金3 100万元
安徽省霍山县	《霍山县贫困村光伏电站收益分配及运维管理办法》	1. 贫困村光伏电站60千瓦部分的收益，主要作为村级集体经济收入；60千瓦以上部分的收益，原则上全部用于没有发展能力的贫困户分红 2. 全县42个集中建设的贫困村光伏电站的保险、运维及管理等费用按照其发电收益的8%进行提取，运维费原则上按照每个电站每年6.4万元的标准拨付
安徽省金寨县	《金寨县光伏扶贫电站收益分配管理办法》	1. 分布式（联户型）光伏扶贫电站发电净收益分配办法：贫困户入股当年即可享受分红3 000元，连续享受4年，第5年、第6年还本付息（使用贴息贷款的除外） 2. 分布式（联户型）、集中式光伏扶贫电站净收益分红后结余资金用于还本付息和政府兜底扶贫

（续表）

政策发布主体或地区	政策名称	政策要点
安徽省临泉县	《临泉县 2017 年光伏扶贫工作实施方案》	1. 户用电站：2017 年安装 7 000 户（总规模为 35 兆瓦）。每户建设 5 千瓦分布式光伏发电系统，每户可望年增收 4 000 元左右 2. 村级电站：2017 年安装 300 个村（含贫困村）。每村建设 210 千瓦分布式光伏发电系统，帮助实施村在 20 至 25 年内实现村级集体经济年均收入近 20 万元 3. 建设企业提供设备维修，20 年质保期内，非人为损坏的由承建企业免费维修，20 年后探索成立专业化公司负责设施的日常维护或建立产业扶贫到户光伏发电项目财产保险制度
浙江省	《关于印发〈浙江省“光伏小康工程”实施方案〉的通知》	根据统一招标确定目录企业，目录企业可以参加全省“光伏小康工程”投标；允许并鼓励企业以现金投资入股的方式参与光伏系统建设
浙江省	《关于进一步做好“光伏小康工程”实施工作的通知》	产品组件规定：各地在实施招投标时，各投标企业原则上不能更换参与省级目录企业投标时提出的包括单晶硅、多晶硅、薄膜太阳能电池等组件和逆变器在内的光伏核心组件型号、品牌等，但允许其更换为《浙江省光伏建筑一体化产品推广目录》同标准等级以上的产品；其他材料确需更换的，也应属于《浙江省光伏建筑一体化产品推广目录》所列明的同标准等级以上的产品
江西省	《关于实施光伏扶贫扩面工程的指导意见（征求建议稿）》	1. 每座规模为 100 千瓦的村级电站投资约 60 万元，全省共计投资 9 亿元 2. 光伏扶贫项目建设企业可优先按月足额结算电费和领取国家补贴资金，并享受租赁方式的光伏用地等优惠政策
广东省惠州市	《惠州市光伏扶贫上网电价补贴暂行办法（征求意见稿）》	1. 对 2017 年 1 月 1 日以后纳入财政补贴年度规模管理的光伏发电项目及 2017 年以前备案并纳入以前年份财政补贴规模管理的光伏发电项目（但于 2017 年 6 月 30 日以前仍未投运的），执行 2017 年光伏发电标杆上网电价 0.85 元/度，比 2016 年度光伏发电标杆上网电价 0.98 元/度降低了 0.13 元/度 2. 光伏发电项目收益率在 10%～11%，预计回收成本年限为 10 年。财政光伏扶贫上网电价差额补助年限为自项目投成上网起补贴 5 年
福建省龙岩市	《关于进一步明确龙岩市光伏扶贫奖补办法有关事项的通知》	1. 对建档立卡贫困户联合或独立建设的分布式光伏发电项目，每千瓦奖补 1 000 元 2. 与 10 户以上建档立卡贫困户签订入股或资产收益分配协议的光伏发电企业，按贫困户所占容量比例每千瓦奖补1 000 元
青海省	《关于青海省 2015 年光伏扶贫试点工作方案的通知》	每户建设扶贫光伏电站 3 千瓦，按当地年实际发电量和当前光伏电价所获收益扣除不可免除税费后，全额支付给贫困户。根据光伏电站不可移动的实际情况，扶贫年限按国家光伏电价补贴 20 年的政策确定
宁夏回族自治区	《关于印发光伏园区电站项目资源配置指导意见和光伏电站项目备案和建设管理办法的通知》	参与自治区光伏扶贫项目建设的企业，按照国家要求根据光伏扶贫项目规模及推进情况，配套一定规模光伏电站资源

光伏产业补贴政策及影响调研报告

——以××地区光伏企业为调研对象

撰写学校：广东外语外贸大学
指导教师：陈熹
撰 写 人：柴源、王亚倩

太阳能是最佳清洁能源之一，太阳能光伏发电具有无噪音、无污染、无辐射等优点。近年来，光伏产业在我国发展迅猛，但是光伏产业在蓬勃发展中也遇到了一系列问题。由于我国目前尚未专门针对光伏产业制定法律文件，相关的框架性法律只有一部《可再生能源法》，光伏产业在发展过程中出现的很多问题处于无法可依的困境。本文在对××省光伏企业及行业协会进行实地考察的基础上，针对中央及地方政府出台的光伏补贴政策进行分析，论证了政府补贴在光伏产业发展中的作用和必要性，同时分析了相关政策在实施过程中的合理性及稳定性，并结合××地区光伏企业的发展情况提出了有效建议。

我国光伏产业发展迅速，占据了全球70%以上的份额，规模全球第一，是我国新能源利用的支撑力量。政府在推动光伏产业发展的过程中出台了一系列补贴政策，这些政策对整个行业的兴起乃至繁荣起到了至关重要的作用。但是2018年5月31日国家能源局突然下发通知，将下半年光伏发电规模压缩到原来的三分之一以下。这一政策“急刹车”给光伏行业带来严重危机和系统性风险，一些新能源上市公司股票连续跌停，市值损失3 000多亿元，众多光伏企业被迫停产，关停产资产规模超过2 000亿元，光伏行业受到重创。由于政策的变动影响了整个市场的平稳发展，这一政策的合理性备受质疑。

一、我国光伏产业补贴政策概况

我国光伏产业兴起于21世纪初，当时国际市场上的光伏产业已经形成产业化、链条化的生产模式，而我国不仅没有形成光伏市场，就连光伏企业也较少。因此，政府为扶持我国光伏产业的发展，制定了一系列补贴激励政策。

由于西部地区的日常生活供电缺乏，2002 年，国家发展和改革委员会启动了“西部省区无电农村供电计划”，开始采用太阳能光伏发电、风力发电等可再生能源技术解决西部家庭用电问题。国家这一政策的出台改善了当地经常断电的现状，自此，光伏产品也开始进入民用领域。2004 年，包括德国在内的一些国家实施了高水平上网电价和光伏补贴政策，有效激发了光伏投资者的投资意愿，形成了庞大的国际光伏市场。我国光伏企业抓住机遇，迅速扩大产能，降低生产成本，形成规模效应，光伏产业迅速发展。2005 年，我国政府出台了一系列与新能源产业相关的国家政策法规，如《可再生能源法》，为我国光伏产业的快速发展创造了良好的政策环境。①

根据《可再生能源法》的规定，国家实施全额支付的可再生能源发电购买制度。2011 年 8 月，国家发展和改革委员会发布了关于完善光伏发电的上网电价政策，确定了全国统一的光伏发电基准上网电价。这一激励政策的实施有力地促进了我国光伏市场的发展。2013 年 8 月，该标准进一步修改，以 2013 年 9 月 1 日为基准，根据年等效利用小时数将全国划分为三类地区对其分别实施不同的上网电价，并对分布式光伏发电项目按照发电量实行电价补贴政策，电价补贴标准为 0.42 元/千瓦时。

2014 年 10 月 11 日，国家能源局、国务院扶贫开发领导小组办公室联合印发《关于实施光伏扶贫工程工作方案》，提出利用 6 年时间开展光伏发电产业扶贫工程，一是实施分布式光伏扶贫，二是在片区县和贫困县因地制宜地开展光伏农业扶贫。2015 年 1 月 8 日，国家发改委等八部门发布《能效“领跑者”制度实施方案》。2015 年 6 月 1 日，工业和信息化部与国家能源局、国家认监委联合印发《关于促进先进光伏技术产品应用和产业升级的意见》，通过采取综合性政策措施，支持先进光伏技术产品扩大应用市场，深入加强光伏行业管理，推动我国光伏产业健康持续发展。

2017 年是我国历史上光伏装机规模最高的一年，我国光伏产业迎来了井喷式发展，光伏总装机容量高达 5 306 万千瓦，超过曾经的光伏装机第一大国德国过去 20 多年的光伏装机总量。2017 年 12 月 19 日，国家发改委发布《2018 年光伏发电项目价格政策的通知》，对 2018 年 1 月 1 日之后投运的光伏电站下调电价补贴标准。

2018 年 5 月 31 日，国家发改委、财政部、国家能源局联合印发了《关于 2018 年光伏发电有关事项的通知》（俗称光伏行业的“531”新政），即对包括户用光伏在内的分布式光伏进行规模管理，规定其 2018 年的装机容量上限为 1 000 万千瓦，并将新投运的光伏

① 陈烨.创新视角下我国光伏产业发展研究[D].西安：西北大学，2017.

电站和分布式光伏发电项目的标杆上网电价统一下调0.05元/千瓦时。此外，该通知还强调，暂不安排2018年普通光伏电站建设，视光伏发电规模优化情况再行研究启动“领跑者”基地建设。

二、光伏补贴政策对国内光伏产业发展的影响

光伏产业是政策主导型产业，补贴政策对于整个产业的发展必然有所影响。光伏企业除了能享受国家层面的优惠政策，还能享受地方层面的优惠措施。我们通过上文中列举的国家补贴政策和地方补贴政策可以看出，越来越多的省市对光伏产业的发展给予持续性的扶持。总的来说，直接的补贴是一种经济鼓励与刺激，对光伏产业的发展具有一定的积极影响，能够促进整个产业的迅速发展。但不可否认的是，在政府补贴政策下，光伏产业存在部分企业骗补、企业技术创新动力不足等弊病，这些弊病在现有的市场环境下对产业发展造成消极的影响。

1. 积极影响

从整体角度来看，补贴政策大大提高了光伏企业的积极性，促进了行业发展，有利于国家能源结构的调整，在可再生能源的推广和应用方面具有积极影响。国家、省、市、县的多级补贴，能够较大程度地缩短企业的投资回报期，提高投资回报率，吸引更多的光伏投资者。尤其是各级政府对分布式光伏的补贴力度相当大，吸引了越来越多的居民和工商业用户投资。具体来看，补贴政策极大地促进了光伏产业链的完善和升级，减少了企业的投资顾虑和投资风险，促进了光伏企业内部生产链的优化，将光伏企业业务从产业链低端扩展到产业链高端，从生产端扩展到服务端。

总之，补贴政策在短期内对产业发展的促进作用是不可替代的，没有国家补贴政策的扶持，就不会有全球发电量第一的中国光伏产业。因此，在光伏产业依旧需要政策支持的情况下，相关部门应根据市场的发展情况对补贴政策进行调整，以更好地支持产业发展。

2. 消极影响

国家和地方光伏补贴政策的相继出台，短期内催生了大量良莠不齐的光伏企业进入市场。由于补贴门槛低，补贴标准和补贴条件不够严格明确，光伏产业整体出现粗放式的发展扩张。比如，低质量的电站大量出现，建好就扔的“弃光”现象比比皆是。此外，我国的政府补贴多数集中在发电端，企业在依靠政府补贴降低成本、获得收益的同时，并没有将所得收益投入到产品研发和技术创新上，这也造成了光伏产业链上下发展不协调、核心技术在国外的“两头尖”等问题长期存在。

一直以来，我国的光伏企业把发展重心放在国际市场，致力于产品的出口。但是，

欧美以及印度等国家和地区多次对我国企业出口的光伏产品实施“反补贴”“反倾销”的“双反”制裁，使我国出口企业遭受重创。每一次“双反”制裁都会导致大量光伏产品出口转内销，造成国内市场产能过剩、发展停滞的局面。另外，从我们调研搜集的资料来看，由于国家补贴力度大，企业数量多，项目分布广，大量的补贴额度使得国家财政难以承受，从而引发各地长期拖欠补贴款等现象，这不仅损害了光伏投资人的信心，也损害了政府的公信力。

虽然政府补贴可以促进产业发展，但是在发展的过程中，只有补贴政策而没有其他辅助性的政策是不行的。我国光伏产业相关政策的制定大多是借鉴国外经验，但是在借鉴国外宝贵经验的同时，相关部门更要吸取国外政策的教训，通过后期的政策调整引导光伏产业健康有序发展。

三、光伏产业补贴政策的合理性与合法性基础

（一）环境公共利益

随着我国综合实力的增强，国家更注重全面发展，低碳、绿色、节能等环保意识越来越被关注，而光伏发电产业作为绿色可再生能源的衍生品，成为被国家大力发展的产业之一。

1. 发展光伏产业具有良好的减排效果

中共十八大以来，国家提出了“五位一体”的总体布局，并在此基础之上进一步提出“创新、协调、绿色、开放、共享”一系列绿色发展理念。之后，中共十九大报告针对性地提出了关于能源转型的进一步深化要求，即减少煤炭消费，坚定不移地推进清洁能源的发展。光伏发电具有安全性高、可靠性强、清洁度高、故障率低以及设备使用寿命长的特点，其节能减排效益和环境效益都非常显著。光伏发电的节能效益与煤炭发电相比较，主要体现在太阳能光伏发电不像煤炭发电那样需要大量不可再生的煤炭资源提供发电动力，只要有合适的光照条件，太阳能发电这一过程就能够进行。同时，光伏发电也不会产生烟尘、二氧化硫、氮氧化合物和其他有害物质，所以这一发电方式的环境效益比传统型发电方式要高得多。清洁、可持续的光伏发电已成为未来新能源利用的主要选择。

2. 发展光伏产业有利于促进能源结构改革

2016 年 9 月 3 日，中国作为第 23 个批准协定有效达成的缔约方成功加入巴黎气候变化协定。《巴黎协定》设立的主要目的在于将全球平均气温上升幅度控制在 2 ℃以内，并努力将全球气温上升幅度控制在前工业化时期水平之上 1.5 ℃以内。

随着我国经济的不断发展，二氧化碳排放总量和人均排放量在不断增加。2007 年

起，我国二氧化碳排放总量超过美国位列世界第一。为了应对二氧化碳过量排放带来的气候变化和环境污染问题，我国必须调整能源结构，大力推动能源结构改革。能源效率的提升，可以通过节能、有效优化生产方式与产业结构、深入探索并有效发展可再生能源三种方式进行。

无论是产业结构调整、环境约束加强带来的化石能源比重的显著下降，还是技术进步加快、市场规模扩张带来的可再生能源比重的大幅上升，都表明全球能源转型的过程已经开始加速。例如，2016 年欧盟委员会提出的能源转型目标如下：有效提升可再生能源的利用率，并且在电力部门进一步推广可再生能源的利用，到 2020 年有效完成近期目标，即将电力部门中可再生能源的比例进一步提升到 21%以上，到 2030 年进一步提升到 45%以上，到 2050 年进一步推广与深化对天然气、风能以及核能等可再生能源的利用，并将其所占比例提升到欧洲一次性能源供应的 25%。与此同时，德国也针对性地提出将在国内大力推广可再生能源的利用，并有效提升其在发电领域的占有量，力争到 2020 年将这一比例提升到 35%以上，到 2030 年将这一比例提升到 50%以上，到 2050 年将这一比例提升到 80%。[①] 按照国际可再生能源署发布的数据，2017 年全球可再生能源发电装机容量达 2 179 兆瓦，中国占 28.4%。其中，我国水电装机容量占全球装机容量的26.9%，太阳能光伏发电装机容量处于全球领先地位。从这些目标和数据来看，光伏发电在能源结构改革中发挥着重要的作用，光伏产业的发展是促进能源结构改革的动力之一。

（二）政府干预与市场失灵

政府补贴是政府宏观调控的表现形式之一，具有政府干预的属性。光伏产业发展所处的市场是自由竞争的市场，政府干预必定会对光伏市场产生影响，干预得当可以促进产业发展，干预不当则会阻碍产业发展，并且会引发市场失灵等一系列问题。

政府干预与市场的关系一直是学者们研究的重点，宏观调控这只“有形的手”在干预市场时，如果调控不当，对一个行业来说无疑是灭顶之灾；只有调控得当，才会为这一行业带来福音。

市场失灵理论一直是经济学研究中的热点，特别在监管分析领域中相关研究与讨论尤其多。政府补贴的本质，实际上是政府干预。其具体含义是：为了有效推动经济平稳发展，进一步确保经济活动中平衡性的有效达成，政府或相关公共机构通过提供无偿财产的方式对处于经济活动之中的企业或者个人予以帮助。[②] 作为财政工具中极其有

① 李伟.中国能源的绿色转型[J].新经济导刊，2007(11)：6-9.

② 王彦明，王业.政府补贴的法理与规制进路[J].河南社会科学，2015，23(12)：58.

效的一种，财政补贴是以政府为主体的财政资源再分配活动，在优化资源配置、实施产业政策、维护经济稳定以及改善民生等方面有着较为重大的积极意义。通俗地说，政府补贴是国家政府在某一个时期，为了达到特定的目的，以当时的政治经济形势与方针政策为基础，通过财政专项资金的安排对相关事项的顺利发展进行补助的行为。①

1. 政府补贴的必要性

我国的政府补贴政策起源于20世纪60年代，当时主要是针对造船业以及航运业所提出的。20世纪70年代，政府又将其补贴重点转向电子工业和农业。21世纪初是我国经济转型升级的重要阶段，为了促进经济转型升级，政府通过对企业发放大量补贴的形式进一步帮助光伏、新能源汽车等新兴产业快速发展，有效满足产业升级过程中的多样化需求。

政府补贴对新兴产业而言是一种激励措施，然而目前我国政府补贴的发放存在许多不规范的情形，如补贴条件和对象不够明确，地方补贴政策不规范，补贴监管制度不健全等。同时，在政府补贴政策实施过程中，各级政府及其相关部门在执行中规范性不足，严重影响了政府补贴激励作用的发挥。总体而言，新兴产业需要政府补贴政策的支持，而政府补贴政策也应该纳入法治化轨道，完善相关体制机制的立法，使之符合法律规范，有法可依。

2. 政策实施中的政府责任

1）转变观念，做政策传播的“引路人”

随着我国服务型政府建设的不断深化和公民政治参与热情的不断提高，公民不再满足于被动获取信息和服从政府安排，而是希望发表自己的意见，参与到政策的设置和内容制定当中。因此，政府要放开对政策信息的管控，给予公民多种意见反馈渠道，并对公民的意见反馈给予权威、及时、有效的回应。② 政府要致力于做政策传播的“引路人”，广泛吸纳公民的意见，进一步完善政策内容，进而增强政府的公信力。

2）整合资源，做政策实施的“调控人”

政府在推动政策实施的过程中应发挥“调控人”的作用，制定合理的实施方案，实现政策实施效能的最优化，组织多轮由政府工作人员、专家学者和公民共同参与的平等研讨会，从而形成较为完善的政策实施方案，并监督政策的落地执行。①在光伏市场中，相关政策的出台是政府用“有形的手”对市场进行的干预。在市场发展前期，政府的激励政策引领中国光伏企业迅速开辟国内外市场，在中国企业遭遇美国、欧洲等国家和地区

---

① 张成松.论政府补贴法治：产业政策法、财政法和竞争法的协同治理[J].经济法论丛，2017，(01)：277.

② 许磊.全媒体时代公共政策传播中的政府责任研究[J].理论探索，2017，(11)：90-93.

的“双反”制裁时，政府制定了一系列拓展国内市场的措施，引领企业回归国内市场，减少企业损失。2017 年，我国光伏市场迎来井喷式增长的一年，于是 2018 年国家出台“531 新政”给光伏市场“降温”，引导光伏产业良性发展。

3）风险防控，做政策执行的“督导人”

在政策的执行过程中，各级政府应关注前后政策的制定和执行是否具有合法性、合理性。对于新发布的政策，政府要为公民构建完整的信息链条和知识体系，要对政策进行积极有效的解读，防止公众对政策的误读。对于系列性、阶段性的政策，政府要通盘考虑，前后政策的执行要衔接适宜。例如，“531 新政”的不合理之处是对分布式光伏项目进行了限额，而之前出台的所有政策都明确表示对分布式光伏项目不限定规模。这种政府承诺的改变使得很多企业因为不能及时调整经营策略而损失惨重，政府的公信力也受到质疑。因此，政府在出台相关政策之前，要听取行业内部的声音，进行广泛的市场调查，及时作出政策调整，不能朝令夕改，要提高政府的公信力，提高政策的权威性。

四、光伏产业补贴政策对××地区光伏产业发展的影响

（一）××地区发展光伏产业的优势

××地区光伏产业因其优越的地理位置和政治、经济条件，其分布式光伏市场迅猛发展。通过对地区的实地调研，我们总结分析了××地区光伏产业发展的优势和现状。

1. ××地区光伏产业链完善，政府大力支持，市场发展前景好

光伏产业的健康、长远发展离不开完整的光伏产业生产链。具体来讲，上游硅料生产企业、中游组件生产企业和下游光伏产品应用企业相互配合形成完整、规范的产业市场，是光伏产业长远发展的基础。根据我们在××地区调研的情况，××地区已经具备了较为完整的光伏产业链，虽然光伏企业主要集中在中下游，但是其产业基础好，交通便捷，光伏企业众多。另外，地方政府大力支持太阳能光伏行业发展，紧跟国家步伐，积极出台各种激励政策，如《××市人民政府办公室关于对 2016—2018 年建成光伏发电应用项目进行奖励和补助的通知》《关于组织申报 2017—2018 年××市分布式光伏发电资金补助项目的通知》等。在众多激励政策的支持下，该地区的光伏产业具备了高效发展的基础，该地区也成为光伏企业的“必争之地”。

2. ××地区自然条件优越，日照时间长

光伏产业发展除了政策优势，良好的自然条件也是产业发展的基础。没有足够长的太阳光照时间，太阳能光伏组件是不能完成连续性的发电任务的。适宜铺设光伏组件的自然条件包括光照好、温度高、空气透明度高、阴雨天气少。

××地区属于东亚季风区，从北向南分别为中亚热带、南亚热带和热带气候，是全国光资源最丰富的地区之一。××地区年太阳总辐射量为4 200～5 400兆焦耳/平方米，年平均气温为19 ℃～24 ℃，平均日照时数为1 745.8小时，这种自然条件非常适合光伏发电产业发展。此外，虽然××地区雨水较多，影响了日光的利用，但是大雨时间短，高空风力大，云层移动快，而且雨水可以冲刷清洗光伏设备，防止灰尘、落叶等堆积在光伏组件上。

综上，××地区应大力发展光伏产业，提高光热利用率，利用地缘优势和光照优势解决××地区用电紧张的问题。

3. ××地区科技人才聚集，科技水平高，发展潜力大

光伏企业的发展离不开先进技术的支撑，企业一旦拥有了先进技术，技术就会迅速转化为资本，技术研发是企业获取高额利润最高效、最直接的途径。20世纪七八十年代，我国虽有光伏产业基地，但是光伏研发技术突破慢，大多数核心技术都来自国外的科研成果。经过多年发展，目前××地区的科技实力已不容小觑。

××大学太阳能研究院(以下简称研究院)是××区人民政府和××大学协议共建的科技创新研发机构，研究院重点开展光伏产业核心技术、共性技术和前瞻性技术的研究开发，致力于推动当地乃至全国的光伏产业发展。自2010年以来，研究院完成科技服务工作上百项，还承担和参与相关国家项目、省市科研项目、创新平台建设等课题的研究，并参与编写光伏行业各类标准，申请专利数十项。研究院在培养人才的同时，积极开展光伏技术的推广工作。近年来，××地区的分布式光伏电站建设走在我国最前列，这与研究院的技术支持工作是密不可分的。

(二) ××地区光伏产业补贴政策及发展现状

在××地区，光伏企业不仅能享受国家财政补贴，还能享受当地的相关补贴。例如，《A市太阳能光伏发电项目建设专项资金管理办法(征求意见稿)》(2014年)规定，地方补助在太阳能光伏发电项目建成投产1年之后或验收合格之后发放。此外，根据《A市人民政府办公室关于对2016—2018年建成光伏发电应用项目进行奖励和补助的通知》，2016—2018年在A市利用工业区、农业区、商业区、交通站场、学校、医院、居民社区建设分布式光伏的奖励标准如下：每兆瓦奖励工业区、农业区、商业区、医院、学校、居民社区以及交通站场等2万元，并且单个项目的奖励总额不得高于40万元；单个分布式光伏发电设备建造在个人家庭自有建筑和构筑物上，且项目规模达到1 000瓦以上的，奖励标准为每瓦1元，并且单个项目奖励总额不得高于2万元。与此同时，A市还针对性地颁布了《A市建筑节能发展专项资金管理办法》。该办法规定，针对太阳能光伏项目，根据年度实际发电量对项目投资主体给予0.4元/千瓦时的补贴，补贴时间为5年。

在××地区的光伏产业发展中,B市是光伏企业最多、产业集群分布最密集且企业效益最好的一个城市。经调研,B市的光伏产业发展较好,特别是以太阳能庭院灯、路灯、非晶硅电池及太阳能电池组件为主的光伏产品在国内居于领先地位。目前,B市的光伏产业已经形成了明显的企业集群,众多企业分布在光伏产业链的各个环节,显示出B市较强的产业配套基础和能力。但同时,B市大多数光伏企业属于民营性质,是在市场需求的驱动下自发发展起来的,市场开拓能力较强但企业技术力量相对薄弱,应对风险能力相对不足,仍需要政府加以财政补贴和技术引导。

(三) ××地区光伏企业对补贴政策的意见和看法

调研期间,我们分别与××地区的光伏行业协会工作人员和光伏企业代表开展了座谈。座谈会上,我们向这些专业人员了解了××地区光伏产业的发展情况、面临的问题和他们对相关政策的看法。

1. 补贴“退坡”应给予市场一定的缓冲期

参与座谈的企业代表认为,近年来我国政府对光伏产业的补贴政策对光伏产业的发展有很大的促进作用,国内光伏市场的迅速发展和崛起离不开政府补贴的激励。但是,在国家补贴政策的促进下,光伏市场也出现了企业一哄而上导致产能过剩的情况。此外,政府补贴政策的变动同样影响着市场的发展,如国家发改委、财政部、国家能源局联合发布的“531新政”极大地影响了市场的发展,并造成高达5 000亿元之多的市场损失,行业震动不小。这充分说明政府对市场发展具有较强的干预能力。因此,政府在推动产业发展的过程中,应对政府补贴这一政策进行有效运用,与此同时,还需有效推动政府补贴法治化进程的深入,推动相关目标的有效达成,并进一步控制因政府介入所导致的副作用。①

光伏行业协会的管理人员称,在海外,很多国家在政策变化时会给市场一定的缓冲期。例如,西班牙的光伏产业发展也经历了爆炸式增长和断崖式跌落的过程,但是西班牙的光伏补贴政策变化有一个过渡期。而我国的“531新政”是在企业完全没有预期和准备的情况下出台的,而且没有为企业预留转型和善后的时间,从而导致不少光伏企业遭遇亏损。大企业尚能承担这样的风险或损失,但是中小企业可能会因无力承担亏损而倒闭。因此,参会代表认为补贴“退坡”不可一次性完成,应给予市场一定的缓冲期供企业和投资者制定相应的应对措施,以减少损失,稳定市场。

2. 政策制定应当更加科学合理

在调研座谈会上,关于“531新政”的内容,相关人员大致总结了两个方面。

---

① 张成松.论政府补贴法治:产业政策法、财政法和竞争法的协同治理[J].经济法论丛,2017(01):277.

第一是国家下调了光伏补贴。关于补贴下调这一点，在此前行业内已经普遍有所预期。2017 年以来，分布式光伏发电呈现高速发展态势，2017 年新增装机容量近 2 000 万千瓦，同比增长约 3.6 倍；2018 年 1～4 月，新增装机容量近 900 万千瓦，同比增长约 1.8 倍。考虑上述因素，并结合光伏项目建设成本下降的情况，国家适当下调分布式光伏发电补贴标准是企业可以预见的。

第二是“531 新政”规定 2018 年只有 10 吉瓦的户用分布式光伏指标。这是最被光伏行业诟病的一项规定，因为在“531 新政”之前国家明确对户用分布式光伏不限规模，不限指标，而且 2018 年上半年户用分布式光伏装机容量已达 10 吉瓦，这意味着下半年几乎没有指标。许多项目因此而停滞，许多企业刚推出自己的户用分布式光伏项目就面临投资亏损的困境。

从以上情况来看，政府在制定政策时忽略了市场发展的本质问题——优胜劣汰，只是为了快速冷却市场而匆忙出台新政，没有真正考虑企业的经济损失。与会企业代表提出，政府政策的制定一定要广泛收集意见，遵守法定程序，而且要更加严谨科学。

3. 政策整体规划方面存在欠缺

国家补贴政策是以激励为主促进光伏产业发展的一项政策，具有较强的政府引导性。但纵观光伏行业各项政策的制定主体，从中央到地方没有一个统一的规定。引起光伏行业动荡的“531 新政”是由国家发改委、财政部和国家能源局联合发布的，该政策导致光伏企业损失惨重，但是没有人为这些企业的损失买单，即使企业想要用法律手段维权，制定主体有三个，该找哪一个主体呢？即便找了合适的诉讼主体，真的可以诉讼吗？这个文件只是一个政府部门的通知而已，只是一个具有指导意义的文件，并不具有可诉性。

从地方层面来看，由于光伏产业受国家政策支持，地方政府为了提高政绩，促进当地光伏产业的发展，会联合税务、财政、科技等多部门一起为当地的光伏企业提供支持。但是，地方政策的制定同样存在部门职能分工不明确的问题。此外，地方政策中的地方保护性规定也是必须要关注的问题。例如，2016 年江西省发布的《关于加强光伏发电项目管理的通知》规定，光伏企业要想获得省级补贴，就要使用省内企业生产的产品。这是典型的地方保护政策，而且江西省并不是唯一一个制定这种地方保护政策的省份。

综上所述，中央补贴政策是光伏行业发展的基础，而地方补贴政策是对中央政策的补充和完善，两者要相辅相成，协调一致。此外，关于政策的制定主体，地方和中央也应协调一致，多部门联合印发政策文件并没有什么不妥，还可以促进部门间的协作发展，但是各部门的职能分工一定要明晰。如果相关政策给企业造成损失，企业在政府部门职责明确的情况下可以联系相关部门解决问题，维护企业利益。

五、结语

本报告通过对××地区光伏行业协会及部分光伏企业的实地调研考察，立足我国光伏产业发展现状，分析了相关光伏补贴政策存在的法律问题及其对光伏产业发展的影响，并提出了相应的看法和建议。

首先，本报告分析了光伏产业补贴政策的现状，包括补贴政策概况、补贴政策对国内光伏产业发展的影响以及补贴政策的合理性与合法性论证。其次，立足××地区的光伏产业发展，以××地区相关光伏企业为调研对象，本报告分析了××地区光伏产业的发展现状和政策环境。最后，本报告总结概括了××地区光伏企业对“531 新政”的看法：补贴“退坡”应给予市场一定的缓冲期；政策制定应具有合理性；“531 新政”行业重创亟待解决；政府补贴整体规划方面存在欠缺。

参考文献

[1] 李磊.政府补贴对中国新能源汽车产业技术创新的影响研究[D].沈阳：辽宁大学，2017.

[2] 陈烨.创新视角下我国光伏产业发展研究[D].兰州：西北大学，2017.

[3] 刘汉元：531 光伏新政造成严重车祸，谁对 5 000 亿损失负责？[EB/OL].(2018-10-08)[2018-11-01].https://solar.ofweek.com/2018-10/ART-26 0009-8470-30270918.html.

[4] 李伟.中国能源的绿色转型[J].新经济导刊，2007(11)：6-9.

[5] 王彦明，王业.政府补贴的法理与规制进路[J].河南社会科学，2015，23(12)：58.

[6] 张成松.论政府补贴法治：产业政策法、财政法和竞争法的协同治理[J].经济法论丛，2017(01)：277.

[7] 王传丽.国际贸易法[M].北京：法律出版社，1998：431.

[8] 徐程锦.美国政府如何提供补贴——以汽车产业政策为例[EB/OL].(2015-10-01)[2018-11-01].https://mp.weixin.qq.com/s/Lbhl37lYlkx3.

[9] 杨丹辉，李晓华，渠慎宁.当前产业补贴存在的主要问题与完善措施[J].问题与对策，2014(01)：300.

[10] 沈辉.为广东领跑光伏应用播撒一缕阳光——对话顺德中山大学太阳能研究院院长[J].广东科技，2015(13)：26-28.

[11] 卜华.行政行为合法性要件评析与适用[J].法制博览，2017(09)：94-95.

光伏行业民事纠纷解决的法律分析

撰写学校： 上海杉达学院
指导教师： 曹俊金、姜南
撰　写　人： 张瑞璨、吕涛、朱睿、李宸峙、王峦智、何子寅、陈宝星

我国光伏产业近年来呈现爆发式增长，光伏项目的投融资与并购交易如火如荼。政府有关部门通过光伏“领跑者”计划等方式推动光伏产业的示范创新，实现了光伏产业技术革新和优化升级。此外，光伏扶贫项目的发展使光伏产业的经济效益和社会效益实现了共生共赢。

从其他行业的发展经验来看，由于立法的延迟和对新兴行业的不了解，新兴行业高速发展的背后往往存在着法律规范空白、规范制度与实际情况契合度不高、行业标准缺失、政府监管不到位等问题与风险。在各类问题与风险中，民事纠纷由于贴近民生，数量众多，种类繁杂，是我们研究相关法律问题的切入点。本调研报告从光伏行业民事纠纷类型、光伏行业民事纠纷的争议焦点与法律分析和光伏行业买卖合同纠纷的解决途径三个方面，针对光伏行业中的相关民事纠纷进行分析，并尝试提出解决办法。

一、光伏行业民事纠纷类型

民事纠纷是指在平等主体之间产生的以民事权利义务为内容的纠纷和矛盾。民事纠纷是法律纠纷中最常见的类型，数量庞大，种类繁多。为了便于研究，我们将光伏行业的民事纠纷分为生产销售合同民事纠纷、技术研发民事纠纷和光伏电站建设运营民事纠纷三类。

（一）生产销售合同民事纠纷

为了对光伏行业生产销售合同民事纠纷进行研究，我们利用相关专业平台进行检索，以“民事”“光伏”“太阳能”“逆变器”“光伏扶贫”等为关键词，选取裁判时间为2017年1月1日至2018年8月20日之间的案例，共收集1 693件案例。之后，我们又

以“与光伏发电项目生产销售中的买卖、运输、承揽、居间、借款等合同直接关联的纠纷”为限定范围，经过查阅、分析、筛选、剔除和归类，最终形成了总计313件案例的光伏项目涉诉案件案例库，作为本研究的样本基础。

在收集相关数据并进行分析后，我们认为，一方面，建设工程合同纠纷（光伏项目EPC合同、施工合同等）和买卖合同纠纷（光伏组件、逆变器采购合同等）占据较高的比重；另一方面，与光伏项目开发合作相关的合作协议纠纷、居间合同纠纷，以及与光伏项目融资并购相关的借款合同纠纷、股权转让纠纷、租赁（融资租赁）合同纠纷等占比在2018年有明显增加。由此可见，除了传统的光伏工程建设所引起的纠纷，围绕光伏项目的开发合作、投融资及并购活动所引发的纠纷有日益增多的趋势。

据调研数据分析，2017年至今的光伏项目涉诉案件在诉讼标的、审理法院级别、地域分布、纠纷类型方面的情况如下。

1. 诉讼标的分布

在我们调研的313件光伏项目涉诉案件中，判决书/裁定书中有明确装机容量的案件为178件，总计装机容量为6 455.44兆瓦；有明确合同总金额的案件为235件，总计合同金额为102.61亿元；有明确诉讼请求标的金额的案件为252件，总计诉讼标的额为29.90亿元，其中最高值为3.64亿元，平均值为1 186.60万元。

2. 审理法院层级

在我们调研的313件光伏项目涉诉案件中，一审判决书/裁定书共191份，二审判决书/裁定书共116份，再审的裁定书共6份（结果均为“驳回再审申请”，再审申请驳回率为100%）。审理法院基本为基层人民法院和中级人民法院，具体如图1所示。

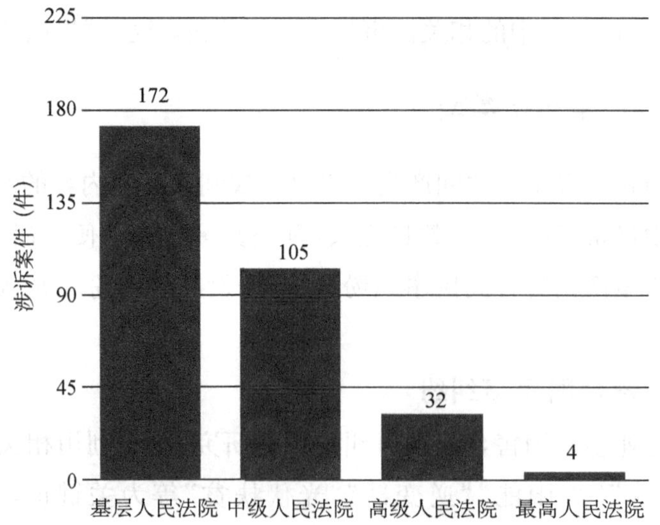

图1 光伏行业生产销售合同涉诉案件法院层级分布

3. 地域分布

在我们调研的 313 件光伏项目涉诉案件中，按照审理法院所在地统计，地域分布情况如图 2 所示。

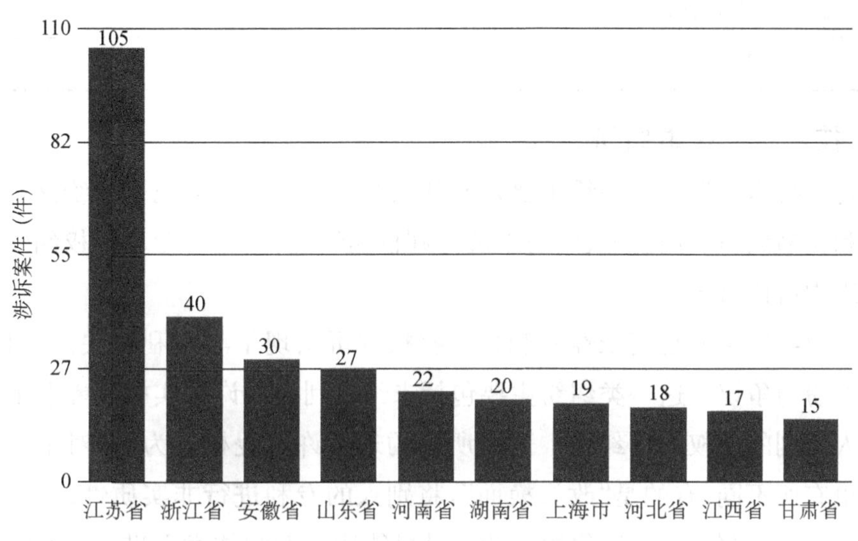

图 2　光伏行业生产销售合同涉诉案件地域分布

4. 纠纷类型

在我们调研的 313 件光伏项目涉诉案件中，纠纷类型主要集中于买卖合同纠纷、借款合同纠纷、承揽合同纠纷、劳务合同纠纷、服务合同纠纷、运输合同纠纷、居间合同纠纷、确认合同效力纠纷等。其中，买卖合同纠纷主要包括分期付款买卖合同纠纷和国际货物买卖合同纠纷；借款合同纠纷主要包括企业借贷、民间借贷以及金融借款合同纠纷；承揽合同纠纷主要包括定做合同纠纷和加工合同纠纷；确认合同效力纠纷主要包括确认合同无效纠纷和确认合同有效纠纷。具体情况如表 1 所示。

表 1　光伏行业生产销售合同涉诉案件纠纷类型分析

纠纷类型	案件数量(件)
买卖合同纠纷	203
借款合同纠纷	36
承揽合同纠纷	29
劳务合同纠纷	13
服务合同纠纷	11
运输合同纠纷	8

（续表）

纠纷类型	案件数量(件)
居间合同纠纷	7
确认合同效力纠纷	6
合计	313

（二）技术研发民事纠纷

光伏行业技术研发民事纠纷主要是专利权的纠纷。这一类民事纠纷又可以进一步细分为专利交易纠纷、专利侵权纠纷以及专利权属纠纷。其中，专利侵权纠纷在我们调研的案例库中占比最大。

专利侵权纠纷主要是指未经专利权人授权许可出现了与专利相关的侵权行为，由此引发的纠纷与争议。这一类纠纷主要包括未经专利权人许可实施其专利的侵权行为和假冒他人专利的侵权行为纠纷。这里所说的未经许可侵权行为，针对不同性质的专利其含义也有所不同，有的是“改头换面”，将别人的专利进行非实质性改动，使之成为“新专利”；有的是部分侵权，即侵权人的产品可能比原专利技术更进步，效果更好，但确实使用了他人专利。假冒他人专利是指在非专利技术产品上或广告宣传中注明专利权人的专利标记和专利号，使公众误认为是他人所拥有的专利产品行为。这一假冒行为直接危害专利权人的利益，欺骗消费者，扰乱了专利管理秩序。

（三）光伏电站建设运营民事纠纷

光伏电站建设和运营是光伏发电的基础，而且光伏电站的建设和运营周期都比较长，其中涉及的环节也比较多，所以光伏电站在建设和运营过程中发生的民事纠纷也比较多。这一阶段的民事纠纷主要包括光伏电站项目方与上游光伏设备销售企业之间的纠纷、光伏电站项目方与中游电站建筑安装企业之间的纠纷以及光伏电站项目方与下游电网企业之间的纠纷。

二、光伏行业民事纠纷的争议焦点与法律分析

（一）生产销售合同民事纠纷的争议焦点与法律分析

1. 销售合同中的产品质量问题纠纷

光伏电站的稳定运营时限通常是20～25年，伴随着近年来光伏行业的蓬勃发展，尤其是在各地政府的抢装热潮下，越来越多的光伏产品出现了各类质量问题。这些问题主要集中在光伏组件及其他设施设备的质量方面，如功率减退、热斑及隐裂，并且这些质量问题存在一定的隐蔽性，只有在电站运行一定周期后才能被发现。

1）如何认定产品存在质量问题

产品质量纠纷首先要确定的问题是合同项下产品本身是否不符合质量要求，这也是双方当事人的争议焦点。通常，设备的供应方与安装方并不一致，在这一情形下所引发的产品质量问题存在难以准确判定的风险。在司法实践中，法院在处理此类案件时首先要明确产品质量标准，委托专业机构鉴定和对比产品质量，判断是否与国家或行业标准存在差异。

例如，在2015年苏州中级人民法院终字第663号判决案例中，双方当事人针对货物质量并没有给出明确的合同约定，并且双方当事人共同认可的有关光伏发电的设计规范中并没有针对这两项货物质量给出具体的要求及标准，供货方所提供的这两项货物与合同所要实现的目的一致即可。法院认为，由于工程处于正常运转状态，这两项货物能够在工程运作中发挥相应的作用，与采购方的合同目的一致，因此，法院对采购方以这两项货物质量存在问题所提起的诉讼不予支持。

2）如何就产品质量问题提出权利主张

采购方针对产品质量问题采取的救济路径必须与法律规定和合同约定事项相吻合。在双方并未约定具体救济途径的情形下，采购方则会面临救济主张法院不予支持的风险。

例如，在(2017)最高法民申2365号判决案例中，买方捷克苏尔毕股份公司（简称苏尔毕公司）与卖方深圳市拓日新能源科技股份有限公司（简称拓日公司）签订非晶硅太阳电池产品购销合同，合同约定对产品质量问题的处理方式为：由卖方自行选择，免费提供额外的太阳能组件给买方以补足功率上的损失，或免费更换有缺陷的太阳能组件。日后，由于拓日公司提供的产品存在质量问题，苏尔毕公司诉至法院要求退货并赔偿损失。本案争议的焦点为，在合同明确约定了产品质量问题处理方式的情形下，苏尔毕公司是否有权退货并要求赔偿损失。法院认为，拓日公司交付的非晶硅太阳电池产品质量不符合双方约定，构成违约。但购销合同对产品质量问题的处理有明确约定，双方应根据购销合同的约定处理。拓日公司在诉讼中表示可以按照购销合同的约定，对涉案质量不合格的非晶硅太阳电池光伏组件全部免费予以更换或免费提供额外的光伏组件以补足功率损失，故苏尔毕公司要求退货并赔偿损失的请求缺乏合同依据，不予支持。

又如，在(2017)冀01民终5876号判决案例中，买方军良公司与卖方旭双公司签订了光伏组件购销合同，约定产品系库存产品，不提供质量保证，发货前买方在旭双公司厂区验收无异议即视为产品合格。组件交付后，军良公司陆续发现所购产品存在质量问题，经检测，42.87%的光伏组件无法发电。双方经协商未能达成一致，军良公司诉至法院要求赔偿损失，并申请鉴定。旭双公司以合同约定不提供质保以及产品价格仅为市场价三分之一为由抗辩。在此案中，法院认为，根据最高人民法院《关于买卖合同的司法解释》的具体规定，双方所约定的检验周期过短，按照标的货物以往的交易习惯及自身性质，采购方在约定期限内无法完成所有检验事项，这一期间仅仅局限于采购方针对外观瑕疵提出异议的期限，非晶硅薄膜组件的内在性能是否合格不可能在现场通过外观检测来判断，故不能以该条款的约定作为产品合格的依据。本案证据表明，旭双公司故意隐瞒出售产品为残次品的真实情况，并向军良公司提供产品合格证和出厂检验报告，以残次品冒充完全具备产品使用性能的合格产品出售给军良公司。因此，旭双公司应当承担赔偿责任，赔偿范围应当包括货款以及安装、拆除不合格产品的费用。

2. 合同价款纠纷

由于光伏项目建设和运营周期性较强、交易标的较大，交易双方一般约定分期付款方式支付合同款项，一旦原材料、市场环境、政府政策等外部因素变化，行业内极易出现拖欠款项的风险。

1）支付条件是否达成

如果交易双方在合同中提前对价款设置了支付条件，买方需要在符合这一条件的情形下完成支付。但是在实践中，合同中所设置支付条件的合理程度以及第三方支付是否拥有充足的抗辩权都是光伏行业合同价款纠纷的常见问题。

例如，在(2015)溧商初字第00398号判决案例中，原告晶澳公司要求被告旭坤公司支付购买太阳能电池组件的货款，被告旭坤公司提出未支付货款的理由是项目最终不符合国家验收标准，不满足双方约定的付款条件和时间。随后，溧阳市人民法院调查认为，原告为被告所提供的太阳能电池组件产品仅仅是整个发电项目中的一部分，而其余的任何组件在未完成安装或出现问题的情形下，整个项目都不可能完成最终的竣工验收环节。原告的合同事项已经履约完成两年之久，但依然未达到被告的支付前提，只有无限期等待支付条件符合的情形下才能收回货款，这种合同条款显然有失公平。因此，法院最终判决被告立即支付所有货款。

2）违约金约定之后可否调整

交易双方在合同中明确违约金的数额和上限对于解决纠纷确实有一定的帮助，但是根据法律规定，违约金在诉讼中可能会有一定的调整。

例如，在(2014)宜徐商初字第0058号判决案例中，江苏中辰电缆有限公司(简称中辰公司)与新余丰源热能有限公司(简称丰源公司)签订了光伏组件销售合同，约定了逾期交货和逾期付款的罚金不超过合同总金额的5%。日后，丰源公司逾期未支付货款，中辰公司要求对方支付货款和违约金。法院认为，中辰公司与丰源公司订立的买卖合同及补充协议合法有效，双方均应按约履行。现丰源公司未能按约支付货款，双方没有争议,法院予以确认,丰源公司应继续支付货款并按约承担违约金。双方当事人对逾期付款违约金约定的计算标准为逾期货款的2%,但丰源公司要求按同期银行贷款利率上浮20%计算。对此,法院认为,丰源公司要求调整违约金的主张符合我国合同法的有关规定,应予以支持,但其主张按同期银行贷款利率上浮20%的计算标准太低,调整后的违约金标准可按同期银行贷款利率的2倍计算。

(二)技术研发民事纠纷的争议焦点与法律分析

1. 专利侵权呈多发态势

光伏行业专利侵权主要体现在以下几方面:一是光伏企业专利保护和运用能力不足,自主研发能力弱,很多企业没有意识到专利知识产权是一种重要的资源,忽视对专利的管理和保护。二是光伏企业为了追求短期利益,主观上认为抄袭他人专利无所谓或者明知侵权却为追求短期利益而故意侵权;三是重复侵权、恶意侵权屡见不鲜。

2. 专利质量不高而且数量泛滥,专利管理成本过大

随着光伏产业的兴起和快速发展,光伏行业出现专利申请热潮,但相关专利质量参差不齐。此外,相关部门对实用新型专利缺乏实质性审查,导致重复授权、相似专利较多的现象。这种重复授权的情形必然引发后续的专利权纠纷事件。

3. 员工离职易引发专利权属纠纷

从光伏行业专利纠纷案件统计数据来看,由员工离职引发的关于专利申请权和专利权归属争议占比较高。典型的情形是,本来属于职务发明创造的专权,发明人离职后以非职务发明创造申请了专利。由于此类案件的争议焦点是关于职务发明创造和非职务发明创造的认定,原告单位应当提供证据证明涉案专利为职务发明创造。但由于原告单位保密义务规定不明确、研发环节缺乏流程管理和分工职责不明晰等问题,原告方常常难以证明专利发明人是在"执行本单位的任务"或者"利用本单位的物质技术条件"下完成的发明创造,从而导致案件审理困难及原告单位的诉求得不到支持等情形。

(三)光伏电站建设运营民事纠纷的争议焦点与法律分析

1. 光伏电站项目方与上游发电设备销售企业之间的民事纠纷

我们经过调研发现,光伏电站项目方与上游发电设备销售企业之间的民事纠纷主要集中于发电设备的合同违约纠纷。

1) 光伏组件寿命周期问题

光伏组件容易出现的问题集中在功率衰退、隐裂、热斑等方面。这些质量问题极具隐蔽性,只有在电站运行一定周期后才能察觉,并且需要通过专业化的设备检测才能发生。

相关国家标准规定，光伏电站的所有设备与部件应符合国家现行标准的规定，主要设备应经过国家批准认证机构的产品认证。目前，我国对于光伏组件产品设计寿命年限的规定与光伏组件生产厂家的承诺一致，均为25年。光伏组件寿命周期不达标引发的一系列后续问题是光伏电站运营过程中民事纠纷的焦点问题。为了确保整个光伏电站能够按照预期目标顺利运行，相关部门必须针对光伏电站组件的寿命质量进行监督和控制。

2）光伏组件的发电效率问题

光伏组件是太阳能发电的核心元件，光伏组件随着工作时间的增加，相应的输出功率会出现明显的下降，从而导致最终发电效率不断下降。光伏组件功率衰退的主要原因包括组件初始质量不过关、材料老化、环境破坏等。除环境因素和运营管理因素之外，由光伏组件自身质量问题导致的功率衰退和发电效率下降纠纷日益增多。因此，光伏电站运营方必须把好质量检验关，尽可能避免由光伏组件功率衰退引发的发电效率下降问题。此外，交易双方如果因光伏组件质量问题产生纠纷，可以根据之前签订的买卖合同，依照合同中的相关约定处理。

3）延期交货或者不能履行交货产生的违约问题

光伏电站在建设运营过程中，存在上游发电设备销售企业延迟交货或者无法交货的情况。这种情况会影响电站的运营计划和后续的并网发电日期，从而对电站造成损失。根据《中华人民共和国合同法》第一百零七条的规定，当事人一方拒绝履行合同义务或者履行内容与合同规定不相符的，应当承担继续履行合同事项、采取有效补救或赔偿措施等违约责任。因此，在此种情况下，光伏电站项目方可以要求违约企业赔偿损失。

2. 光伏电站项目方与中游建筑安装企业之间的民事纠纷

1）合同主体问题

光伏电站建设施工合同中包含的主体主要是指发包方和承包方。发包方就是所谓的工程建设方，即我国现行《中华人民共和国建筑法》所确立的建设单位或发包单位。承包方是具备项目施工主体资质、承揽项目具体施工的当事人，以及具备这一资格的法定继承人。承包方除了需要符合《中华人民共和国合同法》中针对合同主体设定的资质条件，还需要具备现行《中华人民共和国建筑法》中针对承包人设定的主体资格。在实践中，光伏电站在建设运营过程中经常会出现因电站建设承包方不具备施工资质或者将项目分包和转包给其他不具备资质的小企业而引发的民事纠纷问题。

2）工程建设合同履行期限问题

光伏电站建设合同履行期限通常由双方当事人在合同中明确约定，一般来讲，实践

中普遍存在两种约定方式:第一,双方明确约定工期的具体起止年月日;第二,双方仅约定自开工之日起限期几个月完工,并未约定完工的具体日期。之所以出现第二种约定方式,原因在于双方通常要提早完成签订合同环节,在签订之时很难明确具体开工日。对于第二种约定方式,一旦双方后期出现纠纷,尤其是在工期这一问题上产生争议,必然涉及如何明确开工日和竣工日的问题。关于竣工日期,我国针对建设纠纷所颁布的相关司法解释指出:建设项目最终通过竣工验收的,竣工日期为通过验收合格之日;承包方已经发出竣工验收申请,但发包方推迟和拖延验收日期的,竣工日期为承包方提出竣工验收申请之日;工程未经过竣工验收环节直接使用的,相应的竣工日期为建筑工程移交之日。

3）合同解除问题

在光伏电站建设运营过程中,合同双方关于合同解除方面的民事纠纷应参照《最高人民法院关于审理建设工程施工合同纠纷案件适用法律问题的解释》的相关规定。其中,发包方解除合同的条件包括:①承包方作出了拒绝履行合同义务的明确表示;②合同约定期限内承包方并未完工的,并且在经过发包方的催告后,依然并未完工的情形;③承包方已完工项目建设质量不达标,并拒绝进一步完善和修复的情形;④承包方存在非法转包和分包行为的情形。此外,这一文件同时给出了承包方解除合同的条件包括:①发包方在约定期限内未支付工程款项;②发包方提供的建筑材料、配件以及相关设施与强制性标准不符;③发包方拒绝履行合同中约定的其他相关协助义务。

3. 光伏电站项目方与下游电网企业之间的民事纠纷

依据我国相关法律规定,电网企业必须与拥有相关备案资质并获得行政许可的光伏发电企业达成并网合作协议,并对光伏并网发电项目的上网电量实施全额收购,全面保障光伏发电项目的上网需求。尽管依据现行法律规定,全额收购光伏发电上网电量是电网企业应担负的法定义务,但是在这一过程中存在很多引发民事纠纷的潜在因素。

1）电网企业无正当理由拒绝光伏企业的上网申请

根据《中华人民共和国电力法》的相关规定,国家积极鼓励电网企业与电力生产企业之间实现并网运行。具备独立法人资格的电力生产企业提出自身生产电力并网运行要求的,电网企业必须支持。此外,国务院和有关部委的政策性文件也规定了鼓励光伏发电项目上网的激励措施。但是在现实中,有些地方的电网企业在无正当理由的情况下拒绝光伏发电企业的上网申请,从而引发相关民事纠纷。在面对此类民事纠纷时,光伏发电企业可以向该电网企业的主管部门投诉,也可以寻求司法途径解决。当然,在并网达不到电网安全运营标准的情形下,电网企业有权拒绝并网,但必须依赖于科学充分的技术论证,并且保存对方所签收的书面回函。

2）电网企业受理并网申请效率低

对于光伏发电企业来说，只有尽早并网才能尽早盈利。在实践中，有些地方的电网企业设置的并网审批流程较为烦琐，需要相当长的办理周期，或者在并网申请方面并未设定专项处理窗口，光伏企业可以凭借这一事由向电力监管机构投诉。

3）电网企业未及时转付补贴资金

相关政策文件规定，符合国家要求的光伏发电项目上网电量享受政府规定的电价补贴，相关补贴资金由电网企业依据光伏发电企业实际上网电量和国家规定进行转发和结算。在实际操作中，光伏发电企业经常会因为不能及时收到上网电量的国家补贴或者不认同电网企业提供的电费结算单而与电网企业发生民事纠纷。对此，电网企业应加强内部流程管理，依据抄表数编制电费预算和结算单，让光伏发电企业签字确认，并督促其财务部门及时转付光伏企业上网电量的国家补贴。

三、光伏行业买卖合同纠纷的解决途径

我们总结了2017—2018年的光伏行业涉诉案件，发现买卖合同纠纷是最易发生的民事纠纷。其中，产品质量纠纷和合同价款纠纷的占比较大。

首先，在“如何认定产品存在质量问题”的问题上，目前来看，双方当事人提前在合同中约定质量标准是其保证自身权利、避免纠纷的有效方法。具体来讲，买卖双方应在项目合同中事先详细约定产品质量标准、验收方式以及质量保证责任。另外，买方在购买相应设备后应在合同约定或法定的检验期内对到货设备进行及时验收。在发现质量缺陷后，对产品质量进行检验和留存证据也是买方应该及时处理的工作，这是买方之后根据合同约定及时提出权利主张的前提基础。因为超过质量检验期后买方再以质量问题进行抗辩拒付货款是缺乏法律及合同依据的，甚至面临败诉和违约风险。

其次，在“如何就质量问题提出权利主张”的问题上，一方面，在发生争议后，买卖双方应依据合同约定处理。当一方要求另一方采取合同约定之外的方式处理纠纷时，存在缺乏合同依据而不被法院支持的风险。因此，当事人在签订合同时应仔细斟酌合同条款，包括质量问题的处理方式等，充分考虑自身的权益能否得到有效保障。另一方面，生产者应当对其生产的产品质量负责，产品应当具备其应有的使用性能，不得以假充真、以次充好。生产者应注意，因产品存在缺陷造成他人损害的，应当承担相应的法律责任。生产者或销售者销售的产品如果因存在质量瑕疵而低价处理，须明确告知买方产品所存在的质量瑕疵，或者明确告知其为不合格品，否则仍可能承担赔偿责任。

最后，在“支付条件是否达成”的问题上，买卖双方应根据交易习惯、项目特点、利益考量等因素合理设定合同货款支付条件。因为法院在审理支付条件是否成立时也会考

虑条件本身的设定是否具有合理性。同时，交易双方在发生货款支付纠纷时，也应从实事求是的角度出发，客观对待是否应该支付货款的问题，尽量采取双方协商的方式解决。

总而言之，无论是为了在交易前充分保障各自利益，还是为了在案件审理中尽可能减少各自的损失，正确合理地订立合同都是交易双方最应当注意的问题。

四、结语

我国光伏产业在多种政策利好的支持下蓬勃发展，相关民事纠纷也随之出现。如何应对这些问题，成为光伏产业面临的重要挑战。

本文在搜索、整理光伏项目涉诉案件的基础上，选取了313件相关案件作为案例库，将这些案例分为“生产销售合同民事纠纷”“技术研发民事纠纷”“光伏电站建设运营民事纠纷”三类进行分析总结，并对这些民事纠纷的解决方案和法律依据进行了探讨。

参考文献

[1] 李琼慧，王彩霞.新能源发展关键问题研究[J].中国电力，2015，48(01)：33-36.

[2] 林有超.光伏组件质量问题分析及安装质量控制[J].中国科技信息，2015(02)：204-205.

[3] 冯江涛，陈心欣，冯皓，等.光伏组件质量测试标准发展简史[J].电源技术，2013，12(37)：2253-2257.

[4] 黄盛娟，唐荣，唐立军.光伏组件功率衰减分析研究[J].太阳能，2015(06)：21-25.

[5] 李晨.分布式新能源项目并网管理中存在的法律风险及防范措施初探[J].广西电业，2016(05)：61-65.

[6] 王宇亮.我国清洁能源基地建设的设想和措施[J].经济体制改革，2014(02)：35-39.

“531 新政”下我国分布式光伏产业的发展困境与路径研究

撰写学校：中国石油大学
指导教师：孙增芹
撰 写 人：梁琪琪、李承荧、吴黎娟

截至 2018 年，我国光伏发电新增装机容量已连续五年全球第一，累计装机规模连续三年全球第一。但是在光鲜成绩的背后是数字惊人的财政补贴缺口和形势严峻的“弃光限电”问题。据财政部估算，截至 2017 年年底，光伏发电补贴缺口达 1 000 亿元，新疆、甘肃等地弃光率高达 20%以上。2017 年 12 月 19 日，国家发展和改革委员会发布《关于 2018 年光伏发电项目价格政策的通知》，分布式光伏发电项目度电补贴标准下调为每千瓦时 0.37 元(含税)。2018 年 5 月 31 日，国家发展和改革委员会、财政部、国家能源局联合发布《关于 2018 年光伏发电有关事项的通知》，明确各地 5 月 31 日(含)前并网的分布式光伏发电项目纳入国家认可的规模管理范围，未纳入国家认可规模管理范围的项目，由地方依法予以支持。这一政策调整被业内称为“531 新政”。该政策的出台使光伏企业遭受巨大冲击，引起业内人士强烈反响，甚至引发了部分光伏企业倒闭、装机量骤减以及一系列违约纠纷问题。可以说，补贴的取消对分布式光伏行业造成了巨大的影响。本报告认为，“531”新政的出台虽然过于仓促，其合理性和政策的连续性也令人质疑，但是分布式光伏补贴在将来是必然要被取消的，因为分布式光伏产业面临巨大的补贴缺口、行业鱼龙混杂的现状以及国外市场反补贴的压力。本报告主要分析了取消政府补贴对光伏产业的影响、取消政府补贴的合理性以及取消政府补贴的条件和原则，并对分布式光伏未来的出路作了初步探讨，主要包括售电规则改变、分布式光伏行业监管、拓展分布式光伏海外市场以及提高公众对分布式光伏的接纳度等几个方面。

一、取消政府补贴对分布式光伏产业的影响

取消分布式光伏补贴的政策可谓“一石激起千层浪”，对光伏产业造成巨大的冲击，

"531 新政"对分布式光伏产业来说既有利也有弊。

(一) 消极影响

通过调研我们了解到,"531 新政"的出台过于仓促,没有给企业预留一定的缓冲期,引发很多光伏企业倒闭、转型或退出光伏市场。补贴取消直接的后果就是从事分布式光伏制造、安装的企业急剧减少,由此引发了员工失业、债务纠纷以及投资商违约、施工方违约、组件逆变器等设备方违约、零部件供应商违约等一系列社会及法律问题。大量从事分布式光伏项目的公司工程款无法要回,欠下巨额债务,无法及时偿还银行贷款,只有选择破产,变卖拍卖厂房及设备偿还债务。此外,相关配套行业也受到一定程度的波及。

"531 新政"出台后,上市光伏企业股票全线飘绿,一天之内跌去了逾 600 亿元的市值,光伏投资者观望情绪严重。

(二) 积极影响

在业内人士普通诟病"531 新政"的同时,我们也应该思考一个问题,为什么多数企业在补贴取消以前都能盈利且盈利不断上升,新的光伏项目不停上马,光伏产业一派繁荣,而光伏补贴一取消则毫无招架之力?

经过调研我们发现,有些光伏企业的发展并不是由于其自身具有极大的优势与竞争力,而是借助外力发展起来的,外力一旦撤出,其自身的问题就暴露无遗。因此,从这个角度来看,"531 新政"对整个光伏产业来说具有优胜劣汰的作用,可以促进光伏产业高质量发展。

此外,之前由于补贴政策的扶持,我国的分布式光伏产品成本低廉,在全球市场上具有较强的价格竞争力。这引起了国外同类产品经营者的不满,联合起来对我国的分布式光伏产业提出反补贴抵制。"531 新政"后,政府补贴的取消可以减少我国分布式光伏企业在国外被诉的概率,改善分布式光伏企业在国外市场的发展环境。

二、取消分布式光伏补贴的合理性分析

"531 新政"的出台虽然遭到了业界的诟病,但是分布式光伏平价上网、补贴减少甚至取消是必然趋势。

(一) 取消分布式光伏补贴的背景

1. 补贴缺口日益扩大

在 2014 年以后,分布式光伏装机量迅速增多,规模越来越大。《电力发展业"十三五"规划》提出,"十三五"期间,我国分布式光伏累计装机规模达 6 000 万千瓦以上。《能源发展"十三五"规划》提出,"十三五"期间,光伏产业的发展重心在分布式光伏。相关

政策规定，自2017年1月1日起光伏标杆上网电价下调，但分布式光伏发电补贴标准不做调整。在多项利好政策的推动下，2017年被业内看作是分布式光伏发展的元年。

但同时，截至2017年年底，我国累计可再生能源发电补贴缺口总计达到1 127亿元，其中光伏补贴缺口为455亿元，且呈逐年扩大趋势，这直接影响了光伏行业的发展。如果这种超常的增长继续下去，财政补贴缺口将持续扩大，从而对光伏行业的发展带来更加不利的影响。

从国家财政的角度看，可再生能源补贴缺口持续扩大，国家财政压力不断增加，无法负担分布式光伏的快速发展，难以支付日益高涨的补贴金额。从分布式光伏产业看，分布式光伏产业的迅速发展依赖于国家的高额补贴，无法形成自身真正的竞争力。

2. 分布式光伏企业良莠不齐

随着分布式光伏产业的蓬勃发展，分布式光伏行业鱼龙混杂，甚至出现了有些光伏企业骗取政府补贴的现象。

3. 分布式光伏组件和设备成本持续下降

据中国光伏行业协会统计，2007—2017年，我国光伏组件和系统设备价格下降幅度约为90%。其中，光伏组件的生产成本已降至约2元/瓦，系统设备的生产成本已降至约5元/瓦。因此，从成本角度来看，取消分布式光伏补贴是完全可行的。

（二）“531新政”出台的合理性探讨

虽然分布式光伏补贴的取消具有合理性，只不过是时间早晚的问题，但是“531新政”的出台以及政策本身是否具有合理性是有待商榷的。

有不少光伏企业认为，“531新政”的出台是国家的“失信行为”，违背了行政部门的信赖保护原则，在现代法治国家中，信赖保护原则已经被作为政府部门的基本原则得到认同。信赖保护原则是指公民、法人或其他组织对行政机关及其管理活动已产生信赖利益，并且这种信赖利益因其具有正当性而应得到保护，行政机关不得随意变动这种行为，或者如果变动必须补偿相对方的信赖损失。

回顾近几年来国家出台的一系列分布式光伏补贴政策，我们不难发现，国家一直在鼓励、支持分布式光伏的发展，而且制定了财政补贴20年不变的政策。很多企业基于政府的相关政策和对政府的信任，采购了分布式光伏原材料，签订了分布式光伏土地、屋顶租赁合同、建设合同，甚至有的分布式光伏项目刚刚完工，而“531新政”的突然出台使得这一系列生产活动停滞不前、货物材料堆积、纠纷层出不穷。虽然“531新政”规定了各省可以根据本省的实际情况出台相应的补贴政策，但是由于各地实际情况差异较大，很多地方没有出台分布式光伏补贴政策，导致分布式光伏产业“失血”严重。

三、取消分布式光伏补贴的条件和原则

“531 新政”广泛引发了社会各界对分布式光伏产业未来的思考,“531 新政”该不该继续执行?补贴该不该取消?补贴应该什么时候取消?补贴取消后行业该如何发展?一时间,此类问题为社会所共同关注并且亟待得到答案。其实,尽管“531 新政”具有其不合理性,但是分布式光伏补贴在今后必然要退出历史舞台。那么,分布式光伏补贴应在何时取消呢?下面我们对取消分布式光伏补贴的条件和原则进行分析。

(一) 健全的分布式光伏行业市场:配额制+绿色电力证书制度

国家决定取消对光伏发电的补贴,其目的是促进光伏发电的市场化运作,促进光伏产业的健康有序发展。我国从 2013 年开始进行电力体制改革,改革的主要目标是促进电力交易市场化。综合上述两个背景,我国要建立健全的分布式光伏行业市场,必须出台可再生能源配额制度并辅之以绿色电力证书制度。可再生能源配额制度在很早之前就被学界以及业界倡导过,但相关政策迟迟没有出台。绿色电力证书制度虽然已出台并实施,但在目前仅仅是试行,实践效果不理想。具体到分布式光伏市场,据绿色电力证书认购官方平台统计,目前绿色电力证书累计核发量已达 22 230 880 张,但其中 91.3%的证书核发给了风电行业,光伏行业获得的绿色电力证书仅有 8.7%。此外,国家能源局发布的相关文件明确提出在 2018 年适时推行绿色电力证书强制性交易制度,但到 2018 年年末并未见相关政策文件出台。因此,在配套措施尚未到位的情况下,突然地取消分布式光伏补贴未必是一项明智的政策。

(二) 完善的分布式光伏法律体系:高位阶法规+地方规章

法律是产业运行发展的重要保障,分布式光伏产业的健康发展同样离不开法律的保障。纵观我国分布式光伏行业相关政策文件,多为各国家部委的部门规章,缺乏顶层设计和一致性,其法律位阶较低,并且经常发生变化,致使分布式光伏行业发展缺乏稳定性与确定性。此外,由于地区差异较大,我国各地分布式光伏产业相关政策规定也有较大差别,随着分布式光伏行业的市场规模不断扩大,这种差别化的地区政策容易引发分布式光伏产业发展地区间的不平衡及不正当竞争等问题。

因此,我国有必要将长久性分布式光伏发展政策上升为具有较高位阶的法律法规,确保分布式光伏行业发展的公平性与稳定性。

(三) 取消政府补贴应遵循政策立法稳定性原则

稳定的秩序需要相对稳定的法律来实现,分布式光伏行业的稳定性发展需要依靠稳定性的法律来保障。政策文件是行业发展的风向标,企业主要依靠政策性文件来确定今后的重点发展方向,政策的快速变化会增加了行业发展的不稳定性和投资风险。

此次“531 新政”充分体现了政策的不稳定性，并给分布式光伏行业带来了一系列负面影响。因此，相关部门在制定分布式光伏行业相关法规政策时要坚持稳定性原则。

四、“531 新政”下促进分布式光伏产业发展的具体路径

（一）推进固定电价转向度电固定补贴

无论是从电力市场角度还是从行业发展的角度来看，标杆上网电价政策都走到了要改革的路口。现有的标杆电价是通过“装机成本＋合理收益”倒推出来，在分布式光伏行业发展早期，标杆上网电价政策对保障投资者收益是很有必要。但随着市场规模越来越大，光伏发电成本下降比预期要快很多，电价下降速度慢于成本下降速度就会出现大量分布式光伏匆忙“上马”的情况，但是光伏装机规模越大，国家补贴缺口越大。因此，在这种情况下，政府应尽快进行电价政策改革。例如，相关部门可以将固定电价补贴改为度电固定补贴，另外，政府还可以通过控制光伏装机规模来指导分布式光伏项目有序健康发展。

（二）加快分布式光伏发电市场交易化进程

2017 年国家出台了分布式光伏发电市场化交易试点文件，打破了以前电力只能卖给电网的规定，扩大了售电的范围。目前电力市场化交易试点只限于分布式光伏和分散式风电。电力市场化交易最大的好处是分担风险，降低发电企业对补贴的依赖。此外，电力市场化交易还能打破国家电网在供电售电方面的垄断，使民营发电企业也能够作为售电方进入市场，与国家电网进行竞争。

（三）加强分布式光伏产业的行业监管

如前所述，政府在售电市场引入民间资本，打破了国家电网的垄断。但是同时，相关部门要加强对民间资本进入售电市场的监管，避免出现 P2P 行业的悲剧。为此，国家除了要出台相应法律法规对分布式光伏民间资本进行监管，还应建立分布式光伏售电行业协会，加强行业自律。

（四）拓展分布式光伏产业的国外市场

在“531 新政”的影响下，国内分布式光伏市场的发展不甚乐观，然而，近年来海外分布式光伏市场却一片繁荣。相关资料显示，印度政府计划到 2022 年实现 100 吉瓦的装机目标，包括 40 吉瓦太阳能屋顶发电项目和 60 吉瓦大中型太阳能并网项目；欧洲市场的价格保护在逐步降低，使得当地的一些项目逐步得到释放，预计 2018 年新增装机为 11 吉瓦，比 2017 年新增装机量增加约 8 吉瓦；澳洲有一个明确的一个火电厂关闭计划，火电厂在按计划陆续关闭中，光伏发电需求增长快速。在这一背景下，面对如此大的国

际市场需求，我国分布式光伏产业除了关注国内市场，更应该将目光投向国际市场，积极拓展海外分布式光伏设备安装、销售业务。

（五）提高分布式光伏的公众接纳意愿

我们在调研分布式光伏用户时发现，多数分布式光伏用户最初并不愿意接受在自己的屋顶上安装光伏设备，理由是破坏风水、不美观甚至怀疑骗钱，但是当他们在安装分布式光伏设备并获得收益后，他们对分布式光伏发电的认识发生了转变，售电带来的收益使他们渐渐接纳了分布式光伏。因此，无论是分布式光伏从业者还是政府，都有必要借此契机，加大对分布式光伏的宣传，并利用已安装分布式光伏用户的传播效应，提高民众对分布式光伏的接纳度。

五、结语

通过调研和实地走访，我们对“531 新政”进行了深度思考，探究了“531 新政”的出台是否具有合理性，并进一步分析了分布式光伏补贴是否应该取消以及取消的必要性与合理性。同时，我们对分布式光伏产业未来的出路作了探究，主要包括售电规则改变、分布式光伏行业监管以及提高公众对分布式光伏的接纳度等几个方面。作为能源法学方向的研究生，此次调研加深了我们对分布式光伏产业的法律实务的了解，意识到法律实务与理论研究之间的差别，学习了关于分布式光伏产业的最新相关知识，受益匪浅。

参考文献

[1] 李帅，李佩聪.“531 新政”企业众生相[J].能源，2018(07)：28.

[2] 郭丰.光伏“531 新政”出台的突然与必然[N].中国能源报，2018-06-18(002).

[3] 马怀德.行政法学[M].北京：中国政法大学出版社，2007：25.

[4] 胡建淼，江利红.行政法学.[M].北京：中国人民大学出版社，2010：76.

[5] 韩晓平.关于光伏“531”新政若干问题思考[J].中国电力企业管理，2018(16)：40-44.

[6] 彭澎.“531”新政下的光伏市场[J].中国电力企业管理，2018(16)：45-47.

[7] 梁之栋.“531 新政”后，光伏企业将何去何从[J].全球商业经典，2018(07)：80-83.

分布式光伏产业风险问题研究

——基于“531新政”视角

撰写学校： 安徽大学
指导教师： 张辉
撰 写 人： 张雨、刘敏、陈悦悦

自2005年起，我国的光伏产业作为战略新兴产业开始发展，和其他国家一样，我国政府在光伏产业发展初期给予了大量的资金投入和财政支持。经过十几年快速发展，光伏产业已逐渐成为我国重要的新能源产业之一，其产能在国际上也是遥遥领先。政府对光伏产业的财政支持虽然促进了光伏产业的兴起与发展，但不可否认的是，缺乏竞争的市场机制使得光伏产业在发展过程中过度依赖财政补贴。例如，有些企业对政府资金补贴过于依赖，过多地关注眼前的利益，较少地关注企业自身技术研发及长期发展规划，缺乏自主研发、产品升级的动力，市场竞争能力较差。在这种情况下，为了促进光伏产业高质量的发展，实现产业升级，减少光伏企业对国家补贴资金的依赖，光伏产业补贴政策改革势在必行。

一、“531新政”出台背景

我国分布式光伏产业这些年的发展经历了创始期和成长期，经过多年的发展，我国分布式发电产业规模迅速扩大，技术升级加快，取得了令人瞩目的成绩。但同时，我国分布式光伏产业在发展过程中也面临不少问题，如同质化低水平投资问题、“弃光”问题、政府补贴资金缺口问题和产业发展质量过低问题，这些问题都在一定程度上影响了整个产业的健康发展。目前，分布式光伏产业已然发展到了一定规模，其发展目标不再是盲目扩大规模，而是生产出高质量产品、提高生产效率，这需要分布式光伏产业提高技术创新能力、提升自身造血能力，以实现可持续发展。为推动光伏产业的可持续发展，减少光伏产业对补贴政策的依赖，国家发展和改革委员会、财政部和国家能源局于

2018年5月31日宣布实施“531新政”，该政策旨在通过限制装机规模和大幅度减少补贴，让光伏产业能够独立自主发展。

二、分布式光伏产业面临的风险

分布式光伏产业在迅猛发展的同时，也面临许多问题，尤其是在“531新政”实施补贴断供后，缺少了政府财政的保驾护航，其发展进退维谷。具体来说，分布式光伏产业从兴起发展至今，融资租赁风险、合同违约风险、政策波动风险等一直是困扰着其健康独立发展。在“531新政”后，这些风险因素尤其是政策风险对分布式光伏产业的发展影响更甚。

（一）融资租赁风险

光伏发电行业是资本密集型行业，分布式光伏电站的建设需要大量的资金投入，大型分布式光伏电站的建设运营周期一般在25年左右，其发电量和收益受光伏组件质量、自然条件、政策等因素影响较大。此外，该行业还存在信息不对称、光伏资产评估系统不成熟等问题。基于这些原因，以逐利为主要目的投资者普遍认为分布式光伏电站具有投资风险大、收益低的特点。此外，多数人重视经济价值而忽视分布式光伏产业的清洁、可再生等生态价值。因此，大部分投资者对分布式光伏项目的投资热情不高。①

在实践中，分布式光伏项目开发方除了向银行贷款进行融资，主要以融资租赁形式进行运营和发展。在融资租赁法律关系中，融资租赁公司与项目开发方签订的是融资租赁合同。依照约定，前者购入项目所需的光伏组件、设备等租赁给后者使用，后者则需按合同约定的方式、期限等支付一定数量的租金给前者，以取得标的物的使用权。同时，融资租赁公司与光伏组件商签订的是商品买卖合同，但这种买卖合同法律关系比较复杂。例如，当标的物出现质量瑕疵时，行使索赔权等权利的主体往往不是融资租赁公司而是项目开发方。由于融资租赁法律关系涉及三方当事人，情况比较复杂，实际操作中容易发生法律纠纷。

我们通过调研看出，分布式光伏项目融资租赁相关风险主要有两类：第一类是租赁物瑕疵或者灭失的风险，即当供货人提供的光伏设备如果存在数量、质量等问题，则会对整个分布式光伏发电项目造成严重影响；第二类是项目开发方未按时支付租金，导致融资租赁公司解除合同、提前收回租赁物的风险。《中华人民共和国合同法》规定，承租人未按照约定支付租金，且在催告后的合理期限内仍不支付租金的，出租人除了要求支付全部租金，还可以解除合同、收回租赁物。因此，当分布式光伏项目开发方遇到重大经营困难、无法按时支付租金时，其可能面临着被解除合同或者被收回租赁物的风险。

① 刘嘉雪，张琴，黄诗雨，等.分布式光伏项目融资难问题研究[J].中国商论，2016(33)：39.

更甚者，有些光伏项目开发方会因此面临被破产清算的风险。例如，在中航国际租赁有限公司（以下简称中航租赁公司）与安阳市凤凰光伏科技有限公司（以下简称凤凰光伏公司）破产债权确认纠纷一案中，凤凰光伏公司与中航租赁公司签署了《融资租赁合同》，由中航租赁公司为凤凰光伏公司提供融资租赁服务。合同签订后，中航租赁公司为凤凰光伏公司购买了租赁物，凤凰光伏公司也按照合同约定支付了前期的租金。2012 年，由于凤凰光伏公司未能按照合同约定支付租金，中航租赁公司向法院申请对凤凰光伏公司进行破产清算，并申请确认其对凤凰光伏公司享有的破产债权（到期租金）。最终，中航租赁公司的请求得到了法院的支持。

（二）合同违约风险

在实践中，分布式光伏企业可能面临的合同违约问题主要包括电站收购合同违约和屋顶租赁合同违约等。合同违约可能会给对方当事人造成重大损失，对此，主动违约的一方应当承担相应的法律责任。

1. 电站收购合同违约

对于施工方已经建设完工的电站，收购方可能会由于补贴取消、电价调整、达不到预期的收益率而终止项目收购，这将引发收购合同纠纷问题。有学者认为，国家政策调整导致电价变化，从而致使一方主体损失，这属于情势变更。反对这一观点的人则坚持认为，这属于正常的商业风险，不属于情势变更的范畴。

2. 屋顶租赁合同违约

1）证件不齐全

光伏企业在签订屋顶租赁合同时，要对该屋顶的所有信息进行查验，首先要确定签约人是否是合法的屋顶权利人，并要求出租人出示产权证明，如果出租人不是产权人应当取得产权人的书面授权，如果是转租则要经过出租方同意。但在实践中并不是所有屋顶在租赁的时候都必须要拿到产权证，很多新建的项目甚至老项目也没有产权证。这种情况下，如果房屋有合法立项文件，如用地手续、规划许可证，该房屋也是可以租赁的，只要确保该建筑不是违法违章建筑即可。因屋顶租赁现实情况比较复杂，且优质房源也不多见，所以我们在实践过程中需要灵活处理。

2）租赁期限问题

光伏企业在与出租方签订屋顶租赁合同时，可能会出现约定的租赁期限超过法律规定最长租赁期限（20 年）的问题。实践中，光伏电站项目的运营期一般都在 25 年以上，所以双方在签订合同时要避免出现这一情形，具体的应对措施将在后文中提到。

3）租赁房屋被出售、抵押、查封

光伏企业在租赁房屋屋顶时，可能面临该房屋已经被出售、查封、扣押的情形。在处理房屋买卖合同和房屋租赁合同的关系上，一般适用的是“买卖不破租赁”原则，即无特殊情形，租赁合同签署早于买卖合同的，则租赁合同仍有效。但是实践中也存在“买卖破租赁”的情形：一是抵押、查封之后的房屋再租赁，则“买卖破租赁”，即该租赁合同不得对抗先前的抵押、查封；二是在租赁之前已被查封、抵押的房屋再次出售的，虽然租赁合同签署早于买卖合同，但是适用“买卖破租赁”，即租赁合同不得抵抗后来的买卖合同，房屋的新产权人有权对抗在先的租赁合同。

4）拆迁等不可抗力因素导致的违约

这种情况是指光伏企业在签订屋顶租赁合同后可能会面临因租赁的房屋突然被征收、征用、拆迁而导致的出租人违约等问题。虽然这种违约属于不可抗力因素导致的，但这对光伏企业仍会造成一定程度的损失。

（三）政策风险

政策风险是“531新政”颁布后分布式光伏企业遇到的最主要风险，“531新政”中的控制建设规模指标、减少国家补贴等规定，对分布式光伏企业的发展造成了严重影响。

1. 控制建设规模指标

目前，我国对光伏项目实行年度指导规模管理制度。2013年8月国家能源局发布的《光伏电站项目管理暂行办法》明确规模控制是光伏电站项目管理的重要内容之一，规定要在综合各方面条件、因素的基础上确定全国光伏电站建设规模及各地区的年度指导性规模指标。① 此外，该文件还规定未纳入补贴目录的光伏电站不得享受国家可再生能源发展基金补贴，即电价补贴以项目已经纳入国家下发给地方的光伏建设项目规模指标为前提，如果光伏电站项目未纳入指标范围，也就没有补贴。在“531新政”后，国家对分布式光伏项目也有了建设规模指标要求，未纳入国家认可规模管理范围的项目不再享受国家补贴。2018年5月31日对分布式光伏企业来说是一个重要的时间节点，在此之前并网的分布式光伏发电项目可以纳入国家认可的规模管理范围，之后新增的分布式光伏发电项目则由地方采取措施予以支持。②

---

① 《光伏电站项目管理暂行办法》第三条规定：光伏电站项目管理包括规划指导和规模管理、项目备案管理、电网接入与运行、产业监测与市场监督等环节的行政管理、技术质量管理和安全监管。第五条规定：国务院能源主管部门负责编制全国太阳能发电发展规划。根据国家能源发展规划、可再生能源发展规划，在论证各地区太阳能资源、光伏电站技术经济性、电力需求、电网条件的基础上，确定全国光伏电站建设规模、布局和各省（区、市）年度开发规模。第九条规定：各地区按照国务院能源主管部门下达的年度指导性规模指标，扣除上年度已办理手续但未投产结转项目的规模后，作为本地区本年度新增备案项目的规模上限。

② 国家发展和改革委员会、财政部、国家能源局在《关于2018年光伏发电有关事项的通知》中提出合理把握发展节奏，优化光伏发电新增建设规模，规范分布式光伏发展。具体规定为：2018年安排1 000万千瓦左右规模用于支持分布式光伏项目建设；将各地5月31日（含）前并网的分布式光伏发电项目纳入国家认可的规模管理范围，未纳入国家认可规模管理范围的项目由地方依法予以支持。

2. 国家补贴“退坡”

为了培育和鼓励新兴产业发展，国家一般给予相关政策支持。光伏发电产业在发展初期也得到了政府的大力支持，其中最主要的就是财政补贴支持。经过多年发展，光伏发电产业逐步壮大，相关技术也日益成熟，光伏部件制造成本和电站建设成本也有所下降。为了促进光伏产业的健康可持续发展，政府调整了对光伏产业的扶持政策，在“531 新政”中明确提及要降低光伏发电补贴力度。“531 新政”虽只是政府部门文件的效力级别，却是光伏补贴“退坡”的导向性文件，对光伏产业的发展及光伏企业的市场定位具有指导意义，因为国家补贴是影响分布式光伏项目收益的重要因素之一，对于光伏生产企业而言，补贴“退坡”意味着直接收入将会减少，光伏产品核算成本价格间接上涨，产能必然受到一定影响。

三、分布式光伏企业风险应对建议

分布式光伏产业的迅猛发展虽然离不开政府的政策支持，但是分布式光伏企业若想在激烈的市场竞争环境中实现可持续发展，必须学会自力更生，积极面对并解决企业发展中可能遇到的一系列问题。

（一）融资租赁风险应对建议

如前所述，分布式光伏企业在融资租赁过程中会面临两类风险，一是租赁物（光伏组件）质量不合格的风险，二是分布式光伏企业由于经营困难或其他原因拖欠租金，致使融资租赁公司要求解除合同或者收回租赁物的风险。

当融资租赁公司提供的分布式光伏组件出现不符合合同约定的数量、质量时，光伏企业有权向光伏组件供货商索赔。虽然融资租赁公司与光伏组件供货商才是买卖合同法律关系的相对人，但由于融资租赁合同的特殊性，为了便于解决标的物在使用中出现的问题，融资租赁公司往往选择将索赔权转让给光伏企业。此时，光伏企业可以直接向光伏组件供货商行使索赔权而得到赔偿，这在很大程度上提高了纠纷的解决效率。例如，当供货商交付的光伏组件质量或数量不符合约定时，光伏企业可以按照实际情况要求供货商修理、调换光伏组件或直接解除合同并赔偿损失。

当光伏企业因为经营困难、资金链断裂等问题无法按时支付租金时，融资租赁公司很可能单方面要求解除合同并收回租赁物。依据 2014 年《最高人民法院关于审理融资租赁合同纠纷案件适用法律问题的解释》第十二条的规定①，相关情形发生时，融资租赁

① 承租人欠付租金达到两期以上，或者数额达到全部租金百分之十五以上，经催告后在合理期限内仍不支付时，出租人可以请求解除融资租赁合同。

公司享有合同解除权。除此以外，若双方在合同中约定了合同解除的具体条件，当约定条件达到时（如拖欠租金），出租人也有权解除合同，收回标的物。从现有的司法判例来看，只要合同是合法有效的，法院一般会支持融资租赁公司提出的解除合同并赔偿损失的诉讼请求。针对这一风险，光伏企业应按时支付租金。在实践中，由于解除合同对融资租赁公司也会造成较大损失，融资租赁公司一般也不愿轻易解除合同。因此，当光伏企业确实面临严重经营困难而无法按时支付租金时，可及时与融资租赁公司协商，请求延长还款期限并支付相应利息，以避免造成双方损失。

此外，为了促进和支持分布式光伏产业发展，帮助光伏企业规避融资租赁风险，政府可以通过绿色金融为分布式光伏企业提供更大的融资便利，降低其融资成本，鼓励金融机构将分布式光伏项目纳入绿色金融体系，加大对分布式光伏企业的信贷投放，对信用良好的企业适当延长贷款期限。同时，政府还可以支持和鼓励分布式光伏企业发行绿色债券和非金融企业绿色债务融资工具，鼓励地方通过专业化绿色担保机制等手段促使更多社会资本投资分布式光伏项目，鼓励分布式光伏企业与金融机构合作开展分布式光伏发电项目资产证券化等。

（二）合同风险应对建议

合同风险是光伏企业在日常经营过程中经常面临的风险之一。结合实地调研成果，我们针对屋顶租赁合同风险提出如下相关建议。

1. 分布式光伏电站屋顶租赁期限风险应对建议

如前所述，光伏企业在与出租方签订屋顶租赁合同时会面临约定的租赁期限超过法律规定的最长租赁期限的问题，从而产生合同无效的法律风险。对此，有学者建议可以用设置地役权的方式避开屋顶租赁期限问题。在实践中，虽然也有地方政府颁布了相关法规和政策，但是设置地役权的方式可行性并不高，绝大多数光伏企业并不会采取这一方式。可行的方法是，光伏企业可以跟屋顶出租人签订一个框架合作协议，约定租赁期限届满后承租人有优先续租权，该协议并非延长租赁合同的期限，而是双方达成的另外一个关于续租的约定，并不违反法律的相关规定。

2. 房屋建设手续不齐全风险应对建议

为了保证分布式光伏项目的顺利开展，减少因屋顶出租方证照不齐全引发的纠纷，除了光伏企业应加强防范，查看出租方的相关证明文件，我们建议政府主管部门采取如下措施。

首先，政府应建立或者开放权威性的房屋手续信息查询系统，方便光伏企业对所租赁房屋进行背景核查。

最后，政府应建立租赁合同备案生效制度，即强制规定租赁合同必须在行政管理部门备案后生效，以保障合同双方的合法权益。

3. 房屋在屋顶租赁前被抵押、查封风险应对建议

首先，光伏企业应在签署租赁合同前查清房屋权属、确定房屋是否存在被抵押或查封的情况。

其次，光伏企业应可在签署租赁合同后及时向行政主管部门备案以便追加证明租赁合同的签署时间，在房屋产权发生冲突时，法院可以据此判断屋顶租赁与房屋被抵押或查封时间的先后顺序，维护光伏企业的合法权益。

最后，为了避免与信用不良的出租人签订合同从而产生麻烦，光伏企业可以在租赁合同签订前调查出租人的信用情况。

4. 房屋拆迁和出租人违约风险应对建议

首先，为了妥善处理房屋被征收、拆迁引发的屋顶租赁纠纷，光伏企业最好先考察租赁房屋所在区域的城市规划情况，然后再决定是否签署租赁合同，这样可以从源头上避免所租房屋被政府纳入拆迁范围。

其次，在订立租赁合同时，光伏企业可以与出租方在合同条款中明确列出房屋被征收、拆迁情形下的补偿方案，以妥善解决此类违约问题。

最后，为了防范出租方故意违约风险，光伏企业要事先了解出租方的资信状况，如果发现出租人涉及诉讼案件(出租人为被告)或者被银行、法院等列为失信人，则要谨慎与其签约。

（三）政策风险应对建议

作为主要依靠国家政策支持而兴起发展的新兴产业，分布式光伏产业的发展态势与政策支持紧密相关。因此，政策风险是分布式光伏企业面临的最大风险。

1. 控制建设规模指标应对建议

“531 新政”文件中关于控制分布式光伏产业新增建设规模的规定，其本质不是为了限制分布式光伏产业的发展，而是要明确目前需要享受中央财政补贴光伏项目的实际规模，同时细化相关要求。对于技术先进、发展质量高、不需要中央财政补贴的分布式光伏项目，国家没有建设规模指标的限制。因此，未取得建设规模指标的光伏企业可以根据自身实际情况，调整发展方向，积极探索寻找分布式光伏的潜在市场。

除此之外，“531 新政”出台后，对于未纳入国家规模管理范围的分布式光伏项目，相关企业应努力展开自救，例如，企业可以使用本企业分布式光伏项目所发电量，这样不仅可以降低企业支出成本，减少其他能源消耗，缓解能源紧张问题，同时还可完成政府规定的节能减排指标，有助于企业形成新的绿色经济增长模式，树立良好的企业形象，形成良好的社会效益。

2. 补贴“退坡”应对建议

对分布式光伏企业而言，最难以接受的可能就是“531新政”中的补贴“退坡”内容，而且分布式光伏企业忧虑的不仅是补贴“退坡”导致的利润减少，更是政府对分布式光伏产业发展支持与否的态度。实际上，“531新政”的出台并不是限制分布式光伏产业的发展，补贴“退坡”政策也并不是为了压缩分布式光伏企业的利润空间，其本质目的是推动分布式光伏产业的转型升级和健康可持续发展。因为虽然分布式光伏产业的快速发展离不开政府的大力支持，但是“去补贴化”将成为主流趋势，未来分布式光伏产业发展的驱动力将会发生变化，先由“补贴”逐步过渡到“配额”，最终过渡到由市场驱动。因此，相关光伏企业必须进行技术革新，通过产业升级降低成本、提升利润空间。除了技术成本，企业还可以通过有关措施压缩内部的非技术成本。此外，在“531新政”下，为了获得地方政府的资金支持，光伏企业还可以重点开发能够享受地方财政补贴的分布式光伏发电项目，以及一些小型工商业分布式光伏电站项目。

四、结语

“531新政”的实施对分布式光伏产业来说是“阵痛”，但更多的是发展机遇。分布式光伏企业若想在这次行业“洗牌”中脱颖而出，应积极调整自身经营战略，提升创新能力，促进自身产业结构优化升级，防控政策风险。本报告主要对分布式光伏产业可能遇到的几类主要风险进行了研究和讨论，并提出了相应的建议。

参考文献

[1] 刘跃.分布式光伏电站接入配电网继电保护配置研究[J].科技创新导报，2015，12(03)：46-47.

[2] 谌贻华，谢建华，郑直，等.大规模分布式光伏电站远程智能监控技术研究[J].软件，2011，32(2)：18-20.

[3] 邓洲.国内光伏应用市场存在的问题、障碍和发展前景[J].中国能源，2013(01)：12-16+23.

[4] 胡润青，刘建东.2017年光伏发电市场回顾与展望[J].太阳能，2018(01)：14-18.

[5] 彭立斌.光伏发电金融难题及对策研究[J].中国能源，2014，36(08)：19-21.

光伏发电“领跑者”计划相关问题调研报告

撰写学校：中央财经大学
指导教师：张小平
撰 写 人：郑楚戈

随着化石能源的日益减少和环境污染的加剧，大力发展可再生能源、有效应对气候变化、促进能源清洁低碳转型已成为全球广泛共识。我国太阳能资源丰富，分布广泛，具有大规模开发太阳能发电的资源条件和产业基础，发展光伏产业对调整能源结构、推进能源生产和消费革命、促进生态文明建设具有重要意义。近年来，在《可再生能源法》和一系列政策措施的推动下，我国光伏产业快速发展，技术进步明显，应用规模迅速扩大，在我国能源转型中发挥着越来越重要的作用。但同时，与传统发电相比，光伏发电仍存在建设成本高、市场竞争力不强、补贴需求不断扩大等问题，成为制约我国光伏产业持续健康发展的重要因素。针对以上问题，根据国家创新驱动发展战略精神，为了支持光伏先进技术的研发和推广应用，国家能源局联合有关部门于 2015 年提出实施光伏发电“领跑者”计划（以下简称“领跑者”计划）并建设领跑基地，希望通过市场支持和试验示范，以点带面，加速技术成果向市场应用转化和推广，加快促进光伏发电技术进步、产业升级。

本报告对“领跑者”计划的关键环节——遴选与评估过程进行了重点分析，将前两期“领跑者”计划与第三期进行比较，并对其遴选评估的前提条件、硬性指标、成本制约、动态管理、强制惩罚等提出了相关参考建议。

一、“领跑者”计划概况

自 2015 年起，“领跑者”计划和领跑基地建设至 2018 年已经进展到第三期。前两期“领跑者”计划共建设了 9 个领跑基地，总规模为 650 万千瓦，包括 2015 年建设的山西大同 100 万千瓦的首个领跑基地以及 2016 年建设的总规模为 550 万千瓦的 8 个领跑基地。其中，第二期领跑基地全部采取竞争方式选择投资主体，并将上网电价作为主要竞争条件。

总体上看，前两期领跑基地的建设已取得初步效果，主要体现在以下两方面。一是技术方面，各基地通过广泛采用先进光伏产品，引导光伏企业把提高技术水平放在首位，PERC 等先进制造技术迅速得以推广，企业生产规模显著扩大，2015 年“领跑者”计划设定的转换效率已成为目前电池组件转换效率的普遍水平。二是电价方面。各基地竞争产生的电价比国家规定的标杆电价平均降低了 0.2 元/千瓦时，下降幅度超过 20%。

从实践情况看，前两期“领跑者“计划和领跑基地建设的实施明显加快了光伏发电先进技术的推广应用，带动了先进光伏产能市场拓展，大幅提高了高转换率光伏组件的市场比重，整体加快了光伏产品技术指标提升速度和产业升级步伐，对于已经形成产能的先进技术起到了关键性的引领和支撑作用。但从整个技术产业体系看，前两期领跑基地建设仅对光伏市场应用端的技术和产品提供了支持，对创新研发前沿技术的应用转化还缺乏支持，对市场先进技术的供给未形成后续储备和持续支撑。为此，国家发展和改革委员会及国家能源局在总结前两期领跑基地建设经验的基础上，针对 2017 年度开启的第三期领跑基地的遴选和评估作出了一些新的规定。① 总的来看，领跑基地建设在数量与质量不断提升的同时，其遴选评估标准也在不断调整。

二、前两期“领跑者”计划与领跑基地建设遴选评估中存在的问题

1. 低价竞争问题

由于前两期领跑基地遴选将上网电价作为主要的标准，并且采取以竞争方式选择投资主体的方法，根据相关媒体报道，在前两期领跑者基地中的 33 个项目里，21 个项目以最低价中标。② 为争取被列入遴选名单，各企业在保持适当规模的前提下，通过各种方法追求最低上网电价。例如，某些企业为达成低价中标目标，过度压低其收益和生产成本，但这种低价竞争会产生如下诸多不良问题。

第一，过分压低竞标电价会对光伏企业的发展造成较大压力。在前两期“领跑者“计划和领跑基地建设遴选过程中，竞标企业的投资者为了在遴选中脱颖而出，加之他们对企业生产过程中的问题和后期并网问题缺乏充分的认识，往往报出超乎寻常的上网电价。虽然有的企业因为超低价而成功中标，但其后会面临诸多现实问题。比如，有的企业之所以敢于低价竞争，主要是它们认为随着技术的提高，光伏组件价格也会不断下跌，致使度电成本下降。但实际上当前光伏组件价格下降的空间有限，大幅度下降存

① 涂伟伟，等.光伏领跑者基地发展历程及现状[J].阴山学刊，2018，32(03)：127-129.

② 于南.国家能源局废止大同二期中标结果“领跑者”计划背后悲喜不同[N].证券日报，2018-4-3(C02).

在很多不确定性。因为，入围企业在实践中会因多方面的现实压力而无法按照前期承诺顺利推进竞标项目建设。即使有的企业克服种种困难完成了项目，但其最后获得的收益也不理想甚至是负收益，这反而会影响企业的后续发展。

第二，低价竞争导致电站建设质量差，安全问题突出。在低价竞标的情况下，企业为了压低成本，必然选用价格低、质量差的光伏组件和其他建筑材料，畸形的价格必然折射出畸形的供求关系、产业环境和信用缺失。因此，以最低价中标的规则必然造成“良者退出，劣者胡来”的困局，导致光伏电站质量不过关，甚至酿成安全事故。

2. 土地问题

第二期领跑基地在建设过程中的主要阻碍之一，是其在遴选过程中未理清土地相关问题，也并未对后续的土地利用问题予以考虑。许多企业在遴选过程中缺乏对土地权属性质等问题的仔细评估，这些在申报项目时看似可使用、被划入竞争内容的土地，实际上却是前期得到过国家补贴、不可用于领跑者基地建设的土地。由于竞标企业对土地问题缺乏考虑，实践中往往会出现了以下问题。

其一，在遴选过程中，为能够达到被选中并具有其他企业没有的竞争力的目的，许多企业会将“红线土地”划入可利用土地的范围。这些被划入可用土地的土地将来未必可被企业所用。

其二，由于前期项目规划时未重视土地问题，竞标企业在后续发展中可能受到土地因素的阻碍，从而加深与当地的政府、其他企业以及相关居民之间的矛盾。①

3. 监督问题

在前两期领跑基地遴选与评估过程中，由于缺乏相关法律法规限制以及违规惩罚机制和监督机制，领跑者基地的遴选与建设工作出现了不少问题。例如，有的领跑基地未按照国家政策要求开展企业竞争优选工作，有的领跑基地在企业竞争优选工作中因为监督不力而出现相关企业违规竞标的情况，有的领跑者基地建设项目因前期低价竞标、土地不符合建设规定等问题而最终无法完成。

三、第三期“领跑者”计划与领跑基地建设遴选评估情况

第三期“领跑者”计划同样通过公开竞争的方式选择领跑者基地。国家能源局发布的《关于 2017 年建设光伏发电先进技术应用基地有关要求的通知》对光伏企业的遴选评估标准、奖惩措施以及组织监督等事项作了进一步明确规定，引导光伏企业朝高标准、高质量的方向发展。在第三期的“领跑者”计划与领跑基地遴选中，更多国企积极参

---

① 李佩聪.喜忧参半的领跑者计划如何前行？[J].能源，2017(12)：27-30.

与,从而使得优选竞争更为激烈。

（一）遴选标准

为了给光伏制造企业自主研发的先进技术提供平台支撑,加快先进前沿技术的落地和应用,在总结前两期领跑基地建设的基础上,第三期"领跑者"计划在原有应用领跑基地建设的基础上新增了技术领跑基地建设,本期共优选出 10 个应用领跑基地和 3 个技术领跑基地。

技术领跑基地与应用领跑基地的遴选要求存在一定的差别。从产品方面来看,应用领跑基地所使用的大多是已投入市场应用的光伏产品,而技术领跑基地所使用的是技术前沿、自主研发、尚未被扩大推广的新兴创新光伏产品;从遴选的技术要求方面看,技术领跑基地对于光电转化效率等技术指标的要求比应用领跑基地更高;从产品制造过程看,技术领跑基地将重点放在尚未投入大规模生产、还处于测试研发阶段的产品,非此类产品的生产企业则无法申报或竞争技术领跑基地,而应用领跑基地主要采用的是已形成生产流水线、已有投入市场作业的产品;从基地建设规模来看,技术领跑基地的建设规模要求也比应用领跑基地要高很多;从遴选重点来看,应用领跑基地遴选的主要竞争目标在于其上网电价,而对于技术领跑基地而言,更突出的是技术方面的优势,遴选的重要竞争条件为技术的先进性和前沿性。①

（二）遴选评估方式

1. 遴选评估程序

第三期"领跑者"计划与前两期的遴选程序相类似,由各省发改委统一组织基地的申报工作,同时通过自愿申报、竞争优选等方式对各申报基地进行相应的初选。申报材料包括基地规划报告、必要的支撑性专题报告,以及包含土地成本及税费、电力送出工程及消纳保障、政府服务保障机制的市(县)级及以上相应政府部门的说明或支撑性(承诺)文件等。各入选基地所在的能源管理部门首先将工作方案报送国家能源局,然后国家能源局委托技术管理机构组织专家,按照遴选的主要条件和标准对所申报基地评估打分,根据评估得分确定入选领跑基地名单。

第三期"领跑者"计划不仅在评估标准上有所改进,而且在工作程序、管理监督以及惩罚与奖励措施上也有了进一步改良。例如,在各个部门与机构的职责之上,明确了各基地向地方政府申报、由省级能源主管部门主导初审工作的规则。针对前两期"领跑者"计划所遇到的对设备的技术指标后续评估与检测难以进行监督查证的问题,强化了后续监督检测方面的规定,制定了相应的激励与惩罚措施。

---

① 郭丁源.光伏"领跑者"新气象:遴选愈加严格 监管愈加完备[N].中国经济导报,2018-4-10(006).

2. 遴选评估要求与标准

1）电价要求

第三期“领跑者”计划针对两类不同的领跑基地规定了不同的约束条件，对应用领跑基地要求以低于当地标杆上网电价的10％作为竞价门槛，对技术领跑基地则只要求执行当地标杆上网电价即可。

2）技术指标

为了引导企业加强自主研发和技术创新，第三批领跑基地遴选标准对技术的要求更高更严。例如，第三期应用领跑者基地对多晶硅组件的光电转换效率要求为17％，对单晶硅组件的光电转化效率要求为17.8％；技术领跑者基地对于多晶硅组件的转换效率要求为18％，对单晶硅组件的要求为18.9％。

3）建设规模

第三期“领跑者”计划对领跑基地的总体规模与单项规模都作出了具体要求。每期领跑者基地总控制规模应当达到800万千瓦以上的上线指标，根据综合情况调整具体的操作规模，并在合适的时间内进行组织并落实；而对于单个项目而言，应用领跑基地的单个项目规模要求高于100兆瓦，而技术领跑者基地则要求将其分成两个250兆瓦的项目。①

4）企业优选

第三期“领跑者”计划将企业优选的关注重点放在了企业的业绩水平、企业技术与产品的前沿性、企业的供应链、企业的投资水平与能力、企业的融资与管理成本、风险成本以及企业的建设技术方案这几个要素上。

5）土地问题

第三期“领跑者”计划在领跑基地建设过程中更加突出对土地、环境和安全的约束性要求，总结吸取了在前两期领跑基地建设中一些地区光伏电站因土地不落实难以建设，场址位于国家保护区被拆除，以及电站位于尾矿库、采煤沉陷区等区域安全风险大等经验教训，对领跑基地的建设用地设定了相关的约束条件，对占用基本农田、受到环境限制影响、存在安全风险等申报基地一票否决。

6）事后检测监管措施

在第三期“领跑者”计划中，事后监管的奖励与惩罚措施是其改进的重点之一。相关文件规定，对领跑基地的各类指标应当定期测评，及时公开；对违反承诺的企业，或是在生产发展过程中因不符合“领跑者”计划规定的某些指标要而被认定为验收不

---

① 涂伟伟，等.光伏领跑者基地发展历程及现状[J].阴山学刊，2018，32(03)：127-129.

合格的企业，禁止其继续参与后续的发展建设计划；对于存在严重失信情况的企业，根据行业“黑名单”或国家信用体系失信名单的有关规定进行处理；对于建设速度较快、能够及时落实并网、技术指标完成度较高的应用领跑基地，通过增加等量建设规模等方法予以鼓励。

7）其他条件

第三期“领跑者”计划对领跑基地的其他各项遴选条件也作了进一步的规定。例如，对太阳能的可利用条件作出限制，其标准条件应当根据正常运行光伏电站实际年利用小时数并结合省级以上气象局观测标准进行评断；参加竞争的企业应当对接入系统的规模进行事先承诺，若无事先承诺则其失去竞争力而不被接受。同时，第三期“领跑者”计划还对电力市场消纳保障、申报基地所在地政府推进工作机制等其他的条件作出了详细规定。

（三）第三期“领跑者”计划与领跑基地建设遴选评估中的问题

虽然第三期“领跑者”计划的遴选方式与遴选条件比前两期更为严密，但仍存在一定的疏漏和问题。

1）法律规定方面的疏漏

其一，法律层级较低。相关奖惩措施只在国家能源局发布的《关于2017年建设光伏发电先进技术应用基地有关要求的通知》（以下简称《通知》）中有规定，而并未有更高层级的法律依据，因此导致对某些扰乱遴选秩序的违法行为约束性较弱，强制力不足，威慑力不够。

其二，对监管惩罚措施的规定不具体。《通知》仅规定了违规行为应当参照相应的法律进行惩处，但是在何种情况之下适用法律，以及其所参照适用的具体法律为何，均未予以明确。因此，在遴选之后，入选企业或基地在实际操作中能否严格执行相关文件规定仍是一个问题。

2）民营企业中标压力大

国企特别是央企在第三期“领跑者”计划中大量参与竞争，并且投入力度较大。民营企业与这些大型国企或央企相比，无论在资金方面还是在技术方面，均面临着巨大压力，中标十分困难。

四、完善建议

如前所述，通过对前两期“领跑者”计划与第三期“领跑者”计划遴选评估标准的对比和分析，我们发现，虽然第三期“领跑者”计划有了一定的改进，但仍存在一些问题。为此，我们提出如下完善建议。

第一,进一步落实、明确遴选条件。为了更好地落实土地问题、安全问题以及环保等问题,相关部门应当在遴选之前明确政府的土地政策。

第二,领跑基地在项目遴选过程中,不仅要对硬性指标作出评估,还应当对项目的适宜度作出评估。① 也就是说,相关部门在对项目的硬件条件作出评估的同时,还应当考虑项目实施的可行性、可能产生的问题以及项目与当地条件是否存在矛盾等。

第三,提前为项目做好相应的协调工作以减轻企业遴选过后的实施负担,对企业给予必要的优待与协调,使企业能够将主要精力投入产品生产与技术研发中。②

第四,进一步完善后续监督和动态管理。例如,对相关项目以及实施企业进行绩效调查,以年为单位发布优秀企业名单,利用一定的激励机制使"领跑者"计划中的成员始终处于竞争状态之中,以有利于企业的良性发展。③

第五,对遴选中的违规行为加大处罚力度。对"领跑者"计划中违规行为的惩罚措施应当由更高的法律层级加以规定和细化,并及时对违法违规行为进行调查落实,对确认违规行为及时采取惩罚性措施。

五、结语

本报告比较了不同批次"领跑者"计划的遴选方案,分析了不同批次"领跑者"计划在遴选标准和其他相关问题上的变化,并针对遴选条件、评价标准、后续动态管理、违规处罚等提出了完善建议。光伏"领导者"计划是引领光伏行业不断发展前进的重要政策工具,我们将继续关注光伏"领跑者"计划的进展,持续研究相关制度的优化改进措施。

参考文献

[1] 涂伟伟,等.光伏领跑者基地发展历程及现状[J].阴山学刊,2018,32(03):127-129.

[2] 于南.国家能源局废止大同二期中标结果"领跑者"计划背后悲喜不同[N].证券日报,2018-4-3(C02).

[3] 李佩聪.喜忧参半的领跑者计划如何前行?[J].能源,2017(12):27-30.

[4] 郭丁源.光伏"领跑者"新气象:遴选愈加严格 监管愈加完备[N].中国经济导报,2018-4-10(006).

[5] 刘建华.日本"领跑者"计划的启示[J].质量与认证,2015(03):31-32.

① 李佩聪.喜忧参半的领跑者计划如何前行?[J],能源,2017(12):27-30.

② 郭丁源.光伏"领跑者"新气象:遴选愈加严格 监管愈加完备[N].中国经济导报,2018-4-10(006).

③ 刘建华.日本"领跑者"计划的启示[J].质量与认证,2015(03):31-32.

户用分布式光伏产业相关问题调研报告(摘要)

撰写学校： 河北大学
指导教师： 马洪超
撰 写 人： 葛成文、柯茜、陈鹏云、顾伶俐

一、选题背景

近年来，我国分布式光伏发电产业发展迅猛，有力推动了新能源的综合利用和建设。分布式光伏发电是一种新型的、具有广阔发展前景的发电和能源综合利用方式，它倡导就近发电、就近并网、就近转换、就近使用的原则，不仅能够有效提高同等规模光伏电站的发电量，同时还能还有效解决电力在升压及长途运输中的损耗问题。其中，户用分布式光伏电站是指在工商业建筑和个人房屋屋顶上建造的光伏电站，其产生的电能不仅能够自用，还可以并网出售。在国家政策的鼓励下，户用分布式光伏产业也获得长足发展。此外，分布式光伏扶贫开创了一条全新的扶贫开发与新能源利用、节能减排相结合的道路。但是，户用分布式光伏产业在快速发展过程中也出现了许多问题，同时面临政策调整和补贴“退坡”的影响和风险。本报告主要对户用分布式光伏安装前后出现的一些法律问题以及光伏扶贫中的一些问题进行了调研，并在调研的基础上对完善光伏扶贫项目提出了一些建议。

二、调研内容

（一）户用分布式光伏安装前的相关问题及应对建议

1. 户用分布式光伏安装前面临的问题

(1) 户用分布式光伏施工企业资质问题。

(2) 户用分布式光伏屋顶租赁中的合同权利问题。

2. 应对户用分布式光伏安装前相关问题的建议

(1) 提高市场准入门槛,严控施工企业资质。

(2) 防范户用分布式光伏项目屋顶租赁合同法律风险。

(二) 户用分布式光伏安装后的相关问题及应对建议

1. 户用分布式光伏安装后面临的问题

(1) 核心技术落后于发达国家,能耗较高。

(2) 光伏市场鱼龙混杂,产能过剩。

(3) 产业发展对外依存度高,过度依赖政策补贴。

2. 应对户用分布式光伏安装后相关问题的建议

(1) 大力发展新技术,培养自主科研队伍。

(2) 调整国家补贴政策和标准,留强汰弱。

(3) 引导企业形成自主发展的盈利模式。

(三) 户用分布式光伏扶贫项目面临的困境及建议

1. 户用分布式光伏扶贫项目面临的困境

(1) 发电成本较高,农户参与度低。

(2) 地方政策不明朗,政策落实不到位。

(3) 项目建设质量低,后期维护欠规范。

2. 完善户用分布式光伏扶贫项目的建议

(1) 加强宣传引导,提高农户参与度。

(2) 完善相关政策法规,促进政策的具体落实。

(3) 加强项目建设质量和后期维护监督。

三、调研小结

本调研报告的核心内容包括两个层面:一是调研过程中发现的问题,二是从法律视角提出解决这些问题的对策建议。

第一,本报告针对户用分布式光伏安装前出现的相关问题进行了总结,分析了户用分布式光伏施工企业资质不足问题以及户用分布式光伏项目屋顶租赁中的合同权利问题,并提出相关建议。

第二,本报告针对户用分布式光伏安装后的相关问题进行了分析总结,包括:核心技术落后于发达国家,能耗较高;光伏市场鱼龙混杂,产能过剩情况严重;产业发展对外依存度高,过度依赖政策补贴。针对上述问题,本报告提出了相应的对策建议。

第三,本报告分析了户用分布式光伏扶贫项目面临的现实困境,包括发电成本高、农户参与度低,地方政策不明朗,政策落实不到位,项目建设质量低、后期维护欠规范等。针对相关问题,本报告提出了多管齐下的相关建议,以助力户用分布式光伏扶贫项目的顺利推进。

光伏产业财政激励法律问题研究

撰写学校：华东理工大学
指导教师：董溯战
撰 写 人：郭婷婷、张睿智

作为全球最大的发展中国家，我国的能源消耗巨大。我国长期以消耗煤、石油等化石燃料为主的能源结构，支撑了改革开放以来的经济飞速发展，但与此同时，我国也因此成为二氧化碳排放大国。为了减少对环境的破坏，同时履行节能减排义务，我国需要在保持经济持续、稳定、健康发展的基础上，不断地降低对化石燃料的依赖，开发和利用清洁能源，促进经济发展转型。

在环境污染问题日益严重的当下，可再生能源凭借其清洁、环保的特点受到青睐，光伏发电产业由于拥有丰富的太阳能资源和国家政策的支持，得到了高速发展。然而，伴随着 2018 年"531 新政"①的出台，光伏产业发展速度明显放缓，部分企业甚至亏损严重。显然，财政激励措施的不成熟对光伏产业的发展造成了不良影响。

从目前来看，我国光伏产业财政激励中的问题突出表现在激励依据、激励主体和激励方式这三个方面。在相关调研的基础上，结合我国光伏产业发展的实际特点，笔者认为，解决这个问题的路径应当首先改进光伏产业的财政激励依据，然后逐步完善能够规范激励主体、激励方式的法律措施。

一、光伏产业财政激励的必要性

（一）我国需要发展光伏产业

太阳能是一种清洁的可再生能源，光伏发电系统作为太阳能转化为电能的载体，其在安装和发电过程中几乎不会产生污染性的物质。由此可见，发伏发电可以有效地减

① 2018 年 5 月 31 日，国家发展改革委、财政部、国家能源局联合印发《关于 2018 年光伏发电有关事项的通知》（发改能源〔2018〕823 号）文件，该文件被业内称为"531 新政"。

少不可再生能源的消耗，同时减少环境污染。因此，以太阳能综合开发利用为主的光伏产业发展潜力巨大，成为解决环保问题的关键突破口，也是国家能源发展战略的重要组成部分。①

随着地球资源的不断减少及全球对节能减排要求、实现碳中和目标的重视，光伏发电产业越来越受到世界各国的关注，绿色发展已经成为全球共识。在此大趋势下，我国作为世界上太阳能资源最为丰富的国家之一，积极响应节能减排、绿色环保要求，大力支持光伏产业发展，在此次全球新旧能源转型的过程中，成为推动这场世界光伏发电运动的主要推动者和引领者。近些年来，我国光伏产业发展迅速，成果显著，在应用规模、技术进步、成本下降、消纳利用、政策体系、国际影响力等各方面都居于世界前列，成为全球光伏发电领域的引领者。

（二）光伏产业具有技术渐进性

光伏产业主要包括产业链上游的晶体硅原料提纯、切片，产业链中游的光伏电池、光伏组件，以及产业链下游的光伏应用系统。国内晶硅材料生产企业的生产工艺技术较落后，多晶硅产品品质与国外有较大差距，而且生产成本较高，产品主要供给国内市场，在国际市场上基本不具竞争力。由于缺乏核心技术，我国光伏产品生产中所需要的高纯度多晶硅基本需要从国外进口。光伏产业链中游为劳动密集行业，这是因为光伏组件生产的技术门槛低，人力成本低。在调研中我们了解到，我国光伏企业虽然众多、产量较大，但大部分企业主要集中在光伏产业链的中游，未形成科学合理的技术研发体系，关键技术落后。产业链上游的晶体硅原料提纯工艺技术要求很高，其核心技术长期以来掌握在美、日、德等国家的企业手中，国内厂商则主要从事低附加值、低科技含量的光伏组件加工和组装，这种国际分工角色使得我国企业抗风险能力较弱。国际金融危机爆发后，欧洲国家光伏补贴政策的调整严重打击了我国本已形成一定规模的上游硅料提纯行业，进而影响了产业链中游的电池和组件生产企业。

尽管太阳能光伏发电前景广阔，但由于其技术发展具有渐进性，还未完全发展成熟，生产成本还很高。由于太阳能光伏发电的成本还远高于燃煤发电成本，各国政府对光伏产业提供了大量补贴，支持该产业的发展。从某种意义上看，各国光伏产业的发展规模取决于政府的补贴规模。目前，在政府的补贴力度上，德国、法国、美国、日本等发达国家的力度较大。② 同样，我国光伏产业的发展也与政府的政策支持密切相关。为了支持光伏产业的发展，我国政府近年来也出台了不少激励政策和相关举措。①

---

① 王思聪.政府补贴政策演进对光伏发电产业发展影响研究[J].价格理论与实践，2018(09)：62-65.

② 查理.世界各国支持光伏产业发展的政策走向研究[J].特区经济，2018(11)：109-110.

（三）财政补贴是财政激励的重要手段

如前所述，虽然光伏产业拥有巨大的发展潜力，但是如果仅仅依靠市场行为而没有政府政策支持的话，光伏产业在发展初期将遭遇资金与技术等多种问题带来的打击。① 因此，光伏产业在发展初期需要产业政策的支持。光伏产业政策中，最重要的就是财政方面的激励政策，这一政策的重要手段包括财政补贴、税收优惠等。对于大多数国家而言，光伏发电的投资远高于常规能源发电的投资，且投资回收期长，因此财政补贴是非常有效的激励手段。②

海外发达国家的实践经验证明，财政补贴可以有效促进太阳能光伏产业健康、高效和可持续发展。太阳能光伏产业属于新兴的技术型和高资本型产业，在发展初期，技术条件的限制、庞大的资本投入以及市场狭小，使得许多潜在的投资者望而却步。随着产业发展的逐渐深入，该产业还可能出现低水平竞争、产业结构失衡、商业化程度低以及垄断等诸多问题，而财政补贴可以在一定程度上解决这些问题。例如，政府可以通过加大研发资助、改变补贴重点等方式，尽量将市场失灵所带来的负面影响降到最低；通过补贴调动投资者的积极性，扩大产业规模。

二、我国光伏产业财政激励中的问题

（一）激励依据

自 2006 年开始，《可再生能源法》正式实施。国家发展和改革委员会发布的《可再生能源电价附加收入调配暂行办法》等文件明确指出，可再生能源电价附加征收标准是指为扶持我国可再生能源发展而在全国销售电量上均摊的加价标准。在具体执行过程中，我国光伏上网电费结算包含两部分，即当地脱硫煤电价加上可再生能源基金补贴。每个年度国家相关部门都会出台不同地区的标杆电价，供光伏投资者自主决策开发。光伏项目建成并网后，脱硫煤电价的部分可以即时从电网公司正常结算，而补贴部分则由电网公司集中上报后统一安排。长期以来，我国各级政府对经济活动的干预是通过制定产业政策来实施的。③ 许多成功经验表明，产业政策在促进产业发展、推动经济增长方面发挥着重大的作用，但是现实中也有产业政策没有达到预期效果的情况。例如，我国光伏产业政策的实施效果就不是很理想，导致光伏产业从几年前的资本投资热情高涨到如今的全行业普遍亏损。

---

① 赵本水.我国光伏发电的现状和前景[J].智慧工厂，2017(05)：61-62+101.

② 胡润青，李俊峰.全球太阳能热利用行业激励政策及对我国的启示[J].中国能源，29(9)：27-31.

③ 刘桂清.产业政策失效法律治理的优先路径——“产业政策内容法律化”路径的反思[J].法商研究，2015，32(02)：120-129.

我们通过调研发现，我国光伏政策存在层级低、稳定性差、执行效果差的问题。例如，我国产业政策法律化程度低，我国目前对于光伏产业补贴还没有专门的立法，一些重要的产业政策仅表现为政府或其职能部门的法规、规章，还有很多只是以某种规范性文件形式存在的政策。这些文件层次低，约束力和强制力不够，在具体实施中会出现诸多变数，达不到预期效果。尤其是以“红头文件”形式发布的产业政策在实施过程中暴露出可操作性不强的问题。① 因此，作为治理对策，各项产业政策应有相应的产业政策法律做背书和保障。② 此外，我国目前的光伏政策稳定性不够，其发布和修改程序相较于法律来说比较简单，科学性和民主性难以保障，这会对光伏产业的发展造成负面影响。

（二）激励主体

光伏财政激励主体分为中央政府和地方政府。中央政府负责全国范围内光伏产业政策的制定，地方政府则对本行政区域内的光伏产业负责。调研发现，政府作为光伏产业激励主体，其行为存在两方面的问题：一是政府主体出台新政策缺乏深入的调研分析，没有长远的规划；二是政策落地难，政府拖欠补贴的情况普遍存在。

“531 新政”的出台，大多数光伏企业都完全没想到。政策贸然出台，金融机构全面收贷，大面积的停工停产、讨薪等现象纷纷出现，这正是政府这一激励主体调研不够、缺乏长远规划的表现。“531 新政”存在施行时间过快、没有依法征求公众意见的问题。“531 新政”文件的性质属于行政规范性文件。所谓行政规范性文件，是指除国务院的行政法规、决定、命令以及部门规章和地方政府规章外，由行政机关或者经法律、法规授权的具有管理公共事务职能的组织（以下统称行政机关）依照法定权限、程序制定并公开发布，涉及公民、法人和其他组织权利义务，具有普遍约束力，在一定期限内反复适用的公文。按照相关规定，规范性文件应当自公布之日起 30 日后施行，但公布后不立即施行将有碍规范性文件执行的，可以自公布之日起施行。此外，对涉及群众切身利益或者对公民、法人和其他组织权利义务有重大影响的行政规范性文件，要向社会公开征求意见。由此可见，“531 新政”发布即生效这一规定不符合规范性文件的制定程序的要求。光伏产业牵涉人数众多，利益相关方众多，相关政策的出台更应征求公众的意见。

光伏补贴政策最先是由国家提出来的，但不少地区为支持本地光伏产业的发展，也纷纷出台了地方性财政补贴政策。但有些地方性政策带有地方保护主义条款，明确规定需要使用当地光伏企业的产品才可享受地方性补贴或者可多享受补贴。以上海市为

---

① 丁道勤.我国产业政策法律化研究———以软件产业与集成电路产业发展为视角[J].中国软科学，2007：34-35.
② 张士元.完善产业政策法律制度应注意的几个问题[J].法学，2010(09)：21-23.

例，2016 年 11 月 17 日，上海市发展改革委印发《上海市可再生能源和新能源发展专项资金扶持办法》(沪发改能源〔2016〕136 号)提出，对 2016—2018 年投产发电的新能源项目实施奖励，奖励时间为 5 年。除此之外，2018 年 5 月 17 日，上海市松江区人民政府发布《关于加强节能降碳管理工作的若干意见》，文件提出：上海市松江区对列入上海市可再生能源发展专项资金奖励目录的项目，除市级补贴外，还能获得松江区 0.2 元/千瓦时的配套补贴，连补两年。虽然国家层面和地方层面对光伏产业都有不同程度的补贴，但是政策红利和补贴落地难这一问题依然存在。光伏企业若要拿到补贴，先由地方财政、能源部门进行初审，然后由财政部、国家发展改革委、国家能源局进行审批，审批后进入补贴目录，中央财政再拨付至地方财政，最后补贴由供电公司代为发放。由此可见，企业拿到补贴的周期较长。这也反映了激励主体的作用发挥存在着一定的局限性，效率也有待提升。

（三）激励方式

调研发现，我国政府在光伏产业的不同发展阶段，针对不同地区和规模制定了相应的补贴政策。目前，我国已经出台的促进光伏产业发展的产业政策主要有太阳能屋顶计划、“金太阳”示范工程、上网标杆电价政策等，前两者属于直接投资补贴政策，补贴资金来源于财政拨款和可再生能源电价附加，后者为高价收购光伏发电量、对发电量进行补贴的上网电价政策，补贴资金来源于可再生能源电价附加。在我国光伏产业发展早期，光伏电站建设初始投资补贴是主要补贴形式，其中最具代表性的便是“金太阳”示范工程。经过几年的发展，我国光伏发电产业初具规模，补贴政策的重点逐渐由初始投资补贴向上网电价补贴转移。不同于初始投资补贴，上网电价补贴方式更讲究实效，光伏发电企业必须在真实发出电量后才能得到相应补贴，这种补贴形式更能够激励分布式光伏发电上网。① 当前，虽然我国中央和地方政府都出台了各种各样的光伏扶持政策以推动光伏产业的发展，但与美国、德国等发达国家相比，我国的产业政策配套体系仍不健全不完善。

例如，我国相关贷款政策对光伏产业发展的支持力度不足，企业融资困难，严重阻碍光伏产业发展。在美国，只要符合条件的单位、个人向有关机构申请，便能得到整个项目资金 90%以上的担保贷款，并享受相应的贷款优惠。② 在我国，虽然中国银监会办公厅曾于 2013 年发布《促进银行业支持光伏产业健康发展的通知》来引导金融机构支持光伏行业发展，工业和信息化部也在 2015 年 2 月联合国家开发银行对光伏企业技术研发、改造、

① 邱腾飞，曹潇，郭雅娟，等.考虑不同补贴方式的分布式光伏运维模式决策[J].电力需求侧管理，2017，19(03)：5-9.

② 郭瑞丽.我国光伏发电促进法律机制研究[D].北京：中国政法大学，2015.

兼并重组、分布式光伏系统应用等重点项目予以资金支持。但是,目前银行并未放松对光伏行业的“警惕”,能够获得新增贷款的光伏企业微乎其微。我国的金融机构一直将光伏行业视为敏感领域,并且差别化对待国企和民企的贷款申请,民营企业更难申请到贷款。

三、我国光伏产业激励机制的重构

(一)改进光伏产业激励依据

在法律制定条件尚不成熟时,国家和地方政策对推动社会改革发展具有非常现实的意义。政策是法律制定的基础,是法律的依据和内容,法律是政策的规范化。① 法律与政策具有不同的属性,法律是由国家权力机关制定的并通过强制力保证其实施的社会规范及体系,具有强制性的特征,即由国家强制机关通过对违法行为人的惩戒来保障法律的实施,这一特征也是法律与道德准则、风俗习惯等的根本区别。② 而政策在经过国家立法程序后才能成为法律,成为全民遵守的准则。政策具有前瞻性,法律则具有滞后性,政策是法律的指引,现行各项法律制度实质上都是政策的规范化。

我国应尽快促进光伏产业政策的法律化,从法律层面上对光伏产业的发展进行扶持。我们从前述关于我国光伏产业现行政策的研究中可以看出,我国光伏产业的相关财政政策基本上都是以国家部委、地方政府发布的通知、规定、办法及意见等形式给出的,几乎没有法律层面上的明确规定。我国的《可再生能源法》只表现出国家对包括光伏产业在内的可再生能源的支持和鼓励的态度,简短的条文仅是概括性的规定,不具备可操作性。笔者认为,虽然改革的推进不可能与立法的推进完全一致,但是只有法律才具有最高约束力和保障,先立法后改革,企业才能吃下“定心丸”。朝令夕改的政策会增加行业发展的不确定性,对整个行业的发展造成负面影响。因此,当前的光伏产业政策如果上升为法律的话,以法律的强制性来增强政策的威慑力,那么政策的效果会更加显著。

具体来讲,我们可以借鉴国外光伏产业的成功经验,用法律推动光伏产业的发展。例如,美国、德国和日本这三个国家对光伏产业的支持主要是以法律规定的形式体现的,有着较强的约束力,而且明确的法律条文也让光伏行业的投资者更放心地参与投资,不用担心政策变更的风险。

(二)规范激励主体的法律措施

政府在出台相关政策前应当具有长远的规划,并做好充分的调研工作,确保出台的

---

① 梁慧星.“政策”与“法源”关系辨[N].北京日报,2017-02-20(014).

② 李瑜青,苗金春.法理学[M].北京:科学出版社,2008:13.

政策至少可以应对未来五年至十年的变化。同时，政策的出台要考虑到对行业的影响。目前，我国有些政策在制定过程中前期调研不够，没有充分听取企业的意见，对政策实际影响考虑不周，没有给企业留出必要的适应调整期；有些政策相互不协调，政策效应同向叠加，或者是工作方式简单，导致一些初衷是好的政策产生了相反的作用。比如，光伏产业中的“531 新政”就是如此，这种“一刀切”的做法不可取。对此，我们可以建立产业政策决策民主制度和政府产业政策决策责任制度。民主参与有利于增强政府公共政策的理性，同时也有利于集思广益，吸收各方面利益相关人士的意见。确立政府产业政策决策责任制度的意义在于避免政府任意武断地作出决策，以确保政策的合法性和合理性。

具体到光伏产业，政府要明确光伏产业的财政补贴主体，以确保补贴的及时发放。根据财政学理论，财政支出行为必须与各级政府的事权、财权相统一。作为财政支出中转移支付的一种类型，补贴也必须遵循此原则，即按照中央和地方各级政府的事权划分来确定相应财权。目前，我国光伏发电补贴的主体是中央政府和地方政府，并以中央政府为主。由于我国太阳能资源各地区分布不均，国家应当鼓励有条件的地方政府利用地方力量扶持光伏产业的发展。此外，笔者认为，在光伏发电补贴中我们应更多地关注直接受益者。因为补贴的按时发放不仅关系到企业的收益问题，也关系到人民政府的行政效率和行政权威。当补贴申请人无法申请到补贴时，建议相关部门在以上规定的基础上进一步规定其救济权。这样，当补贴申请人正常取得补贴资金的权利受到侵犯时可以申请救济。

（三）规范激励方式的法律措施

1. 取消对光伏产业的不当补贴

光伏产业的不当补贴主要集中在电站建设初始补贴方面。为了促进我国光伏产业的健康持久发展，国家应当采取措施禁止地方政府为了扩大产能对光伏电站建设实施不当补贴。同时，中央和地方政府应加大对光伏产业的研发补贴，因为研发补贴可以在一定程度上激励企业改进技术，降低能源消耗。未来，我国的财政补贴应当以促进光伏产品创新为目标，强化研发方面的激励措施，更大程度地取消不合理的补贴。

2. 完善光伏财政补贴政策

从实践来看，国家早先出台的太阳能屋顶计划和“金太阳”示范工程的实施效果都不够理想，尤其是“金太阳”示范工程，该政策从 2009 年出台到 2013 年被匆忙叫停，只存在了短短四年的时间便宣告终结。因为这两项政策都偏向于对光伏装机容量进行补贴，而且一般在项目建设前期就发放大约 70％的补贴资金，于是不少项目都是不加考虑匆匆投入，而且在建设过程中相关部门对项目的质量把关不严，最终造成这些项目并不能起到示范效果。此外,由于大型光伏项目的建设期较长,政府需要投入较多的精力对其进行监管。因此,笔者建议,财政补贴政策可以逐渐向光伏终端用户倾斜,优先对家用分布式光伏系统提供安装成本补贴。

3. 在光伏产业和银行之间建立长效稳定的信贷支持体系

笔者建议,我国可以结合国家开发银行和中国工商银行、中国建设银行、中国农业银行以及中国银行四大国有商业银行的力量,设立针对光伏企业的长期专项贷款计划,缓解光伏投资者的资金困境。同时,我国还可以通过政府担保,发动其他金融机构为光伏企业提供一定规模的长期稳定的信贷支持。此外,我们还可以参考美国对光伏产业实施的减税政策和发行节能型债券等做法,这些政策工具都值得我国借鉴。① 更为重要的是,在现实中,贷款政策更应向相对弱势的民营光伏企业倾斜,只有这样才能更加激发整个光伏市场的活力。

参考文献

[1] 周文静.光伏发电企业发展的法律路径研究[D].上海:华东政法大学,2013.

[2] 刘卓.促进我国光伏产业发展的财税政策研究[D].厦门:集美大学,2013.

[3] 郭瑞丽.我国光伏发电促进法律机制研究[D].北京:中国政法大学,2015.

[4] 张磊.光伏产业国家补贴的法律分析[D].哈尔滨:黑龙江大学,2015.

[5] 刘桂清.产业政策失效法律治理的优先路径——“产业政策内容法律化”路径的反思[J].法商研究,2015,32(02):120-129.

[6] 肖兴志,李少林.光伏发电产业的激励方式、他国观照与机制重构[J].改革,2014(07):75-86.

[7] 查理.世界各国支持光伏产业发展的政策走向研究[J].特区经济,2018(11):109-110.

[8] 王思聪.政府补贴政策演进对光伏发电产业发展影响研究[J].价格理论与实践,2018(09):62-65.

[9] 赵本水.我国光伏发电的现状和前景[J].智慧工厂,2017(05):61-62+101.

[10] 赵加强.中国太阳能光伏发电发展的法律政策问题——以政策工具优化为视角[J].上海交通大学学报(哲学社会科学版),2014,22(06):26-34.

[11] 邱腾飞,曹潇,郭雅娟,等.考虑不同补贴方式的分布式光伏运维模式决策[J].电力需求侧管理,2017,19(03):5-9.

① 赵加强.中国太阳能光伏发电发展的法律政策问题——以政策工具优化为视角[J].上海交通大学学报(哲学社会科学版),2014,22(06):26-34.

光伏企业社会责任调研报告(摘要)

撰写学校：天津大学
指导教师：于亮、高仓健
撰　写　人：阮健、王操、刘晓娣、聂繁繁、白冰、包少卿

一、调研背景

能源是经济社会发展的重要物质基础，关系人民的生活幸福和国家的战略安全。由于新能源具有资源储量丰富、可再生且没有污染的特点，新能源开发利用日益成为全球传统能源危机下的变革发展方向，新能源企业也在国家生态文明政策引导下迎来了发展的黄金时期。但是，新能源企业在快速发展、推进全球能源绿色转型的同时，还应积极关注并履行自身应承担的社会责任。企业履行社会责任已经成为重要的时代潮流和商业规范，是企业创新管理模式和提高竞争力的有效途径。

传统的企业社会责任在很大程度上是一种道义上的责任，并不具有强制的约束力，也没有明确的统一的规范指引，主要依靠公司的自愿行为。我国《公司法》第五条规定，企业从事经营活动要承担社会责任。但由于其缺乏具体的行为要件，加上社会责任概念本身的不明晰，学界大多将此条规定认定为《公司法》对社会责任给予认可的宣言抑或是原则性的规定，从而导致其在司法裁判时很难作为直接的法律依据。

本报告以新能源企业中的光伏企业为调研对象，分别从人权责任和环保责任两个方面调研分析了目前光伏企业承担社会责任的现状和存在的问题，最后从法律角度提出了加强企业履行社会责任的对策建议。

二、调研内容

(一) 光伏企业社会责任——人权责任

1. 企业人权责任概述

人权责任本来调整的是国家和个人的关系，随着经济的发展，跨国公司的实力不断

增强,其存在的人权问题不断突显,学界将负有人权责任的主体从国家拓展到了跨国公司。2011年,联合国发布重要文件《工商企业与人权:实施联合国"保护、尊重和救济"框架指导原则》,该文件分别明确了政府和企业应当承担的人权责任,即"政府保护人权的义务""公司尊重人权的责任"和"提供救济"三项基本原则,将负有人权责任的主体从跨国公司扩张到所有工商企业。尽管学界对企业人权责任的具体内涵还没有形成统一的认识。但是,从一般意义上来讲,企业对人权责任的义务包括尊重、实现和保护。

2. 光伏企业在承担人权责任中存在的问题

(1) 对整个人权责任的认识不足。

(2) 对消费者人权责任承担不力。

(3) 在光伏扶贫中对人权责任履行不规范。

(4) 在强制劳动方面存在人权责任缺失。

(二) 光伏企业社会责任——环保责任

1. 企业环保责任概述

企业的环保责任是指企业在建设和生产过程中对整体自然和生态环境维护应承担的责任。具体来讲,企业的环保责任主要包括以下四方面:①在产品的设计、材料选购、工艺制造、成品出厂等所有活动和过程中,严格按国家标准,注重减少污染和保护环境;②对企业的建设项目进行严格的环境评估,逐步淘汰一批落后的生产工艺,采用清洁生产、少废无废工艺,加强绿色科技产品的开发,积极采用先进的生产技术和管理技术,进行环保生产,实施环保管理;③科学、合理地利用自然资源,提高自然资源的回收利用率,在节约资源的同时加强废物的综合循环利用,实现废弃物资源化;④注重研发无害于环境和人体健康的产品,在产品有可能对环境造成损害的时候,积极采取预防和补救措施。

2. 光伏企业在承担环保责任中存在的问题

(1) 上游光伏企业在原料提陈和组件生产中出现的环境污染问题。

(2) 光伏电站在施工建设中产生的环境和生态损害问题。

(3) 光伏发电设备的后期回收问题。

(三) 光伏企业社会责任意识不强、重视不足的原因

(1) 企业自身的营利性。

(2) 企业管理者对社会责任认识不够。

(2) 企业社会责任标准模糊,没有明确的具有可操作性的管理制度。

(3) 企业社会责任制度不完善,监督机制较弱。

三、对策及建议

（一）建立企业社会责任约束机制

1. 完善立法

（1）明确企业社会责任的最低标准，建立、完善具有可操作性的管理体制。

（2）针对生态问题和环境问题，制定更加客观、科学的评估体系和相应的惩罚措施。

（3）通过法律形式明确企业承担人权责任的适用范围。

2. 能动司法

（1）司法机关在案件裁判中应酌情考虑企业对社会责任的承担情况。

（2）司法机关应充分发挥主观能动性，灵活运用法律，推动企业切实履行社会责任。

（二）加强企业社会责任外部监管

1. 加强行政审查

（1）加强对光伏项目前期建设的环保评价和审批工作。

（2）加强对光伏企业扶贫工作实际效果的审查和监督。

2. 加强社会监督和舆论监督

（1）加强群众人权意识和环保意识教育，鼓励维权。

（2）保障言论自由，增加举报渠道。

光伏发电产业相关问题调研分析

撰写学校：新疆师范大学
指导教师：赵立、阿丽耶·阿卜力肯木
撰 写 人：王磊、买尔旦江·达吾提、娜迪热·阿不都热合曼、陈宁斌、茹沙丽·阿不都卡得尔

随着能源结构的变化和新能源技术瓶颈的不断突破，新能源电力生产处于规模化发展阶段。近年来，我国光伏发电新增装机量及累计装机规模在全球范围内居于领先地位。在我国光伏发电产业快速发展的同时，项目融资、产业转型升级及管理体制改革等各种问题也随之而来。为了深入了解目前我国光伏发电产业的现状和存在的问题，我们采用实地调研和文献调研相结合的方法，对新疆、甘肃、河南等地的光伏发电企业进行了调研，梳理、总结了我国光伏发电产业的发展趋势和存在的问题，最后提出了相关措施建议。

一、调研地区光伏发电情况

（一）新疆光伏发电情况

1. 区域优势

新疆地区太阳能资源十分丰富，大部分区域属于一类光照区。全年日照时数为2 550～3 500小时，日照百分率为60%～80%，年日照辐射总量达5 000～6 670兆焦耳/平方米。其太阳能资源居全国第二位，仅次于西藏地区。此外，新疆地域广阔，荒漠土地资源丰富，土地成本较低，适合大规模铺设太阳能电池板。因此，与全国其他大部分地区相比，在同等上网电价的情况下，新疆在荒漠地区发展光伏发电产业的投资回报率非常高，具有显著的地域优势。

2. 装机规模和发电情况

截至2018年8月底，新疆地区联网运行的发电装机容量为8 617.5万千瓦，其中光

伏发电装机容量为 932 万千瓦，占装机总容量的 10.8%。2018 年 8 月，电网调度口径全部联网运行发电设备平均利用时间为 291 小时，其中光伏发电设备平均利用时间为 142 小时，同比增加 19 小时。此外，2018 年 1～8 月，电网调度口径全部联网运行发电设备平均利用时间为 2 133 小时，其中光伏发电设备平均利用时间为 912 小时，同比增加 75 小时。

（二）甘肃光伏发电情况

1. 装机规模

截至 2018 年 9 月底，甘肃省发电装机容量为 50.78 吉瓦，同比增长 3.13%。其中，水电装机容量为 9.27 吉瓦，同比增长 6.86%；火电装机容量为 20.64 吉瓦，同比增长 3.21%；风电装机容量为 12.82 吉瓦，同比增长 0.39%；光伏发电装机容量为 8.05 吉瓦，同比增长 3.26%。

2. 发电量

2018 年 1～9 月，甘肃省完成发电量 1 169.61 亿千瓦时，同比增长 21.19%。其中，水电 332.01 亿千瓦时，同比增长 23.71%；火电 590.32 亿千瓦时，同比增长 16.55%；风电 176.09 亿千瓦时，同比增长 29.06%；光伏发电 71.19 亿千瓦时，同比增长 32.37%。

（三）河南光伏发电情况

1. 电力生产情况

2018 年 7 月，河南省完成发电量 320.19 亿千瓦时，同比增长12.23%。其中，水电 9.29 亿千瓦时，同比增加 31.53%；火电 296.66 亿千瓦时，同比增加10.04%；光伏发电 14.24 亿千瓦时，同比增长 64.95%。

2. 光伏产业现状

我们于 2018 年 8 月对河南省的 12 个市 26 家光伏企业进行了问卷调研，共发放了 26 份问卷，实际收回有效问卷为 18 份。调研结果显示，光伏产品的价格普遍偏低，利润较少，半数以上企业处于亏损状态。在被调研的 18 家企业中，有 10 家企业亏损，亏损率为 55.6%；有 6 家企业盈利，占比为 33.3%；其余两家企业的状态为基本持平。扭亏为盈对于光伏行业的前景预期，18 家企业中有 8 家企业持乐观态度，占比为 44.4%；有 27.8%的企业认为前景一般；另有 27.8%的企业持不乐观态度。

二、我国光伏发电产业发展趋势

（一）优先发展分布式光伏发电产业

在国家“十三五”规划中，分布式光伏、光伏扶贫、光伏农业、光伏渔业、建筑光伏等模式均为光伏产业的重点发展对象。其中，分布式光伏为首要发展对象。

集中式大型地面光伏电站的发展由于自身的缺陷而遇到瓶颈，并出现了大规模的“弃光”现象。国家能源局于 2017 年 7 月下发的《关于可再生能源发展“十三五”规划实施的指导意见》指出，对于存在限电的西北三省在 2017—2020 年暂不安排集中式大型地面电站指标。分布式光伏电站由于投资规模灵活、建设方便、占地面积小，因而在政策支持的大背景下发展迅速。

（二）促进行业有序竞争和优胜劣汰

为落实光伏行业发展布局、引导光伏制造企业加快转型升级，工信部制定了《光伏制造行业规范条件》，按照优化整体布局、升级产业结构、根据系统控制总量、鼓励技术创新、支持技术应用的原则，确立了光伏行业生产规模与生产技术的标准与规范，进而为光伏行业的良性发展与升级提供了政策支持。

（三）调整光伏发电补贴，促进行业健康发展

为了充分发挥价格杠杆引导资源优化配置的积极作用，促进光伏发电产业健康发展，2013 年，国家发改委发布《关于发挥价格杠杆作用促进光伏产业健康发展的通知》。该文件规定：①根据各地太阳能资源条件和建设成本，将全国分为三类太阳能资源区，相应制定光伏电站标杆上网电价。②享受国家电价补贴的光伏发电项目，应符合可再生能源发展规划，符合固定资产投资审批程序和有关管理规定。③光伏电站标杆上网电价高出当地燃煤机组标杆上网电价（含脱硫等环保电价）的部分，通过可再生能源发展基金予以补贴。④对分布式光伏发电实行按照全电量补贴的政策，电价补贴标准为每千瓦时 0.42 元（含税），通过可再生能源发展基金予以支付，由电网企业转付；其中，分布式光伏发电系统自用有余上网的电量，由电网企业按照当地燃煤机组标杆上网电价收购。

在国家补贴政策的激励下，光伏发电行业出现了爆发式的增长，而且随之产生了无序发展、骗取补贴等乱象。为了合理引导新能源投资、促进光伏发电产业健康有序发展，国家发改委于 2017 年 12 月发布了《关于 2018 年光伏发电项目价格政策的通知》，宣布下调电价补贴。该文件规定：“根据当前光伏产业技术进步和成本降低情况，降低 2018 年 1 月 1 日之后投运的光伏电站标杆上网电价，Ⅰ类、Ⅱ类、Ⅲ类资源区标杆上网电价分别调整为每千瓦时 0.55 元、0.65 元、0.75 元（含税）。自 2019 年起，纳入财政补贴年度规模管理的光伏发电项目全部按投运时间执行对应的标杆电价。”“2018 年 1 月 1 日以后投运的、采用‘自发自用、余量上网’模式的分布式光伏发电项目，全电量度电补贴标准降低 0.05 元，即补贴标准调整为每千瓦时 0.37 元（含税）。”

（四）技术革命促进平价上网

随着技术不断革新，光伏发电成本也一直不断下降。截至 2018 年，我们经调研发现，光伏系统设备投资成本已降至5元/瓦，光伏发电度电成本降至0.5～0.7元/千瓦时，已低于东部部分地区工商业用电价格，说明光伏发电已经具备了一定的市场竞争能力。按照目前的技术和产业发展速度预测，未来光伏系统设备成本还有20%左右的下降空间。届时，光伏发电度电成本将降至0.4～0.5元/千瓦时，有望接近于传统火电上网电价，真正实现发电侧的平价上网。

（五）光伏扶贫规模不断扩大

光伏扶贫是国务院扶贫办2015年确定实施的“十大精准扶贫工程”之一，它是指充分利用贫困地区太阳能资源丰富的优势，在农户住房屋顶上、农业大棚上和水面上铺设太阳能电池板，通过光伏发电实现扶贫开发和新能源利用、节能减排相结合的一种扶贫方式。分布式光伏发电环保且具有占地灵活、收益周期长的特点，十分契合精准扶贫、长效扶贫的需求，分布式光伏设备可与荒滩荒坡、建筑屋顶、农业大棚、水面等相结合，形成“农光互补”“林光互补“渔光互补”等模式，让农户能够在享受发电收益的同时开展正常农业经营。光伏扶贫不仅使农户实现了增收、为他们创造了更多就业机会，而且还对环境友好、对产业有利，是一条非常有效的扶贫途径。

截至2018年8月31日，我国累计下达光伏扶贫规模1544万千瓦，已在全国26个省份建成并网光伏扶贫项目1 363万千瓦，累计帮扶224万建档立卡贫困户。

三、光伏发电产业发展中遇到的问题

（一）项目备案问题

在光伏发电项目投资建设过程中，项目备案是非常关键且必不可少的一个环节。项目如果没有备案，其他条件准备得再好也没有用。项目备案表面上看起来只跟投资方和业主有关，其实跟设计单位和施工单位都有脱不开的关系。因为光伏发电项目如果没有备案，最后就不能并网，也拿不到补贴，那么项目投资方可能就无法支付设计单位和施工单位的相关费用，所以与项目相关的各主体都要了解项目进行到什么程度，有没有备案，有没有获得指标等情况。另外值得注意的是，根据有关规定，光伏发电项目完成备案后，在项目建成投产前，投资主体、建设规模、项目选址都是不能改变的，且项目必须在规定期间内建设完成。

（二）管理体制和产业政策问题

新能源产业与煤炭、石油、电力等常规能源产业相比还相当弱小，在国民经济中所占比重很小，多元的能源结构体系远未形成，适应光伏产业发展的管理和服务市场运行机制尚未建立，针对光伏产业的政策法规大多为部门规章，法律阶位较低，权威性不强。而且这些部门规章也是分散于不同的部门，如国家发改委、国家能源局等，这些不同的职能部门仅从各自的角度和管辖范围来制定相应的规定，这样容易导致相关光伏产业政策缺乏科学性和连续性，不利于光伏产业的健康可持续发展。

（三）“弃光限电”问题

数据显示，2016 年西北地区“弃光”电量为 70.42 亿千瓦时，弃光率高达 19.81%。调研中，我们了解到有些光伏发电站大部分时间为了不发多余的电，专门把相关的面板角度调到最低，因为这样发电效率便会降低，不会产生更多的电。

（四）项目融资问题

由于光伏电站建设资金需求量大、周期长，而且较难得到银行的贷款支持，光伏产业面临着融资难的问题，特别是大型分布式电站项目。

（五）承包垫资问题

在光伏项目投资建设过程中，承包方以垫资方式承建光伏项目工程是常见现象。但这其中隐含着较大的潜在风险。

(1) 垫资款无法收回的风险。在光伏项目建设初期，有些建筑承包商为了取得项目往往同意垫资建设。但是，承包商一旦大量垫资，即使发现继续垫资存在巨大风险也无法解除承包合同，因为光伏电站处于未完工状态，无法产生售电收益及获得国家补贴资金，投资方也无法偿还承包商的垫资。于是，承包商只能选择不解除承包合同继续垫资，但这样做的结果有可能会随着垫资的增加使风险进一步扩大。最终，如果项目投资方违约不履行承包建设合同，或者项目被中途装让、拍卖的话，承包商将面临垫资款无法收回的风险。

光伏项目属于建设工程范畴，承包商享有法定建设工程优先受偿权，但优先受偿权的行使期限为合同约定或实际竣工之日起的 6 个月，如果承包商未及时行使建设工程优先受偿权，将导致优先受偿权的丧失，垫资款只能作为一般债权。另外，即使存在优先受偿权，但光伏电站的价值受多方面影响，有可能存在光伏电站的价值低于承包商所投入的垫资款的情形。在项目投资方无力支付工程款的情况下，承包商可能存在垫资款难以全额收回的风险。

(2) 项目因承包商无法控制的因素中途停建的风险。垫资承包的承包商通常在光伏项目竣工并投产发电，且获得国家补贴资金或银行贷款后，方能收回垫资费用。但光伏项目在建设过程中可能受到很多承包商无法控制的因素影响，如项目用地、规划、并网和政策处理等问题都可能导致项目中途停建或缓建。一旦项目长期停滞甚至被有关政府部门叫停，承包商将遭受较大的经济损失。

（六）项目用地问题

地面光伏电站用地是非常复杂的问题，稍不留神就会触碰“红线”。如果项目方前期未对土地性质进行详细考察和调研就匆忙启动项目建设，项目用地为国家明令禁止的非建设用地的话，那么该项目将面临停工风险。对于分布式光伏项目而言，虽然其没有占用土地的问题，但涉及屋顶租赁的问题。例如，项目方在租赁房屋屋顶过程中，如果该房屋被抵押或出售，产权人发生变更，新的产权人不再允许使用屋顶进行分布式光伏项目，项目就不能再继续。此外，分布式光伏项目还存在屋顶租赁期限不合法的风险。按照《合同法》的规定，租赁合同的期限最多为20年，超过20年的部分不受法律保护。但现实中分布式光伏项目的周期一般为25～30年，因此项目方在签署租赁合同的时候，一定要注意合同年限不要超过20年。如果想签25年或30年，那在签署合同的同时可以再签一个补充协议。

四、相关应对措施建议

针对目前光伏产业发展中遇到的风险，本报告提出如下措施建议。

第一，抓紧研究光伏发电市场化时间表路线图，合理把握市场发展规律，做好合理规划，促进光伏产业良性发展。

第二，尽量减轻企业负担，为光伏企业营造良好的营商环境。例如，由政府出面提供担保，解决光伏企业融资难的问题；推动补贴的落实与补贴的精细化，减轻企业的资金负担。

第三，多措并举扩大消纳，进一步减少“弃光限电”现象。电网企业要落实新能源优先调度的要求，发挥主观能动性，统筹考虑能源基地开发、负荷地区用电需要等问题，以拉动国家内需和经济增长为目标，以“全球能源互联网”为思路，通过“特高压电网＋智能电网＋清洁能源”等模式为我国光伏产业发展谋求新的出路。

第四，大力推进电力市场化交易，抓好可再生能源电力配额制度的落地实施。

参考文献

［1］王淑娟.光伏度电成本的下降之路[EB/OL].(2015-08-23)[2018-10-30].http://www.wtoutiao.com/p/v77Xap.html.

［2］蒋飞.光伏发电项目的投资决策[D].上海：华东理工大学，2013.

［3］陈伟，施智梁.能源调整新主张 抑煤炭扬新能源[J].资源节约与环保，2011(02)：15.

云南省光伏产业发展情况调研报告

撰写学校：云南财经大学
指导教师：张玲
撰 写 人：朱逸杰、李闯、傅蓉

一、调研背景

当前，世界能源格局正在发生变化，世界各国都在努力寻找通往能源转型的道路。一方面，传统能源仍然占据着极为重要的地位；另一方面，以清洁和低碳为特征的新型清洁能源利用技术飞速发展，成为世界能源发展的主要趋势。作为世界上最大的电力生产国和消费国，近年来，我国在可再生能源发电领域取得了令人瞩目的成就。政府出台了一系列政策措施，以促进可再生能源发电的发展。作为最有前途的可再生能源利用之一，光伏发电受到了世界各国的关注。

光伏发电是一项利用光辐射能通过半导体界面的光伏效应直接将其转化为电能的技术。太阳能光伏发电设备主要由太阳能光伏板、控制器和逆变器组成。光伏发电设备分为两类：分布式光伏发电设备和集中式光伏发电设备。分布式光伏发电设备特指在用户场地附近建设，运行方式以用户侧自发自用、多余电量上网为主，且在配电系统进行平衡调节为特征的光伏发电设施。① 集中式光伏发电设备是指利用荒芜的土地和其他地方集中建设的大型光伏电站，其所发电能直接集成到公共电网中，并连接到高压输电系统。两者相比，分布式光伏发电设备规模较小，并且通常只向设施附近的用户供电；而集中式光伏发电站则规模较大，生产的电能直接并入电网，为全网用户供电。

为了促进可再生能源产业的发展，各国普遍对可再生能源产业进行补贴。国外对可再生能源产业的补贴包括两个政策体系，即上网电价和可再生能源配额制度。例如，

---

① 宋桂秋.发展分布式能源 优化供应体系[J].宏观经济管理，2015(07)：73-75.

包括德国在内的欧洲大部分国家采用上网电价补贴政策来支持可再生能源产业的发展，而配额制政策主要在美国的 29 个州及华盛顿特区实施。① 我国目前采用上网电价补贴制度，即国家通过对光伏发电设施所生产的电能入网时的电价进行补贴，以抵充当前光伏发电的高成本，使其能与成本相对较低的传统能源相竞争，吸引更多的投资者向光伏行业投资，以促进光伏发电产业的发展。

二、调研方法途径

本报告采取的调研方法主要包括访谈调研和文献调研。在访谈调研中，访谈对象为云南省能源局，主要访谈内容为云南省光伏产业的发展现状，分布式光伏发电装置在云南省的现状与前途，云南省的光伏补贴政策以及“531 新政”对光伏产业发展的影响等。在文献调研中，我们查阅的文献资料主要是与光伏产业政策和补贴政策相关的期刊论文与学位论文，还有若干国家法律法规与政策。

三、调研内容

此次调研内容主要包括云南省光伏产业和光伏扶贫项目的发展状况以及云南省发布的光伏产业相关法律法规情况。在此基础上，我们对云南省光伏产业的发展提出了自己的建议。

（一）云南省光伏发电产业发展情况

云南省能源资源十分丰富，尤其水能、煤炭和太阳能资源储量较大。云南省河流众多，水能资源蕴藏量达 1.40 亿千瓦，居全国第三位，可开发装机容量为0.9亿千瓦，居全国第二位。煤炭资源全省已探明储量为 240 亿吨，居全国第九位。云南省地处云贵高原，太阳能资源十分丰富，云南省全年日照总辐射量达到3 620～6 682兆焦耳/平方米，年日照射数为 960～2 840 小时，太阳能资源在全国排名第八。

云南省电源结构目前以水电和火电为主，2018 年上半年，云南省调度口径累计发电量为1 086.5亿千瓦时。其中，云南光伏发电累计装机量为 273 万千瓦，光伏电站容量为262 万千瓦。从上述数据可知，目前在云南省电力能源结构中，光伏发电量只占很少一部分，其中分布式光伏所占比例更少。

调研发现，云南省光伏发电产业发展缓慢的原因主要是该省水能资源丰富，优势突出，光伏发电成本相对于水力发电来说还是过高，市场在进行选择时必然会选择成本较

① 姚尧.能源新闻网.可再生能源从电价补贴政策迈向“配额制＋绿证”机制.[EB/OL].(2018-09-1)[2019-11-1].http://www.sohu.com/a/252953308_244948.

低的水电，这在一定程度上导致光伏发电在电力市场上的份额也越来越少。因此，在面临与其他清洁能源竞争和受经济发展水平限制等情况下，分布式光伏发电在云南省的发展较为缓慢。

（二）云南省光伏产业相关政策

1. 云南省光伏发电相关的政策

我们通过文献调研，收集整理了一些云南省关于光伏发电方面的政策文件，如表1所示。从这些文件内容来看，云南省对光伏发电总的政策思路是限制大型集中式光伏电站建设规模，鼓励发展分布式光伏电源和光伏扶贫项目。

表1　云南省光伏发电相关政策

部门	时间	政策文件	内容
云南省能源局	2016年2月	《云南省能源局关于推进太阳能光伏开发利用的指导意见》	1. 云南省水能资源丰富，从电源结构上看，并不需要大力发展光伏发电 2. 云南省不再发展地面光伏电站，未来发展重点主要在光伏农（林、牧、渔）业、光伏提水、光伏制冷（脱水、保鲜）、光伏制热（烘干、食品加工）、户用光伏扶贫及城市、工业园区的屋顶分布式光伏领域
云南省林业厅	2016年3月	《云南省林业厅关于规范光伏电站建设使用林地通知》	1. 充分认识规范光伏电站建设使用林地的重要性 2. 严格控制光伏电站选址和使用林地类型 3. 切实规范“林光互补”模式的电站用地 4. 依法办理光伏电站建设使用林地审核审批手续 5. 加强建设光伏电站使用林地的监管
云南省政府	2016年4月	《云南省进一步深化电力体制改革试点方案》	1. 积极发展分布式电源 2. 分布式电源主要采用“自发自用、余量上网、电网调节”的运营模式
云南省政府	2016年4月	《云南省国民经济和社会发展第十三个五年规划纲要》	1. 坚持绿色可持续发展，充分发挥电力资源优势 2. 坚持发展清洁可再生能源，强调能源产业结构升级调整，实现以水电为主多元化发展 3. 促进清洁能源消纳，扩大清洁电力外送，为国家贡献更多可再生能源
云南省政府	2016年10月	《云南省能源发展规划（2016—2020年）》和《云南省能源保障网五年行动计划（2016—2020年）》	1. 适度发展光伏发电，精准实施新能源扶贫工程 2. 控制性开发风电、光电
云南省政府	2017年5月	《云南省“十三五”节能减排综合工作方案》	强化建筑节能，加强公共机构节能，促进资源循环利用产业提质升级，加强公共机构节能

（续表）

部门	时间	政策文件	内容
云南省政府	2017年12月	《云南省人民政府关于推动水电硅材加工一体化产业发展的实施意见》	1. 调整优化工业硅产业，依托水电清洁能源优势，加快发展水电硅材加工一体化产业 2. 精准培育和发展新材料产业、光伏产业、光电子产业和精细化工产业，为全省工业跨越式发展提供支撑 3. 进一步改善能源结构，促进绿色低碳发展

2. 云南省光伏扶贫情况

2016年3月23日，国家发展改革委、国务院扶贫办、国家能源局、国家开发银行、中国农业发展银行下发《关于实施光伏发电扶贫工作的意见》（发改能源〔2016〕621号），决定在全国具备光伏建设条件的贫困地区实施光伏扶贫工程。在这一文件精神的指引下，在全面建设小康社会的目标驱动下，云南省的光伏扶贫工程进展得较为顺利。

《关于实施光伏发电扶贫工作的意见》共确定了16个省471个县为重点光伏扶贫对象，其中云南省共有63个县（区）被纳入光伏发电扶贫工程的重点实施范围。当前云南省光伏扶贫政策的实施主要为政府主导、企业参与，其中既有分布式光伏电站，也有集中式光伏电站。前者由政府、企业和农户三方共同出资，在不影响其基本生产生活的情况下为贫困户建立光伏发电设备，贫困户没有负担或者负担很少。在这种模式下，贫困户除了自发自用，还可将多余的电量出售给电网，获取一定的收入。后者则由政府、村集体和企业共同出资建设，发电收益按一定比例分给贫困户，从而为贫困地区人民增加额外收入。由于光伏扶贫政策背后有着政府强有力的支持，总体上执行效果较好，云南省贫困地区的人民收入水平有所提高。

云南省抓住国家光伏扶贫行动的机遇，因地制宜，精准施策，打出了一套通过光伏发电带动其他产业同发展的扶贫“组合拳”。例如，云南省能源局于2016年2月发布的《关于推进光伏开发利用的指导意见》、云南省政府于2016年发布的《云南省进一步深化电力体制改革试点方案》和《云南省能源发展规划（2016—2020年）》等政策文件都对云南省的光伏开发利用及光伏扶贫工程进行了明确规划。根据2018年9月云南省扶贫开发办公室和云南省能源局发布的《关于存量光伏扶贫电站项目的公示》，云南省存量光伏扶贫项目共涉及10个州（市）21个县（市、区）147个村，总装机容量554 797.62千瓦。其中，户用电站34 407千瓦，村级电站45 152.3千瓦，联村电站15 238.32千瓦，集中式电站460 000千瓦，共覆盖贫困户44 568户。此外，筹建或正在建设将于2018年12月31日前并网发电的存量项目，总装机规模为343 657.56千瓦。其中，户用电站有9 394户共30 130.14千瓦，村级电站有99座共43 925千瓦，联村电站有9座共

9 802.42 千瓦，集中电站有 7 座共 259 800 千瓦。

四、云南省光伏产业发展建议

我们根据调研情况，对云南省的光伏产业发展提出如下建议。

（1）利用该省水能资源丰富、发电成本低廉的优势，重点发展水电硅材加工一体化产业，积极主动招商国际国内硅材及硅材加工应用大中型企业，形成“硅切片加工—电池组装—太阳能发电”模式的硅光伏产业链。

（2）在光伏发电和光伏扶贫方面加大政府投入，出台相关补贴和税费减免政策，以进一步推动光伏产业的良性可持续发展，提高光伏发电在全省能源结构中的占比。

（3）引进先进技术，提升光伏产业生产效率，拓展光伏发电的应用渠道。例如，该省可结合水资源和太阳能资源优势，大力开发光伏提水技术和项目，这是一条新能源综合利用的新道路。

参考文献

[1] 聂光辉.补贴退坡在路上，新能源产业迎剧变[N].中国石油报，2018-7-19(004).

[2] 徐晨曦.光伏扶贫——脱贫梦想的依靠[J].中国战略新兴产业，2016(13).

[3] 红梅.加快发展光伏发电产业，助力内蒙古自治区能源结构转型升级[J].内蒙古科技与经济，2017，12(24).

[4] 浙江省电力学会农村电气化专业委员会.规范秩序　保障分布式光伏健康发展[J].中国电力企业管理，2018(08).

[5] 孟丽涛，边春霖.促进凉山州风电光伏产业健康发展的对策建议[J].西昌学院学报(自然科学版)，2016，30(03).

[6] 严凯，周夫荣.屋顶上的狂欢[J].中国企业家，2018(03).

[7] 刘敏华.环境条件对光伏支架基础形式的影响及应对策略[J].中国工程咨询，2018(06).

[8] 汪育玲.房屋买卖“阴阳合同”案件的处理困境与突破——以《民法总则》通谋虚伪表示的新规则为契机[J].山东法官培训学院学报，2018，134(02).

[9] 郭建宇.光伏扶贫：持续照亮扶贫之路[N].山西日报，2018-9-4(010).

[10] 田新元.产业扶贫共享发展[N].中国改革报，2018-9-11(006).

[11] 宿盟，李志红.农村资产收益扶贫实践探讨——以光伏产业扶贫为例[J].中国高新技术企业，2016(23).

[12] 刘峰，鞠伟，韩雪.光伏发电在我国农村地区的应用及推广研究[J].长春工程学院学报(自然科学版)，2018，19(03).

[13] 吴春雅，吴照云.政府补贴、过度投资与新能源产能过剩——以光伏和风能上市企业为例[J].云南社会科学，2015(02).

[14] 刘永富.以精准发力提高脱贫攻坚成效[N].人民日报，2016-1-11(007).

附录

启动仪式暨赛前培训速记稿

时间：2018 年 7 月 12 日

地点：北方工业大学瀚学楼学术报告厅

参会人员：

葛志坚　浙江阳光时代律师事务所律师

胡　静　国网能源研究院新能源与统计研究所室主任

李　帅　晶科电力科技股份有限公司客户中心主任

张小平　能源法研究会副秘书长，中央财经大学法学院副教授

马洪超　河北大学法学院副教授

崔金星　西南科技大学副教授

于　亮　天津大学法学院副教授

刘泽军　北方工业大学文法学院院长

王海桥　北方工业大学文法学院法律系主任

陈兴华　北方工业大学能源法研究中心主任，能源法研究会副秘书长

尚志红　北方工业大学能源法研究中心研究员

学生代表　河北大学、中央财经大学、天津大学、北方工业大学等高校参赛学生

一、启动仪式

王海桥（主持人）：我们今天的会议现在开始。尊敬的各位嘉宾，各位同学，老师们，同学们，大家上午好！我是本次调研竞赛启动仪式的主持人，北方工业大学法律系主任王海桥。今天上午在这里举行中国法学会能源法研究会第三届全国“绿能杯”高校法学研究生暑期调研竞赛启动仪式暨赛前培训。首先，我代表我们法律系全体同仁对大家的到来表示热烈的欢迎。请允许我为大家介绍一下今天与会的各位专家和同学。他们是：陈臻，能源法研究会副会长、浙江阳光时代律师事务所创始人；葛志坚，浙江阳

光时代律师事务所律师；胡静，国网能源研究院新能源与统计研究室主任；李帅，晶科电力科技股份有限公司客户中心主任；张小平，能源法研究会副秘书长、中央财经大学法学院副教授；马洪超，河北大学法学院副教授；崔金星，西南科技大学副教授；于亮，天津大学法学院副教授。本校出席的人员是：北方工业大学文法法院院长刘泽军教授；北方工业大学文法学院法律系主任王海桥；北方工业大学能源法研究中心主任、能源法研究会副秘书长陈兴华博士；北方工业大学能源法研究中心研究员尚志红老师。今天出席的学生代表有河北大学、天津大学、北方工业大学和中央财经大学等高校的参赛学生。

按照议程安排，应由我们王建稳副校长致欢迎词。因为他上午临时有事情，无法出席，下面有请文法学院院长刘泽军教授代致欢迎词。

刘泽军：尊敬的各位嘉宾，尊敬的来自各高校的研究生同学们，大家早上好！今天，在难得的盛夏凉意之日，我们齐聚美丽的西山脚下，受王建稳副校长的委托，请允许我代表北方工业大学文法学院向各位专家学者和同学们的到来表示热烈的欢迎！

非常感谢主办方中国法学会能源法研究会再一次将这个活动的承办权委托给我们。“绿能杯”全国高校法学研究生暑假调研竞赛我亲身经历了三次，从第一次 5 支队伍，到第二次 10 支队伍，再到今年的 17 支队伍。可见，一个在全国日渐凸显影响力的学术交流平台正在逐步成型。可以说，这个平台得来不易，得到了主办方中国法学会能源法研究会的高度关注、协办方的大力支持、参赛各个高校的大力协助以及同学们的全情投入。我们共同营造了一个围绕能源产业发展聚焦交流的学术平台。作为承办方，北方工业大学文法学院非常有幸能够承办这样的活动，所以再一次感谢主办方把竞赛的承办工作交给我们！

下面我简单介绍一下北方工业大学的基本情况。北方工业大学于 1946 年建校，到现在有 70 多年的发展历史，1978 年恢复建立本科之后，日渐发展成为一个涵盖理、工、文、经、管、法、艺七大学科门类的综合性院校。在学校发展过程中，理工科的发展积极适应国家建设事业的需要，同时人文社会学科的发展也呈现出一个非常兴盛的局面。学校在办学思想上始终明确，仅有工科没有理科不足以成之为一个大学，而仅有理工科没有文科也不足以成为一个具有内涵的大学。所以，多年来，人文学科的发展得到了学校的大力支持。

北方工业大学有几个在全国高校发展历史上都拿得出的亮点，足以彰显学校对人文社会学科的重视。比如说，我们学校在全国理工科高校中是第一家设立大学艺术馆的高校。大家今天培训之余有闲暇时间的话，可以到我们藏品丰富的艺术馆参观。理工科高校的同学能够在自己学校的馆藏作品中欣赏到我国艺术领域的大家之作，所受到的这份熏陶应该是非常难得的。我们学校是全国高校中第一个举办大学生艺术节的高校，1985 年就开始举办，到现在为止已经成为学校文化的一个品牌，艺术节的活动非常丰富多彩。同时，我们是北京市第一所获得“文明校园”称号的高校。全国大学文明校园指标体系建设，有来自北方工业大学的一份贡献。在长期发展过程中，学校已经建成了涵盖博士教育、硕士教育、本科教育非常齐全的教育门类。

我校法学学科发展至今已有 33 年历史。我们 1985 年设立法学专业，是全国理工科高校中第一家设立法学专业的高校。在 1995 年，我们拿到了全国理工科高校中第一家经济法学位授权点，带动了整体法学学科的发展。在 2007 年，我们拿到了北京市属高校第一家法律硕士授权点。在 2011 年，我们拿到法学一级学科的授权点。到现在为止，在法学一级学科中，我们已经拥有了 6 个二级学科门类和 1 个专业法律硕士学位点，这些共同构成了一个培养高端法律人才的平台。

法学学科发展到今天，我们有一个强烈的体会就是，学科的发展离不开交流，离不开学术界的支持，离不开各位同仁的支持。正是在这个层面上，我们高度重视与学术界、实务界等各方面的平台建设和学术交流。我们深知，正是受益于这些交流、支持和协助，才有了我校法学学科的今天。在面向未来的发展过程中，我们更渴望这种协作、交流、支持能够在更大程度得以延续。

我们这次举办的是研究生暑期调研竞赛活动。可以说，在座的各位都是从大众化教育发展背景下走出来的精英人才，因为研究生教育就是精英教育。在精英人才培养过程中，原来的知识积累过程要升华为能力的培养，在这个过程中全方位的打造是必要的。这种全方位的打造过程需要导师的精心指导、知识的进一步积累，更需要一个学术平台的构建。学术调研，应该是法学高端人才培养过程中提升学生思维品质的非常重要的一个途径。

大家都知道，我们法学学科的学生能考上研究生，学术经典阅读是必备的。在这些学术经典图书中有一本费孝通先生编写的《江村经济》。《江村经济》构建在对中国农村调研的基础之上，费孝通先生提出了中国农民致富的选择之路。同时，这部著作也成为中国社会科学家在世界上享有崇高声誉的一部经典作品。相信在座的同学们在日常学习过程中已经将调研作为提升自身积淀的基础，大家参加的“绿能杯”调研竞赛活动为大家提供的就是一个真正走入社会认知的非常好的学术调研平台。

在法学学科领域内，不管公法研究还是私法研究，能源法的特殊性在于，它本身体现了一种国家资源配置过程的规则，不同于我们日常意义上理解的公法和私法。在这个过程之中，政府本身的主导地位、企业自身的合理定位以及各方利益交融所形成的规则，可以说在我们国家的市场经济发展过程中日益呈现出不同的色彩。这次竞赛的主题是光伏。光伏是新兴产业，被称为绿色产业，对我们国家生态文明建设具有重要的意义。但是光伏产业非常特殊，因为它一方面需要企业自身的创新拓展，另一方面又极大地依赖于政府补贴。在当今中国能源产业发展过程中，光伏产业这种特殊的属性值得我们深思。最近，国家出台的双严控制，所谓的“531 新政”，已经为未来光伏产业的发展明确了一个基本导向。在这个定位的背后，光伏产业在它的发展过程之中会出现什么问题？这需要我们去发现、去探索、去调研。我们需要在真命题的引导下去做科学的思考，去做真正属于我们法学学科的思考。这也是我们承办方、主办方以及各个参赛高校对未来调研成果的一份预期。希望这个真命题的发现过程能够使所有的参赛研究生专注于学术探索，专注于思维品质的提高，从而取得满满的收获。另外，接下来的调研活动可能要面临酷暑天气，不像今天这样一个充满凉意的温馨环境，外出调研的环境甚至会比较恶劣，希望大家注意安全。

最后，再一次感谢中国法学会能源法研究会主办方对我们的这份信任，感谢各位嘉宾和同学们的光临，谢谢！

王海桥：谢谢刘泽军院长的致辞。下面有请阳光时代律师事务所的葛志坚律师代陈臻副会长致辞。

葛志坚：谢谢大家，非常荣幸，石少华会长和陈臻副会长非常重视这个活动，因为他们两位刚好有特殊情况来不了，我就从我的角度谈几点感想。

首先，感谢北方工业大学的辛勤组织，这个活动对同学们来讲特别有意义。法律学科从来都是一个理论和实践结合特别紧密的学科。通过举办社会实践调研活动，我们可以把课堂上学习的法律知识很好地融入实践当中，这是我们活动的目的所在。感谢晶科、阳光电源、江苏爱康等协办企业。培训结束后大家将会奔赴各个企业调研，这些企业遇到的各种问题、困难、情况，就是大家需要努力研究的问题。

刚才刘院长讲，我们能源法是什么？能源法不是合同法，不是土地管理法，不是民法，而是这些部门法在我们能源行业具体的理解和应用。比如，土地管理法的一个基本原则是建设项目使用国有建设用地必须经过审批（2020 年 1 月 1 日前，编者注）。光伏项目很特殊，它的建设不改变地形地貌，只是在土地上搭建一些农业大棚支架就可以。那么，这是不是对土地管理法长久以来的这项基本法律原则构成冲击？当然，除此之外，光伏行业还有很多其他很现实的问题。刘院长刚才讲“531 新政”对整个行业带来了冲击，从法律角度来看就是情势变更，出现了违约，我没有错你也没有错（不可归责于双方当事人），那怎么办？这里边问题还有很多，非常值得深入研究，所以我很期待同学们的调研报告。下面我代为宣读一下陈臻副会长的致辞。

“尊敬的王校长，各位老师、同学，专家，大家上午好！受石少华会长委派，我代表能源法研究会汇报一下能源法研究会及大赛的相关情况，和大家进行交流。早在 2018 年年初，我会副秘书长、北方工业大学法律系陈兴华博士就开始着手筹备本届竞赛。从大赛的主题选择、协办单位协调到报名参赛动员等，每个环节都倾注了陈博士大量的心血。今天，大赛启动仪式如期举行，我尽管由于特殊原因不能亲至现场，但是仍然感到十分激动。我作为本届大赛的主管副会长，全程参与了大赛的筹备工作。今年的调研主题是光伏产业，调研企业的联络协调工作存在着一定困难。之前两届的调研主题分别是核电和煤炭产业，这两个行业在我会的会员单位都是大型国企，在组织力、协调力等方面有着一定优势。光伏产业中的企业比较分散，规模、大小不一，民营企业居多。如何调动民营企业对学术研究的参与度和积极性？如何选择合适的、具有代表性的光伏企业作为大赛的调研企业？这对我们来说是一个不小的挑战。所幸，我所在的阳光时代律师事务所在光伏行业法律服务方面已有数十年的探索，积累了大量的光伏企业客户资源。我本人在中国能源研究会、中国能源科技产业学会、中国电机工程学会能源系统专业委员会等社会团体中担任兼职工作，这也为此次协调工作提供了便利条件。经过一番努力，本届大赛确定将阳光电源股份有限公司、江苏爱康实业集团有限公司、宁波锦浪新能源科技有限公司、深圳市英威腾光伏科技有限公司、晶科能源控股有限公司五家光伏企业作为调研企业，其中，晶科能源控股有限公司是由于参赛高校数量增加而后期追加的调研企业。在此，我代表研究会对这五家光伏企业的无私支持表示衷心的感谢！

作为主办方，除联络协调调研企业之外，动员参赛也是一个“重头戏”。2016 年“绿能杯”创办，定向邀请了 5 家高校。2017 年扩大规模，在原有 5 家高校基础上，又有 5 家高校参与进来。今年，大赛筹备之初，石会长指示我们要做好参赛的动员工作，扩大竞赛的影响力，打破学科限制，不仅是能源法学界、环境法学界，其他学科的高校师生感兴趣的，也可以加入进来。当今法学研究已经进入领域法的研究范式，不应再拘泥于部门法的框架。我们的这个思路也得到了上级主管部门——中国法学会相关领导的支持和肯定。经过细致工作，截至目前，共有 17 支高校队伍报名，参赛师生达百余名。这对我们能源法这样一个小学科来讲，应当说是一个值得称道的成绩。

同学们，老师们，能源法学科是一个新兴的、交叉性的学科。能源法研究会是目前我国能源法研究领域唯一的全国性学术团体，在中国法学会所属的 57 家全国性研究会中最具鲜明的产、学、研相结合的特质。能源在一国具有重要的战略性地位，能源行业和产业既关系到一国的国计民生、战略安全，又事关一国的环境保护和资源保障。我国的能源法研究一直以来都十分薄弱，从 2005 年《能源法》起草工作启动以来才开始大范围引起广大学者的关注。能源法研究会自 1997 年成立以来，一直在为推进我国能源法研究事业而不懈努力。一个学科的发展离不开青年人的参与，虽然我没有从事高校教育工作,但是我一直都十分向往教书育人的神圣事业。此次能够参与到"绿能杯"暑期调研竞赛活动的筹备工作中,能够为广大师生提供一个平台,我感到十分荣幸。在这里,我也诚挚地再次向青年学子发出倡议,请大家多多关注能源法研究,欢迎大家积极投身到能源法学术研究中来。能源法研究有大片待开垦的学术处女地,需要大家群策群力!

最后,我代表能源法研究会向承办单位北方工业大学表示衷心的谢意!感谢北方工业大学为参赛师生提供这么好的条件,举行启动仪式,举办赛前培训。希望在贵校的承办下,"绿能杯"能够跻身知名的学科竞赛品牌,取得更大的社会影响力!按照大赛安排,目前17支参赛队伍均已确定调研企业,启动仪式结束后,老师和同学们将奔赴各地进行实地调研。在这里,我祝愿参赛师生调研顺利,取得佳绩!谢谢大家!"

王海桥: 谢谢陈副会长,谢谢葛律师!下面有请参赛高校指导教师代表——中央财经大学教授张小平发言。

张小平: 第一,要感谢北方工业大学。今年是举办这个活动的第三个年头,能坚持这么久非常不容易。北方工业大学校方领导和文法学院领导非常支持这个事情,并且投入了大量的人力和资源,我们最终把这个事情做成,这是非常不容易的,这是我第一个要表达的意思。

第二,关于能源法。最近我正在翻译一篇美国能源法专家个人口述史,叫《现代能源法演进》。他在回忆跟同事一起打造能源法学科的过程时,提到一个很重要的问题,就是带着学生去电厂实地参观。为什么能源法研究一定到现场去看?我之前讲课的时候也说过,对于法律学科来说,除了简单的买卖合同,其他任何法律知识都涉及另外一个领域的知识,在能源法领域这个特点更明显一些。如果不去现场看,很多问题在课堂上讲不清楚,也了解不到。所以去现场看、跟业内人士交流,是我们学习研究能源法过程中非常重要的一门必修课。

第三,能源法是小学科,能源就业是大领域。我之前带学生参加竞赛,他们一开始不太愿意去,我就用导师的权威"逼"他们去。但是,今年夏天一个同学去了中广核工作,昨天我看朋友圈见他在大亚湾参加新员工培训。另外一个同学是三年制的,今年还没有毕业,他要去一个编辑部实习,把他的实习调研成果给编辑部老师看。编辑部老师一看简历,上面写着他的调研报告得了三等奖,觉得挺好,给了他实习机会。这两位同学应该没有想到自己意外地与能源法结缘。我希望大家珍惜这个机会,因为人生究竟朝哪个方向走,年轻的时候你得到的信息有限,你的看法不见得很正确。这次调研,可能会给你人生打开一扇大门。

第四,说说我们出去的事。我们出去,不管到哪儿,记住一件事:我们是给人家添麻烦去了，没有任何一个企业有法定义务接待我们。不管对方给我们什么程度的支持和帮助，我们都要表达衷心的感谢。多看、多听、少发言、不评论，回来完成自己的调研工作，这是我们在任何调研当中都要坚持的宗旨。

再次感谢北方工业大学和中国法学会能源法研究会的领导，祝大家取得丰硕的调研成果，谢谢！

王海桥：非常感谢张老师的发言，他的发言内容是我们所有参赛高校的指导老师和同学们都应该特别牢记的。下面是合影环节，之后就进入我们今天的赛前培训。

二、葛志坚：新能源项目开发投资建设法律风险防范

陈兴华(主持人)：下面我们开始赛前培训环节。为了让同学们对今年的主题有更深入的了解，我们精心设计，请了三位专家针对法律和行业方面开展培训，行业方面分别请的是发电侧和电网侧的专家。我们前两届的培训基本一上午就结束了，今年应广大老师和同学的要求，我们延长了时间。一位专家大概演讲一个半小时，之后，大家可以提问互动交流，以便让同学们能够真正地有所收获，能够了解到行业最前沿、最基本的东西。

我们今天来现场参加赛前培训的高校师生不是很多。今年总共是17支队伍，没有到现场的队伍主要是因为有经费的限制，后面还要去调研，再跑到北京来参加培训不现实。专门说下，这个没有关系，速记稿和录音在会后都会发给各位参赛师生。下面，由葛志坚律师从法律角度为我们做第一个培训，大家欢迎！

葛志坚：谢谢大家！我来自浙江阳光时代律师事务所。我们去年有个新的客户说，你们律所挺拼的，为了做光伏，给律所起个名字叫“阳光”。其实，我们所是1995年成立的，已经20多年了，原来是浙江省电力局下属的“三产”企业。电力局办了很多医院、公司，当时也办律所，体制改制之后就成立了一个合伙制的律所。20多年来，我们专注于电力、能源大方向，近两年开始做环保，现在是两条腿走路，一个是能源，一个是环保。目前，中国敢说自己专注于某个行业的律所其实不多，因为这样的律所风险还是挺大的。但是我们坚持下来了，现在做得还不错。

开始培训之前，给大家先讲一个案例。光伏是什么？就是垒沙成塔。我有个客户反过来，说光伏的发展是从蓝色海洋到沙丘城堡。他所在的企业是央企五大集团下面一个非常好的企业，做制造和工程总承包。这个企业一开始发展很好，突然到今天很糟糕。糟糕到什么程度？正在起诉200多家企业，也正在被200多家企业起诉，没有任何流动资金，所有资产被法院查封十几轮以上。为什么这么惨？有三个方面的原因。第一，合作主体考查不到位。前两届调研主题是核电、煤炭，这些企业大部分是国有企业，

而光伏行业的经营主体非常多，这也是本次竞赛组织很困难的原因。太分散，各种各样的企业都有，外资的和民营的。这个行业里的“黄牛”很多，这些人没有资金没有技术没有管理，但是有“能耐”。他的能耐就是拿到“路条”。我们之前叫审批制，现在叫核准制。在审批制的情况下，企业必须先拿到一个关于同意开展前期工作的函，我们业界叫“路条”。现在是核准制，核准文件也叫“路条”。说白了，这些人的能耐是能搞到项目。但是让他开发和投资，他没有这个本事。所以，光伏行业里的“玩家”是形形色色的，和国有企业不一样。第二，商业模式认识不到位。一个人用 10 块钱干了 20 块钱的事情，说明这个人很有本事。如果一个人用 10 块钱干了 1 000 块钱的事情，我就会怀疑他是不是在讲故事。对于光伏行业，我经常跟客户说，你进去的话务必要先擦亮眼睛，否则陷阱太多了。第三，企业风险管理措施合理运用的问题。这个我下面会具体讲。

好，下面正式开始我的演讲。第一部分给大家讲一下政策解读问题。需要注意，在光伏行业中更多的是政策而不是法律。有人开玩笑说，你这个行业一个法律都没有，都是发改委、国家能源局的文件。确实，光伏行业的政策是由文件构成的一个规则体系。有的时候看一个文件不明白它说的什么，可能实际上要说的是前面三个文件的事。比如，最重要有一个关于“路条”监管的政策。2014 年国家能源局发了四个文件，说新能源项目需要核准(备案)。其中，风电是核准，光伏是备案。新能源项目在核准、备案之后，在并网发电之前，不得变更投资主体。有人说，你这是什么规定？但这就是政府的明文规定。大家可以去看国家能源局 2015 年 384 号文件。就因为这个规定，我们律师为光伏项目交易设计了一种交易模式。我们是怎么设计的呢？我们让双方先签署一个协议，先不转让项目，等到并网发电之后再转让这个项目，这可不可以？最高院有一个判例，即一个公司董事禁止转让股票，有禁售期，但是禁售期内他签署了一个卖给第三方的协议，等到禁售期之后才去交割，这个最高法院是明确支持的。那么，光伏行业也有这样的交易模式，我们俗称预收购，即先商量好条件，不进行交割，等到项目并网发电之后再进行交割。

这里边有一个具体的问题，什么是并网容量？举个例子，比如一个电站，2016 年 9 月获得备案，装机容量为 20 兆瓦；2017 年 5 月签署了购售电和并网调度协议。国家有一个“630 政策”，即光伏电站的电价政策，是指如果你前一年取得了指标，但是在后一年 6 月 30 号之前发电的，你可以执行前一年的电价。对此，业内有一个说法叫“抢 630”，就是比如一个电站在 2016 年 9 月获得备案文件，在 2017 年 6 月 27 日突击并网成功，并网容量为 2 兆瓦。并网容量是指发电能力，容量越大发电能力越强。6 月 27 号并网是 2 兆瓦，这种情况在火电里边是没有的，因为 6 月 27 号并网 2 兆瓦，6 月 30 号肯定没有办法完成全容量并网。企业这么做的目的是要执行前一年的电价，这是“630 政策”

的漏洞。

这个问题在业内非常常见,国家能源局文件说得很清楚,叫并网发电。火电很好解释,没并网就是没并网。光伏不是这样的,可以部分容量并网。那么就有一个问题,就是到底执行前一年的电价还是后一年的电价?大家调研的时候注意这个问题,光伏电量并网容量有几个口径:第一是调度口径,按照多大容量调度。比如,电站已经签署了20兆瓦的并网调度协议,那么从调度口径来看,电量容量就是20兆瓦。第二是并网验收口径。电站到底是执行前一年电价还是后一年电价,实际就是看并网验收的价格,会有一个单子。律师会做尽职调查,我们就看这个东西。并网的价格以电网公司出具的并网验收报告为准。光伏项目的股权限转在很多地方有升级的趋势,比如青海和山西大同要求股权锁定5年,5年之内不能转让,包括光伏扶贫项目。

下面就是我刚才讲的如何去交易。很多市场主体开发这个项目并不想终身持有,是为了出售。那么怎么卖?双方需要先签署股权转让和合作协议,约定在满足特定条件之后进行交割,其中特定条件之一就是并网发电。满足特定条件之后,双方进行股权交割。这个当中有一个链条,这个链条我们一般称为过渡期,风险非常大。第一,在过渡期内,这个电站名义股权是在原股东名下,如果说这个股东出去惹了什么麻烦,电站被法院查封了,或者冻结扣押了,收购方有办法吗?真没有办法。股权交割名不副实,这是一个很大的问题。第二,资金链条很长。钱从哪里来?原股东没有钱,钱从收购方来的。收购方怎么付的呢?可以先借款给原股东,增资进入公司,公司增资以后再付给EPC,EPC再付给下一方。这是有链条的,链条很长就容易导致各种交易风险,我们在收购协议里边经常遇到这样的问题。当然还有一种模式叫作BT,即电站建设好以后按照一定标准移交。这种模式需要原股东有一定的经济实力。因为这种模式要求原股东先把电站建好,满足一定标准以后再移交。那么转让怎么定价?举个例子,我自己建了一个房子,价值500万元,其中有300万元是银行贷款。比如,陈老师要买我的房子,我是500万元卖给她的。这里边就一个学术名词,叫净资产。陈老师买的时候,付给我200万元,还有300万元付给银行,收购价格就是这么来的。法律里边有一个很简单的道理,交易主体不要搞错。律师的任务就是帮助客户搞清楚资金的流向。大家在收购项目时喜欢谈造价,算下来有一个亿、两个亿,这是收购价格。之后就是股权,剩下的都是负债,这样的收购方法就是承债式收购。大家注意,一般从收购来讲,目前收购方大多数是国有企业,国有企业收购项目的价格不能高于评估值。

下面介绍光伏项目竞争配置的文件。主管部门意识到,原来市场太乱,谁能够拿到项目核准文件,就是“有能耐”的人,你什么也不干一倒手就是很大一笔钱。这种情况下,主管部门意识到这种问题,于是试图采取公平公正合理的方法分配市场资源,就是打分,根据上网电价、技术条件、用地、管理、资金等做一个评分表。比如你要想得高分,你要想拿到这个项目,就要达到一定的条件。这是一个比较重要的政策,即关于项目竞争配置的文件。相关文件各个省都有,怎么查询?你可以在网站上做一些调研。比如,浙江省是把项目纳入公共资源交易平台的,并不是有关系有背景就可以拿到项目。

接下来是项目合规。任何项目都有一个合规的体系,包括前期备案、电网接入意见和选址用地等。外商诟病我们行政审批流程多,李克强总理一直在强调简政放权,但是简政放权之后仍然有这么多流程。律师要帮助客户做尽职调查,因为客户是不清楚的,律师需要挨个说,用地方面、环保、环评、矿产压覆等,每个方面都有专项的法律法规。大家走到工作岗位上,要有一个知识地图的概念。你是围绕这个项目运作去走的,也就是一个风控的体系。

关于备案的简政放权,几乎每两三个月,国务院都会有一个关于下放调整行政许可事项的通知。各种审批事项是经常变化的,以项目用地预审为例,我们有个客户,拿到一个项目,是在 2012 年 7 月 19 号拿到的。一般项目核准有效期为两年,两年内要开工建设。他拿项目的目的不是开发建设而是把项目卖掉,这就存在待价而沽的问题。到 2014 年 7 月 19 号两年满了,但他并未开工建设。2017 年 10 月份,他找到一个大的买家,是一个大央企,但是没有谈好,后来又找到一个买家。之后,由于简政放权,市发改委同意变更选址和业主变更的批复。那么问题来了,第一个问题是原核准文件是否有效?第二个问题是地级市发改委有没有权力对项目进行核准变更?收购方在对项目做尽职调查时,首先要判断政府出这个文件可不可以?要知道,并不是政府的文件都是对的。如果政府文件都是对的,就没有那么多行政诉讼了。我们这个客户跟我吵半天,说这都是市发改委和省发改委发的文件啊,肯定没问题啊。其实不是这样的,这个文件有两个问题:原核准文件是否有效?市发改委发布的这个文件是否有效?

张小平:这个项目核准已经超过两年期了,怎么办?

葛志坚:这是国家发改委规定的,核准有效期为两年,届时没有开工建设的,这个原核准文件失效。但 2014 年省发改委又发出了通知,2015 年地级市又规定可以变更业主和选址了。所以我们收购项目就要甄别判断这个事,要去看一下法律规定。同学们,判断这个问题,不是光自己去动脑筋想。我们律师的一个基本方向就是——法律检索、法律研究,就是你看看法条怎么说的?有效期两年是国家发改委相关文件规定的,如果届满前没有申请,原核准文件自动失效。也就是说,两年到期以后原来的核准文件就失效了,所以项目单位应当及时以书面形式向原项目核准机关提出调整申请。

陈兴华:那光伏项目现在到底是谁核准或备案?

葛志坚:一般来说是地级市,但也有省级的,比如湖南省就是省级部门才有核准权力。大家看到如果某县发改委给光伏项目做了备案，你就要检索这个省简政放权的规定是怎样的，因为国家是把权力授权到省里的。

光伏项目原来是审批制，现在是核准制。核准制有两种，风电是核准，光伏是备案，备案就是给这个项目上了一个“户口”。

陈兴华：光伏不用核准吗？备案就可以了？

葛志坚：对。

陈兴华：光伏项目要求低一点，风电项目要求高。

葛志坚：对。同学们注意一下，有关光伏行业和光伏项目的法律法规大家需要多看。大家可以研究下历史，20 世纪八九十年代是审批制。2004 年开始国务院发文规定所有的项目都改为核准制，有核准目录的，核准的级别有两个，一个是国家核准，另一个是省级核准。

陈兴华：项目不备案的话会有什么后果？

葛志坚：不备案的项目就是违规项目，是没有“户口”的。没有核准、没有备案就开始建设的项目，是国家重点打击的对象。任何项目建设都要有一个“户口”，这个“户口”就是核准和备案。没有核准和备案的项目就是违规项目，违规项目是不能并网和结算的，这对投资人来讲是重大的法律风险。

于　亮：核准和备案的程序有什么区别？

葛志坚：实际上这两种都是行政审批，备案相对简单，根据最新的文件，你把材料送给相关部门就可以了，是在线备案。

于　亮：法律程序是一样的吗？

葛志坚：是一样的，实际上光伏项目备案从某种程度上说还是审批，为什么这么说？因为你送材料给我，我可以不收。

尚志红：不收算谁不作为？

葛志坚：你想告都没有证据。

张小平：不收的意思有两个：不给批，也不留把柄。

陈兴华：主管部门还是有条件要求的。

葛志坚：是的，有一些显性的条件是很容易达到的，但是有一些隐性的条件，比如你没给地方投资，或者投资力度没达到就可能不给你备案，所以这里面仍然有一个资源市场的问题。这个指标的事，非常复杂。光伏指标是什么？你在核准备案之后，项目可以建设了，但是你想拿到国家补贴就需要这个指标。这个指标就是光伏年度开发建设计划，国家能源局将这个计划分到各个省，各个省再给各个项目匹配，法律后果就是没有指标的项目不能够获得国家可再生能源电价补贴。

陈兴华：没有这个指标的话，能不能备案？

葛志坚：是这样的，备案是地方政府的权力，与国家能源局没有关系。

尚志红：光伏项目整个成本还是比较高的，没有补贴的项目是不是活不下去？

葛志坚：如果项目收益率不高，就要靠补贴。这个太复杂了，这里先不讲了。

陈兴华：指标一般什么时候下达？

葛志坚：一般是按年度下达，“531 新政”之后基本就没有指标了。

于　亮：在自家屋顶搭建电板也必须有指标吗？

葛志坚：“531 新政”之前不需要，但是之后全国一共只有 10 吉瓦，所以指标应该是竞争性配置的。但是分布式装置有个特点，很小，有的几千瓦，有的一两兆瓦，甚至有农民只是在自己家房顶上安装一个电板也算分布式光伏。让这些人去申请指标不太现实，所以国家在考虑后续指标的分配方法了。

于　亮：之前拿到了补贴的分布式光伏项目，之前有的一直有，后面的就没有了。

葛志坚：以前的项目“老人老办法”，新的项目对不起，集中式光伏项目没有指标了，分布式光伏项目只有 10 吉瓦，怎么分不清楚，而且各个省有一个怎么分到企业的问题。

于　亮：“老人老办法”有没有年限？

葛志坚：20 年，这是中国政府对世界的承诺，我们给很多外资企业出过法律意见书。

胡　静：原则上是 20 年。

葛志坚：我个人理解这个不会变。但现在看这个情况有点麻烦。

胡　静：因为没钱了。

葛志坚：像安徽省的规定是先建先得，意思就是大家都出去抢，抢完之后先建的可以先获得指标。

陈兴华：这是针对集中式光伏电站吧？

葛志坚：对。这个政策其实还是有很多弊端的。

陈兴华：不是说没有了吗？

葛志坚：这是指之前的指标，“531 新政”之后新项目就没有指标了。

下一个问题就是用地，这个涉及的法律点很多，我给大家分享一下。我们国家的土地，如果按照权重划分是两类，即国家所有和集体所有；按用途划分是农用地、建设用地、未利用地。项目用地是国有建设用地，这里边有很多问题，比如国有农用地能不能建？集体建设用地干什么用？集体未利用地干什么用？我们国家还有一个土地分类管理办法，细分的话中国应该是有 100 多种土地类别。光林地就有十多种，林地里边什么样的地可以建光伏,什么样的地不可以建光伏,分得特别细。

我们中国地形地貌非常复杂,同一块地可能既是国有未利用地,又是林地和草原,这些概念大家要清楚。

天津大学参赛学生:光伏电站建设只能用国有建设用地吗?国有未利用地,好像不被允许建光伏项目。

葛志坚:我普及一下。光伏电站有几个不同的功能区,一个是光伏板铺设区域,这个不改变地形地貌,只要插支架,做个大棚;还有一个是电站的集控室和深压站,要把地面硬化,这就涉及国有建设用地问题。现在,在国有荒地、未利用地上建设光伏项目是可以的。但是也有这种情况,国土部门同意了,这个地在国有土地里边是国有未利用地,但是草原和林业的部门是不允许的,因为这些部门之间是不联网的。

下面讲一下光伏阵列区"农光互补"项目建设用地情况。上面插光伏板,下面是养鸡、养牛、养鸭、种菜,这是光伏项目特殊的用地方式。其他建设项目肯定要把地面硬化、打桩、铺上水泥和沥青,光伏项目不一样,你下面该干什么就干什么,这是特殊的新型用地方式。在 2015 年的时候,这是有争议的,国土资源部规定建设农业用地均以建设用地管理。你是不是建设项目?是。土地管理法怎么规定的?建设项目就是建设用地,所以光伏项目全部使用建设用地,这在实务中引起了很多问题。到 2016 年的时候,"农光互补"项目基本上进入了非常困难的阶段,因为很多项目按国土资源部的规定都审批不了。2017 年 9 月 10 号,四部委出台一个文件,如果光伏项目不改变地形地貌,不影响原地的利用,那这块地还是一块农用地,只要在土地调查的时候做好标注就可以了。

陈兴华:这肯定是能源部门参与了。

葛志坚:这实际上是对我们国家土地管理法的重大修正,虽然四部委文件效力有限,但实际上影响了法律的执行。

下面谈谈光伏阵列区的用地流转民主程序。刚才讲了土地按照权属划分为国有和集体。你阵列区用农民的地,农民的地一般是集体的。集体用地,一般采取租赁的方式,那么怎样租给电站用呢?有人说很简单,起草租赁协议就可以了。但光伏电站建设在实践当中经常遇到村民阻挠。村民说你们不能这么干,因为这块地租出去没有经过我们村民的同意。按法律规定,发包方将农村土地发包给本集体经济组织以外的单位或者个人,应当经本集体经济组织成员会议三分之二以上成员或者三分之二以上的村民代表同意,并报相关组织部门备案,光有租赁协议没有用。所以我们律师提醒客户要有租赁协议、村民会议同意书和会议纪要,这样才能避免村民闹事。

此外,农村用地跟住宅用地是一样的,都有期限,住宅用地是 70 年,农村用地和耕地是30年，草地是30～50年，林地是30～70年。一般光伏电站寿命是25年，但是合同法规定，租赁期限不得超过20年，超过部分无效。怎么办？现在大部分操作是这样的，先签20年租赁协议，里面写明5年优先续租期，但这样仍然有规避法律的嫌疑，怎么办？我们建议是先签20年的协议，然后5年的时候再签一个协议。另外，这里有一些细节问题也需要注意，比如签约主体，到底是村委会、村里的某公司，还是农民互助合作社，应该找谁签？

北方工业大学参赛学生：应该是村民代表大会。

葛志坚：这不是一个组织。

北方工业大学参赛学生：那就找村委会。

葛志坚：这个是没有问题的，它是村民集体自治组织。那农民互助合作社行不行？根据《民法总则》，农民互助合作社才是正牌的权利组织，这是村民集体自治组织，村委会是行政性的村民管理组织，只不过在没有合作社的情况下代为行使权利。

张小平：北京市大部分郊区村里的很多资产都打包给农工商联合公司，包括土地。

陈兴华：你说的这个公司是怎么构成的？

张小平：一个村一个公司，就叫农工商合联公司，有时候村主任兼这个公司的领导。

尚志红：村子里把经营权委托给公司了。

葛志坚：各地情况不太一样，有的地方找村委会签租赁协议，有的找农民互助合作社签租赁协议，有的找农业公司签租赁协议。

还有一种，村集体将地租给A公司，A租给B，B租给C，最后你从C拿到的地。其他都是假的，钱怎么付才是真的，你跟C签订租赁协议是不是把钱给C？这个我不放心，我的诉求最好是，我把大部分钱付给村集体，A、B、C公司就拿一个中介费。

陈兴华：还得找到根。

葛志坚：是的，由村集体租给我们公司，跟A、B、C公司签咨询协议。

陈兴华：这种更保险，一次性解决问题。

葛志坚：下面谈谈“林光互补”。在2015年国家林业局发布153号文件之前，大家问律师，问主管部门，哪些林地能建光伏，哪些不能建，都说不清楚。2015年的153号文件把光伏项目建设用地分成三类，第一类是禁止建设区，第二类是限制建设区，第三类是“林光互补”建设区。

大家做实务的话，一定要掌握林地是怎么分类的。林地包括疏林地、未成林地、灌木林地、无立木林地、苗圃地、宜林地等。如果人家问你，我们现在拿到一个灌木林地，请问灌木林地能不能建光伏？你给他讲能或者不能都是错的。因为153号文件说得很清楚,年降雨量400毫米以上、覆盖度大于30%的灌木林地是不能建光伏的。还有我做项目之前也不清楚什么是火烧迹地,后来我咨询了一下,这种就是林地被大火烧过,但还有希望长出小树苗的林地。这也是不能碰的,所以我们做项目时对这些情况一定要了解。

有一个案例,某央企要在风景区建设风电项目,当地国土、环保部门都同意了,于是企业就建设了。但是,根据前面讲的,风景区是红线区,是不能碰的。

于　亮:什么算是基础设施?

葛志坚:这个项目是风电,风电塔基占地300平方米,是要挖地硬化的。光伏是不硬化地面的,就看你是否硬化地面。因为这个项目是风电,要把树砍掉,打地基建设。这应该是基础设施,实务操作是这么理解的。

陈兴华:但是也没有一个权威的解释。

葛志坚:这个项目后来被人举报到省里,就拆除了,全部拆除。

陈兴华:光拆就行了,还有赔偿吗?

葛志坚:光是拆除,公司就已经损失很大了。

尚志红:这个项目是律师尽职调查的问题,律师尽职调查是怎么做的呢?

葛志坚:律所里边有很多年轻律师,我就提醒他们,林业局跑了没有?草原监督所跑了没有?如果都没有跑,你写的报告我是不放心的。

下面说一下严禁占用基本农田的问题。光伏项目碰到基本农田要立刻打住,基本农田用地没有调整的可能。

有个案例,是淮南的项目,非法占用集体农用地建设升压站,后果除了罚钱,还要退还土地,恢复原状。电站建设好了,没有升压站,出口没有,那是无法发电的。我给客户说,如果你想用农民的集体农用地,那要把这块地变成国有建设用地才行。这里边有一个比较难以控制的过程,就是土地利用总体规划调整,这个过程往往要一到两年,甚至更长。地方政府为了吸引投资,往往会表态下个月就给你调整,作为投资人要慎重鉴别是否能真的兑现。

陈兴华:刚才说要租村集体用地,现在为什么费这么大劲转成国有建设用地?

葛志坚:这是永久用地。

陈兴华:明白了,农用地有两种,一种可以租,不占用地面的,另一种要转或国有建设用地。

葛志坚:甚至有更多的,基本上是两种,光伏项目阵列区用地基本就是租。

于　亮:你讲的建设用地分集体的和国有的,这个一定变成国有建设用地,集体的不行吗?

葛志坚： 乡村卫生室和图书馆建设可以使用集体建设用地，光伏项目建设一定是国有建设用地，必须有个征地的过程。集体的地收回国有就是征收，征收就要补偿。

于　亮： 集体建设用地可不可以转成国有建设用地？

葛志坚： 我做的项目没有，集体建设用地只能建村民的棋牌室。（2020年1月1日，新修订的《土地管理法》实施，首次允许集体经营性建设用地入市，编者注）

尚志红： 一般都是村集体所有的。

于　亮： 乡镇企业很多都是工厂厂房的用地，应该不是国有的。

葛志坚： 乡镇企业另当别论，乡镇企业是村民自己搞的小工厂，这是可以的。

陈兴华： 小工厂属于集体所有。

葛志坚： 但是你建光伏电站是不是为了村子里的利益？这不好说。

尚志红： 光伏项目租地时间一般25年，可能央企存续时间比较长，还有一些小的光伏企业，整个企业生命周期可能没有25年，后续出现问题的话怎么办？

葛志坚： 这是技术问题，电站设计使用寿命就是25年，所有财务模型都是按照25年算的。

尚志红： 如果这个项目过两年就没有了怎么办？

葛志坚： 那就没有办法了。

尚志红： 后面有人接手吗？已经投资建设的东西，如果没有就荒废了吗？

葛志坚： 有的有人接手，有的没人接手。

下面谈用地的两税问题。电站投资的时候，政府都会讲，给你最大的优惠，有什么优惠政策都给你，税给你减免。但你一旦投资后马上就会面临两种税，一种叫作城镇土地使用税，一种是耕地占用税。这两种税都是有明确法律依据的。比如说城镇土地使用税的征收范围是城镇工矿规划区。什么是城镇工矿规划区？这个要解释一下，很多电站在荒郊野外建设也要收这个税。耕地占用税，顾名思义是占用耕地才收的。请注意什么是耕地，草原、林地、牧草地、农田水利用地、养殖水面等都是耕地。光伏电站建设大部分使用未利用地，那么未利用地是不是叫耕地？我们前面说了，未利用地肯定不属于农用地，而耕地是属于农用地的一种，所以说未利用地肯定是不用交耕地占用税的。

但是未利用地里边有一种叫作其他草地。什么叫作其他草地，你去现场看，是看不到草的，实际就是荒地。其他草地仍然具有农业生产利用价值，要收耕地占有税。所以大家去调研的时候，可以从这几个角度切入，比如交易模式、交易合规性等，这里边都是大有文章可研究的。

最后，留下我的联系方式，如果大家感兴趣，我们继续交流探讨，谢谢。

陈兴华：非常感谢葛志坚律师给我们做了这么详尽的培训，这是同学们在课堂上无法获得的知识。一般来说，从我们法学本科生和研究生教学体系来看，这些知识确实接触不到，尽管这里边也涉及民法和合同法。实践中不一样，它是以实务为导向的。葛志坚律师给我们开拓了实务的视角，这是非常难得的，我是学到了很多知识，我相信同学们也收获很大。

接下来时间很充裕，原来我想非常简单地给大家做一个概括，比如光伏整个行业立法是怎样的，法律政策是怎样的，涉及什么法律问题。葛律师这样讲也非常好，他从实务的角度直接切入，这里面的知识都是打碎重组的。之前让大家准备了问题，尽管今天讲的内容还是非常难的，可能有些地方确实非常专业，没有关系，大家有什么问题就提出来，机会难得。同学们可以提一些自己比较想了解的东西。

我先提个问题，光伏行业的法律法规位阶最高的是哪个？

葛志坚：应该是国务院指导文件。国家部委级别的主要是国家能源局发布的文件，还有电价政策等，都是非常重要的。

陈兴华：我们北方工业大学的同学先带个头提问，接下来是河北大学、中央财经大学和天津大学的同学。

北方工业大学参赛学生：我是北方工业大学的研究生。我有两个问题，第一个问题是：光伏电站建设在用地的时候，是不是必须把农用地转化为国有建设用地，比如光伏电站只需要在地上打一个装置，架子架高一点，下面还可以种植的这种？

葛志坚：这种架板子的部分不需要转化，就租，按照四部委的意见，在不改变地形地貌的情况下就可以租，如果全部转成建设用地成本代价太高了，投资人受不了。

北方工业大学参赛学生：租的时候直接跟村委会签，还是单独跟农民签？

葛志坚：看情况，有的地在村委会手里，有的已经承包出去了，要看授权情况。

北方工业大学参赛学生：第二个问题是：在现有的环境下，如果没有国家补贴，光伏公司是不是就不挣钱呢？

葛志坚：目前，国家推行平价上网，不管什么电标价都一样。从实际来看，大部分企业觉得这样是不赚钱的。

陈兴华：今年的光伏大会有人说近一年就能够实现平价上网，技术上还是能达到的，就是成本太高。

张小平：所有光伏项目谈判的原始条件是以补贴存续为所有权利义务安排的，现在补贴突然掐掉了，原来相应的基础不存在了，这是大问题。

陈兴华：跟这个很有关系。

张小平：法律人要学的，一个是项目财务测算，一个是长期工程合同的条款安排。

其中，项目财务测算和长期工程合同条款安排特别重要。

于　亮：投资这个东西一定要老老实实，不能靠补贴获取收益，当然政策方面也很重要。

张小平：我这些年开过很多技术类的会和产业类的会。在环保和能源方面，我们国内处于这样的状况：一方面国内流动性紧张，另一方面有大量资金在寻找项目落地。做生意要跟着政府跑，政府补贴在哪里，投资机会就在哪里。对很多行业来说，跟着政府跑是一个基本本能。

河北大学参赛学生：葛老师你好，我刚刚没有听明白并网是怎么操作的？还有它在整个项目当中处于什么样的位置？

葛志坚：简单讲，你发电肯定不是自己发着玩，是要发到电网上面去，这就是并网。

河北大学参赛学生：请问具体的项目公司有并网操作报告什么的吗？

葛志坚：你并网多大容量，什么时候并网发电，这由电网公司说了算，不是国家政府说了算，政府没有人力物力干这个事，而是委托各大电网企业做这个事。

陈兴华：同学问的问题是很普遍的，大家都想了解的。实际上新能源发电和电网之间的复杂关系是不可忽略的。像光伏发电，有些是自发自用的，有一些要上网，但是它跟其他电网有距离，电网公司还要掏钱架线。这就存在一个问题：这个钱到底谁出？

胡　静：摊到电价里，全民来付。

葛志坚：现在的管理办法是由电网企业出资建设接入工程，但是有时候电网规划没有到这个地方，建不了。所以大部分实际情况是电站自己掏钱建设，再并到主网，这样才能拿国家的相关补贴。

陈兴华：电站自己掏钱建的接入工程一般是距离比较短是吗？

葛志坚：不短，最长的是30公里，也有比较短的。

陈兴华：这是硬件的问题，有了这些东西，并网的环节到时候胡老师介绍一下。比如说审核的是多少就可以并多少，是这意思吗？是电网说了算吗？

葛志坚：你并网时要签并网调度协议，里面有一个约定的容量。

陈兴华：这个什么时候签？

葛志坚：在并网发电之前。

陈兴华：这个容量一般是多少？

葛志坚：在实践当中，这个口径是不一样的，这个容量问题看着很简单，实际上很复杂。

张小平：对于光伏发电来说，国家政策的落地很大程度上要依靠电网公司，从接收上网到补贴，国家发完相关“路条”之后，后面的核心工作都在电网。

葛志坚：政府没有这个人力和物力，国家主管部门就几个人，做不了这个事，所以这些都是电网公司做的，是需要依靠专业机构的。

陈兴华：下面请天津大学的同学提问。

天津大学参赛学生：谢谢老师，我是大二的学生，是这样的，我觉得您刚才讲得非常好，关于行政手续和用地这方面我有一些问题。第一个问题是光伏阵列区和集中式发电关系比较大，跟分布式有没有太大的关系？

葛志坚：一般只有大的电站才分阵列区什么的。

天津大学参赛学生：但咱们这次主题研究主要还是分布式光伏。

葛志坚：分布式光伏最关键是怎么租房子的问题。

天津大学参赛学生：第二个问题是像非法用地的项目，一般项目被拆掉后，建设方是需要担责任的，但是批准的那些行政人员，他们不需要承担责任吗？

葛志坚：一般来说，主要是企业违规，不会是政府同意企业去干这个事，现在政府管理比较规范，一般不会。

天津大学参赛学生：第三个问题是现在农村大部分土地都进行了确权，每家每户都有自己宅基地的证，也有农村建设用地的证，如果有人来租他们的地，这个时候是他们自己同意就行，还是他们要和村集体的自治组织一块协商同意，这个怎么办？

葛志坚：刚才讲了地有两种，一种是没有发包出去的，在村集体手里，还有一种是发包出去的，这两种情况的地如果租给电站都属于把地流转到本集体用地以外。因为地是承包给你的，你的权利只是种，不能租给人家搞电站，搞电站就是流转到集体用地以外了。我做的项目都是这样的，不管地在村民手里还是村集体手里，只要流转到集体用地之外就需要集体协商。

张小平：村民承包了土地以后，要按照承包合同约定的用途来使用，他们并不拥有完全的处分权。如果村民私自改变了土地用途，不仅对原发包的集体经济组织来说构成违约，而且有可能引起相邻关系纠纷。

于　亮：还有一个就是风水的风险，光伏板如果照到人家祖坟就惨了。

葛志坚：你不能破坏我的风水。

陈兴华：有反射。

葛志坚：村民闹事的理由经常是光伏板反光照到他家祖坟，要求赔钱。

张小平：风水不是一项法定的权利，而是审判实践中认可的民事习惯。《民法总则》规定，在处理民事纠纷时，没有法律规定的，可以适用习惯。全国法院都有不少支持基于风水的相邻关系诉求案件。即便法院不支持，那也存在一个社区关系的问题。我们说光伏发电没有什么污染，但是光伏对生态还是有影响的，包括对鸟类的迁徙和光伏

下面遮蔽的土地等都有影响。所以项目方要花很大的精力去考虑这些问题。

尚志红：这其实就是光污染的问题，如果在城镇的楼顶上装光伏，是不存在这个问题的。

张小平：主要是周边光线过来的话，会反光影响一些鸟类的迁徙，还有它把太阳光吸收了，下面的农作物肯定缺少光照，生态就被破坏了。

尚志红：对的，下面要种喜阴的作物。

张小平：一个是喜阴，另一个要看光伏板的密度，如果密度不高，影响也不大。

尚志红：是不是对气温也有影响？

张小平：对局部气温会有一些小的影响。

尚志红：光伏项目在租农用地的时候，大概是村民有多少人就摁多少红手印？

葛志坚：三分之二。

陈兴华：农户的土地租赁给光伏电站，要拿到全村三分之二的红手印。

葛志坚：一般是要村民代表会议和村民大会通过，实务中村主任的话语权比较大。

陈兴华：有些人也漠视自己的权利。

葛志坚：农户行使自己权利有一个从众心理，还有就是关键能拿到钱就行。

陈兴华：农户承包的地租给光伏电站，那其他的农户愿意吗？

葛志坚：听村主任的，这需要让村主任去做工作。

陈兴华：个别农户的土地租赁了，对其他农户有补偿吗？

葛志坚：可能有所补偿。

尚志红：分布式光伏并网成本会不会很高？

胡　静：估计成本比集中式光伏高出10%左右。

陈兴华：哪个成本，建造成本还是并网成本？

胡　静：全算下来。

陈兴华：分布式光伏的成本虽然高一点，但现在国家还是鼓励发展分布式光伏。

胡　静：因为集中式光伏需要的土地面积比较大，适合在西部地区。但是那边电网送不出来那么多电力，当地没有负荷。

于　亮：关于电价补贴，无论分布式还是集中式，补贴都是一样的吗？

葛志坚：不一样，分布式原来是按照度电补贴，标准是0.42元，现在是0.38元，你发一度电给你相应的补贴。集中式讲究标杆电价，全国分三个价区，一类地区0.6元，二类地区0.55元，三类地区0.50元，不同价区按照不同的价格上网。

尚志红：居民用电是国家补贴的，还是什么？

张小平：居民用电是交叉补贴。实际上是从工业和商业用电收费中拿出一部分补贴居民用电。

陈兴华：新能源发电的价格就更高了。

胡　静：中国居民用电是非常便宜的，德国一度电要两三块钱。他们是反过来，居民电价比工商业电价要高，德国的分布式光伏为什么发展得特别好，因为居民自己用电费用太高，就自发自用，这样能节省自己的电费。中国不一样。

陈兴华：分布式光伏有收益吗？

胡　静：分布式光伏肯定是有收益的，工商业分布式光伏的收益最高，居民安装的分布式光伏就是自发自用。

于　亮：居民除了自发自用再卖一部分，也能赚钱，投资20万元在村里租点宅基地和旧房子。

胡　静：这要看当地的资源条件，像四川那些阳光不好的地方，肯定是不行的。

于　亮：现在很多涉及贷款的问题，很多农户被公司忽悠搞光伏贷，之后设备不好用，赚不了钱，农户还得还这个贷款，被骗了二三十万元。

尚志红：这种情况农户要和公司签好合同，约定装了这个设备发电量必须达到多少。

陈兴华：我查了一下，光伏扶贫管理办法上面说，光伏扶贫电站就是利用政府性资金投资建设的光伏电站，产权归村集体所有。光伏扶贫电站原则上按照村级电站规模建设。

胡　静：是的，村级电站规模是比较小的。

葛志坚：关于光伏扶贫，都在说以后只能建村级电站，企业不能投资入股，不能负债，但现在很难有不融资的项目。

陈兴华：我们带学生实习的时候也在强调这个，必须市场化。

葛志坚：肯定是需要融资的。光伏扶贫的目的是帮助贫困户，其实和融资不融资没有关系。

陈兴华：主要还是监管能力达不到。

葛志坚：不能“一刀切”。

陈兴华：光伏扶贫是好事。

葛志坚：现在能运作的还是光伏扶贫项目，新的光伏项目很难弄，存量的项目还是很少的。

胡　静：有两种，一种是村级电站，另一种是集中式地面电站。这个地面电站现在不行了，规模受控了。

陈兴华：农用电是生产用电，农用电价格跟居民用电一样吧？

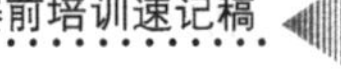

尚志红：农用电的电网建设成本肯定要高。

胡　静：电价是按省核定的，你这个省整个电网建设的成本有多少，是由省的发改委去核定的，不是电网公司。现在已经统一了，今年刚刚统一。

尚志红：农用电以前低还是高？

胡　静：具体不太清楚，农用电属于趸售，县供电公司相当于批发商，整个批过来这么多，再来往村里卖点，是趸售的概念。

陈兴华：农村不像城市有自己电卡，农户需要到农村售电点买电吗？

胡　静：应该和城市是一样的。

天津大学参赛学生：我之前研究过退税的问题，退税和补贴都是为了扶持产业的发展，促进升级换代，降低研发成本。结果现在基本上都是，企业为了拿到这个补贴而盲目上项目。实际上这种补贴和退税并没有形成促进企业的发展，我想知道像这种退税政策和补贴政策，到底该怎么看待它呢？

葛志坚：这是比较“高级”的问题，我只能说目前政策导向是要平价，2020年实现平价上网的方向，国家恐怕不能一直给企业“喂奶”。

张小平：经济学认为，政府的补贴也好，所有的政府税收政策也好，都有可能对市场机制造成某种扭曲。我们在出台政策的时候，要对政策进行评估，评估政策可能造成的扭曲以及能不能达到相关目标，大概是这样的过程。评估一个政策对市场有多大扭曲不是法学研究的范畴，经济学研究里面有一套模型可以评估。

陈兴华：产业政策虽然有很多的弊端，但政策还是要有的。

张小平：另外，目前在环境和能源政策方面，有一个前沿问题是“更为智慧的政策组合”(smarter mix)。我们发现有规制类的政策，有基于市场的政策，还有基于信息的政策。比如，节能标签就是基于信息的政策，排放权交易就是基于市场的政策。这些政策怎么组合起来发挥各自的优势，是目前学科的前沿问题。

陈兴华：经济法、能源法里边很多都是产业政策，产业政策有时候是被扭曲的。为了促进整个新能源产业的发展，补贴是一种常见的做法，只是我们的监管还不够精准。这次我们学校的选题就是光伏扶贫，光伏扶贫里面的情况很复杂，但这事情确实是好事情。我觉得我们可以把这块工作做一做，特别是针对政府如何精准监管的问题。

陈兴华：今天上午的讨论到此结束，谢谢大家。

三、胡静：我国光伏发电开发利用情况

陈兴华(主持人)：我们现在开始下午的赛前培训。我们邀请到了国网能源研究院新能源与统计研究所的胡静老师，请她从技术角度给大家做一个培训，大家欢迎！

胡　静：各位老师、同学，大家下午好！我是国网能源研究院的胡静，我讲的内容可能没有葛律师那么系统，会后我们可以继续交流讨论。之前跟陈老师沟通了一下，这里主要讲一下光伏发电的开发利用情况。先介绍一下我们院，我们院是国家电网公司的直属单位，是主要从事软科学研究的科研单位，为国家电网公司战略决策运营管理提供决策上的支撑。同时，我们也跟发改委、能源局等政府部门做一些项目，为相关政策制定提供一些决策支撑。我们院入选国家能源局首批资源研究基地之一，我们院在编250多人，博士有128人，大概是这样的情况。我们院很多人都是电力系统出身，对于法学这块基础比较薄弱，非常需要这方面的人才，欢迎各位同学来我们院工作。

下面大概分四方面讲一下。第一，基本概念。主要给大家简单介绍一下什么是光伏发电，包括它的技术、种类等。第二，目前我国光伏发展的总体情况。第三，目前光伏发电面临的挑战和已开展的工作。第四，光伏产业发展规划及保障措施，比如国家为解决可再生能源消纳等采取的保障措施。

先说基本概念。光伏发电最主要的器件就是太阳能电池，太阳能电池按照制造工艺类型可以大致分为四个大类。第一类是晶硅电池，包括多晶硅电池和单晶硅电池。第二类是薄膜电池。薄膜电池又分两大类，一类硅基电池，另一类是稀有金属化合物电池。第三类是聚光太阳能电池，这个目前还属于实验室阶段，没有商业化应用。第四类是新型太阳能电池，也是实验室层面的，它的转化效率非常高，主要应用于航空航天事业。

目前主要应用的还是晶硅电池，从生产效率来看，目前晶硅电池的生产效率不太高，是有损耗的，转换效率大概是20%，其中单晶硅电池的生产效率高一些。从造价来说，单晶硅电池造价下降趋势也比较明显，多晶硅电池之前应用比较多，现在单晶硅电池应用也比较多了。薄膜电池和晶硅电池比起来，转换效率更低一点，其优点是比较薄，更适合跟建筑结合起来。聚光电池和新型太阳能电池目前都还处在实验室阶段。

从产业角度来说，以晶硅电池为例，第一阶段是多晶硅提纯，把原材料做成硅锭和硅棒，第二阶段是把硅棒切片，形成硅片，第三阶段是把金属丝嵌在硅片上形成电路，第四阶段是把电池片组成电池板。这是一个完整的产业链。

我们国家的光伏产业链非常成熟，各个阶段的产能、产量在世界上的排名很靠前。比如，我们国家的多晶硅电池产能产量占到世界总量的一半，所以我们受国际市场的影响也是比较大的。

陈兴华：这属于上游，不涉及发电，就是制造。

胡　静：一般来说，光伏的产业就是指器件这块。

陈兴华：我们今年调研的主题是光伏产业，我们主要聚焦于光伏发电，那么业界对这两部分是怎么界定的?

胡　静:是这样的,我们更关注光伏制造这块,因为未来的光伏规模能发展到多大,主要受技术影响和经济影响。如果你产量供不上,经济性下不来,或者技术水平上不去,都会对整个光伏行业产生很大的影响,所以我们要研究上游制造这块。

陈兴华:这是我们研究能源法很困扰的一个问题。就是我们研究的范围很多时候把制造业和装备业排除在外,但其实这个也是很重要的一块。

胡　静:下面说一下光伏发电的并网技术特性,这块稍微专业一点。其实说这块的目的是想说明为什么光伏发电跟其他的发电有很大的不同,这跟它的本身技术出力特性是密切相关的。出力就是能发出多少电量,光伏发电技术出力特性有这么几个层面,一是年日出力特性,二是出力分布特性,三是出力波动性。我们看下面两个图(略),这是一天24小时之内,光伏出力占光伏总装机百分比的情况。甘肃最高能到60%~70%,青海是80%。晚上是没有电力的,早晨太阳出来之后,电力就出来了,正午最高,规律是很明显的,这个是日出力的特性。一般的火电电厂发电是有计划出力的,就是提前算好大概整个全社会用电量,提前一天告诉你第二天什么时段发出多少电。但光伏发电有很大的不确定性,一旦是阴天,光伏发电的电力就掉了一大块。

年出力特性受季节变化的影响,受光照强度温度的影响,光伏发电一般在春季和冬季出力是比较大的。像甘肃、青海,它是春季和秋季出力较大,夏季和冬季出力较小。不同地区的年出力特点是不太一样的,季节变化也是很明显的,所以整个电网要调峰。

下面讲讲出力的分布特性。大部分情况下,光伏发电电力小于其装机量的50%。这是一个光伏发电出力概率分布图(略),从这个图上我们可以看出,发电出力小于10%的概率最大,超过70%的概率是为0,这就是出力的分布特性。

出力的波动特性是短期的,这应该是按天统计的一个出力的波动情况。日出力波动率是一个百分数,表示日出力率的波动情况,最大达到70%,大部分电站的日出力波动率超过20%,不是那么很平稳的,波动范围比较大。这是光伏发电的出力波动特性情况。

再说一下目前我国光伏发电的整体发展情况,这块先从发展历程的角度说一下。第一阶段是2005年之前,我国当时整个光伏发电规模非常小,主要是一些示范工程,而且当时整个光伏产业的设备都是国产的。第二个阶段是从2006年开始,2006年颁布了《可再生能源法》,一直到2012年,等于是一个启动的阶段。当时有一些光伏补贴政策出台,加快了光伏产业的发展。2013年国家出台促进光伏产业发展指导意见,2013年以后进入了光伏产业迅猛发展阶段。

下面具体来说一下。第一阶段从2002年开始,国家开始实施一些光伏示范工程和西部省区通电计划，希望通过光伏发电解决西部地区用电问题。这些试点工程也带动了光伏电池制造能力的提升。截至2005年年底，全国的太阳能发电装机量才7万千瓦，当时也算形成了比较完整的产业链。第二阶段是从2006年《可再生能源法》正式实施开始，到2008年，我国光伏电池的产量已经达到了世界第一。但是出口量占比达到98%，也就是说，光伏电池主要销往国外市场。2008年金融危机爆发，光伏电池出口量下滑，为了培育国内的光伏市场，国家开始实施金太阳光伏工程和光伏建筑应用示范工程，对光伏发电项目给予投资补贴，给项目总投资50%～70%的补贴。当时建了非常多的项目，后来国家发现光伏项目骗补的情况比较严重。因为这个补贴是初始投资补贴，拿到钱以后，项目产出就良莠不齐了，后期发不发电也没有人管。

陈兴华：这个补贴针对什么项目？

胡　静：大部分是针对屋顶光伏项目。

陈兴华：业主一般是什么人？

胡　静：自然人也有，村集体的也有，还有一些是企业。

于　亮：当时补贴没有上限和要求吗？

胡　静：有限额，最高能拿到的钱是有限额的，但是由于当时监管不严格，确实出现了一些骗补现象。

陈兴华：国家能源局主管审批项目和钱吗？

胡　静：这个钱由财政来批。

陈兴华：申报的时候能源局有监管吗？

胡　静：监管不严才出现这样的问题。大概从2013年就停止了，当时投入比较大，整个光伏规模迅速扩大，但是当时外销情况不好，只能转向国内市场。

第三阶段从2013年开始，由于初始投资补贴效果不好，2013年相关部门出台了促进光伏产业健康发展的相关政策，也就是度电补贴政策，即发多少电给你补多少钱。当时这个度电补贴标准也是比较高的。光伏投资者感觉能赚钱，就“跑马圈地”，开始大量建光伏电站。到2015年，全国光伏装机量已经达到4 000多万千瓦，这个时候集中式光伏占比比较高，达到85%。

当时西部光伏项目建得太多，但电网却送不出去那么多，有点无序建设了，2014年开始出现了“弃光”现象。甘肃的项目“弃光”最高达23亿千瓦时。到2016年的时候，新疆的项目“弃光”也非常严重，达到29亿千瓦时。“弃光”现象引起了社会各界的广泛关注，包括国家出台了一系列的措施，都是为了解决新能源的消纳问题，“十三五”规划也对新能源发电的规模进行了总体的控制。国家电网公司去年出台了20项重点工作，都是关于促进新能源消纳的。

随着集中式光伏项目建设指标的限制，投资者只能转向分布式光伏项目，2017 年分布式光伏项目出现了爆发式增长的趋势。但是分布式光伏补贴总量也非常大，国家也是有点“吃不消”。2018 年上半年，国家发布了《关于 2018 年光伏发电有关事项的通知》，就是大家常说的“531 新政”，开始限制分布式光伏项目的规模和补贴。

最后介绍下市场化交易的趋势。去年 10 月份能源局出了一个《关于开展分布式发电市场化交易试点的通知》，在整个光伏产业引起了非常大的反响。这是一个非常有突破性的政策，就是说光伏发的电不仅可以卖给电网，还可以直接进行交易卖给其他人。这是最近比较热的一个话题。

于　亮：直接交易是不是也得走电网，得从电网过。

胡　静：不是拉专线，交易可以直接跟用户谈价。

陈兴华：这个是单独的市场？还是怎么回事？

胡　静：不是，只是在你现有的市场交易中心那块添加一个模块。

陈兴华：这是分布式光伏发的电，还是所有的光伏发的电都可以？

胡　静：后来能源局出台了一些解释性文件，里边明确提到只有分布式光伏和分散式光电在试点范围之内。

陈兴华：这个是有优惠吗？

胡　静：是这样的，比如说我可以自己在海宁皮革城屋顶上建光伏电站发电，然后把电卖给这里的商户。但是这些商户受产业影响比较大，可能这两年效益好商户就非常多，电费就能交，经济不景气的话，商户都关门了，那我发出来的电卖给谁？电力全都上网觉得有点亏，现在交易试点出来之后，我可以把电卖给隔壁的工业园区。

陈兴华：卖给工业园区需要单独架线吗？

胡　静：走电网的线。

陈兴华：都有现成的？

胡　静：因为电网的线布得还是比较密的，是一个市场化的行为。

陈兴华：明白了，全额上网价格低，市场化交易价格高。

胡　静：这个只是试点阶段，还没有开始实施。目前的收益率是从理论上计算的，从算出来的理论结果来看，江苏省还可以，其他省经济性一般。

陈兴华：出台这个政策是为了鼓励分布式光伏的发展吗？

胡　静：对。不过这个政策争议还是挺大的。这个文件是新能源司出的，是为了鼓励新能源的发展，但是电力司可能有不同的想法。

陈兴华：这的确是个问题。

胡　静：我再具体解释一下“531 新政”的事情。“531 新政”出来之后，半个月之内，包括答记者问、座谈会和补充意见，相关部门大大小小出了五六个文件，都是对这个政策的解释和补充。首先，光伏扶贫项目是不受政策影响的，还是执行以前的标杆电价，分布式自发自用光伏项目也不受影响，还有光伏“领跑者”计划项目也不受影响，但光伏“领跑者”计划要求很高，竞争也很激烈。普通的光伏电站受影响比较大，不过今年6月30日之前并网的，而且是获得去年2017年指标的普通光伏电站还能得到2017年的标杆电价补贴。6月30日之后并网的执行2018年之后的电价，这个可能受限制比较大，指标也比较难拿。分布式工商业光伏项目一般分两种，一种是全额上网，一种是自发自用、余电上网，全额上网按照政策，余电上网是按照“531新政”的。地方会不会给补贴，这个要看地方的财政支持力度，而且光伏企业今后也要参与竞价。

陈兴华：竞价是什么？

胡　静：竞价有点像拍卖一样，不像招标那么复杂。因为“531新政”之后没有国家补贴了，由地方政府给补贴，但这个补贴不是固定给多少钱，光伏企业要通过竞争拿到这个补贴。

陈兴华：竞争的话是跟其他的项目一起竞争？

胡　静：只有分布式光伏项目参与竞争。

陈兴华：主要是竞争什么？

胡　静：一是技术，二是经济性。

于　亮：风电补贴怎么补，也是4毛2？

胡　静：风电是这样的，没有度电补贴这回事，都是按标杆电价。

于　亮：就是说风电也有一些补贴，但没有光电这么高。

胡　静：标杆电价里边已经有补贴了，风电标杆电价和燃煤标杆电价的差价是国家来补的，按风电资源分为四类，这四类有不同的风电标杆电价。

陈兴华：没有光伏的高。

胡　静：对。

陈兴华：可能光伏是最高的。

胡　静：光伏度电补贴力度还是比较大的，尤其在自用比例比较高的情况下，特别是工商业用户，这个收益率还是挺可观的。

我顺便说一下国外分布式光伏的政策。其实目前国外对分布式光伏的补贴也挺多的，激励政策包括几种类型，一是初始投资补贴，二是固定上网电价，就是所谓的标杆电价，三是净电量，这个美国比较多，四是税收减免。咱们国家对光伏企业也有增值税即征即退50%这样的政策。目前，固定电价、净电量结算、税收减免三种优惠政策最为普遍。

重点说一下德国，德国也是分布式光伏发展的先驱。德国有一个《可再生能源法》实施大概十多年了，每年都在更新。最早德国对光伏企业实施的也是固定上网电价的激励，后来补贴逐年递减。比如你开始建 1 000 瓦就有一个补贴，之后又是另外一个补贴，以规模来确定递减的频率。现在德国最新的《可再生能源法》全面引入可再生能源发电招标制度，结束了固定上网电价的定价机制，全面推进可再生能源发电市场化交易。

刚才说了半天光伏，现在说一下我国新能源发展的现状。截至 2017 年年底，我国新能源累计装机量为 29 393 万千瓦，占全国电源总装机量的 17%，这个比例还是相当可观的，而且新能源新增装机量占全国整个电源新增装机量的 52%，这说明我国新能源发展的规模是很可观的。

大家可以看看下面这几个图(略)，这是 2011—2017 年我国新能源装机的逐年增长情况。这个圈代表我国电源的结构情况，灰色是火电，蓝色是水电，绿色是风电，橘黄色是光电，红色是核电。这是全球排名前十的国家，我国的风电和光伏都是排名第一，可见我国新能源利用的总量还是非常大的。

陈兴华：新能源除了风电和光伏，还包括什么？

胡　静：水电也是在新能源里边。

陈兴华：原来说得比较多的是可再生能源，不怎么说新能源。

胡　静：不同的统计口径称呼不一样，像国网公司统计的新能源是指非水可再生能源。

于　亮：核能属于什么？

胡　静：以前核能属于新能源，后来就把它剔出去了，包括天然气都属于清洁能源了，主要是统计口径不太一样。

天津大学参赛学生：光伏和风能相比有什么优势，为什么我们这次调研的主题选光伏不选风能？光伏和其他能源相比根本特性是什么？

胡　静：它们都是清洁能源。

张小平：光伏发电的话，简单地说只要日照强度和时间达到一定的标准都可以发展，但风电对气候条件是有更高要求的。

陈兴华：风电占地也大。

光伏门槛太低了。

于　亮：从环境角度来讲，光伏发电到底环保吗？因为它毕竟还要消耗大量的发电器材。

胡　静：光伏发电的过程是环保的，制造的过程是有污染的。

李　帅：光伏制造业排放标准是制造业里边最严格的，比钢铁、水泥生产企业的排放标准高多了。

于　亮：光伏电池最后是怎么回收的？

李　帅：现在已经有这方面的产业了，有专业化的公司回收，其实电池里面主要是二氧化硅，没有太多放射性的东西，回收之后进行再加工循环生产。

于　亮：现在新能源汽车也面临怎么回收电池的问题。

胡　静：从新能源布局来看，主要是甘肃、青海、宁夏、新疆等，这些地区是新能源发电大省，像甘肃的新能源发电已经成为省内第一大电源。

具体到光伏发电，最新的统计数据是截至 2017 年年底，其累计容量是 13 025 万千瓦，新增 5 300 万千瓦，同比增长 54%。右边的两张图(略)反映了 2011—2017 年光伏装机量的增长情况。从具体布局来看，目前我国光伏产业有一个从西部向中东部地区转移的趋势，2016—2017 年中东部地区新增装机容量占全国的比例从 33%增加到 48%，西北地区则从 27%下降到 10%，区域转移趋势还是比较明显的。从这个图(略)可以看出，左边颜色深的地方是装机容量规模比较大的区域，基本都在西北部，能占到全国光伏装机量的 58%左右。其次，排名靠前的几个地区分别是山东、新疆、江苏、安徽、河北、浙江，这几个地区规模也是比较大的。

具体到分布式光伏，分布式光伏也是 2017 年呈现爆发式增长的态势。截至 2017 年年底，分布式光伏装机量为 2 966 万千瓦，同比增长 190%，新增装机量同比增长 3.7 倍，确实是爆发性增长，今年国家开始控制规模总量了。

从消纳情况来看，刚才提到 2014 年开始有些地方出现“弃光”，后来国家出台了一些政策文件，包括电网的一些建设，2017 年“弃光弃风”的势头得到了改善。从发电量这块来看，2017 年全国发电量达到 1 182 亿千瓦时，也是呈现了比较大的增长趋势。

下面说一下第三部分，光伏发电面临的挑战和已经开展的工作情况。我们认为，目前光伏发电面临的主要挑战包括三个方面。刚才我们提到了，西部地区资源禀赋条件比较好，中东部地区资源差一点。但是用电负荷主要集中在中东部地区，这是我国资源禀赋的特点。所以第一个方面是新能源资源高效开发利用和优化配置的问题。具体来看，就是西北地区与中东部负荷中心跨区电网联系薄弱，目前我国东部地区跨区域联网多一点，西部这块欠缺一些。如何把西北地区的新能源资源在更大范围内优化配置和高效利用，这个是目前亟待解决的问题，也是电网公司目前在做的工作——建设跨区跨省输电通道，促进跨省跨区的电力交易等。第二个方面是如何确保电力安全可靠供应的问题。电力是比较特殊的商品，它不能储存，是一个实时平衡的过程。新能源本身具有出力波动性的特性，电网公司为了适应新能源的这种特性，要对整个电网进行调节。

国际可再生能源研究署的研究成果显示，一次调频和二次调频对电网会产生一系列的影响。所以说大规模光伏并网对电网系统的有功平衡带来很大挑战。

再来说分布式电源，分布式电源一般是接入配电网，这会给配电网带来运行和检修方面的问题。比如，以前电网的供电方式是单向流动的。但是分布式电源接入配电网之后，就形成了“非计划的孤岛”，会给检修安全带来了很大的影响，这个是需要考虑的，此外还有一些短路电流、电压超标等问题。电压超标在安徽金寨光伏扶贫项目里边出现过很严重的问题，本来这个末端电网是很弱的一个电网，尤其是农电电网，在安装了这么多分布式光伏之后，等于抬升了末端的电压，农村很多电器就被抬高的电压损坏掉了。不过这些问题从技术层面上都能够解决，就是要考虑经济性的问题。

李　帅：目前这些问题都已经解决了吗？

胡　静：从整个电网运行管理来说还需要调整，还有从经济性角度来说，也还需要进行电网升级改造。

李　帅：这个费用是电源企业出的。现在电网公司对分布式电源接入的设计方案审核非常严格。

陈兴华：可能各个地区的各个项目也不一样。

胡　静：第三个方面是电力供应的经济性问题。刚才也提到了这块，分布式电源接入会引起电网的升级改造，加上本身的输电成本，从全社会角度来讲，增加了整个电力供应成本。

陈兴华：肯定要升级改造，这钱谁出，电网出吗？国家要求电网出吗？

胡　静：电网改造这部分钱最后是摊到输配电价里边的。

陈兴华：那还是消费者出，涨电价而已。

胡　静：目前可再生能源补贴缺口高达一千亿元。

陈兴华：现在还没有补贴到位，还是国家电网垫付。

胡　静：国家电网垫付了一部分，还有没有补贴到位的。

于　亮：我听说补贴是隔年给的，今年拿上一年的。

胡　静：关于并网的成本，国际能源署有过相关的研究，包括输电成本、平衡的成本和容量充裕性的成本。

陈兴华：这些钱都是电网出吗？

胡　静：这是全社会出的。对分布式光伏来说，高渗透率分布式光伏接入电网带来的并网成本占整个初始投资的比例大概为10%。接入点和并网方式的选择对接网成本影响也是比较大的。另外还有电网改造成本，为什么要改造？因为整个分布式光伏发电的局部渗透率有可能超过整个配电网的接纳能力，只有对整个电网进行升级改造才能保证这个区域的电网安全运行。比如说对变压器、线路、电压等级进行升级,更换保护装置等,都属于电网的改造成本。

下面简单介绍一下电网公司为促进新能源发展开展的各种努力和工作。第一,加快电网建设,这块的投资是非常巨大的。第二,加快抽水蓄能电站建设,提高系统调峰能力。第三,提升电网平衡调节能力,尽最大努力消纳可再生能源。第四,积极服务分布式光伏并网,为分布式电源并网提供绿色通道等一系列优惠措施。第五,加强科技研发投入。第六,推动新能源标准体系建立和完善,包括风电和光电并网的技术标准。

最后,展望一下未来。我从国家发展规划以及整个分布式光伏的消纳保障措施方面给大家说一下。“十三五”可再生能源发展规划这块,我们国家规划的是全国可再生能源发电装机量要达到 7 亿千瓦以上,占电源总装机的比例达到 35%,其中水电 3.8 亿千瓦、风电 2.1 亿千瓦、光电 1.1 亿千瓦。目前来看这个量肯定是要超的,尤其是光电的装机量。

风电未来的发展趋势,也是从西部向中东部和南部地区倾斜。2020 年中东部和南部地区新增的风电并网装机量达到 42 吉瓦以上,西北地区达到 35 吉瓦,也就是说中东部和南部地区的新增装机规划大于西北地区。关于太阳能发电这块,西北地区有序建设太阳能发电基地,中东部地区主要全面推进分布式光伏发电站建设,重点是屋顶光伏。

保障措施大概有两条。第一,从光伏发电开发利用方式来说,我国集中式开发利用方式肯定要逐渐向分散式和就近消纳来转移。第二,从电源调节特性来看,目前我国的抽水蓄能电站、燃气电站等灵活调节电源比重比较低,今后肯定要提高这类电源的占比。像国外的灵活调节电源占比就较高,西班牙达到 30%以上,德国是 19%,美国是 47%。灵活调节电源占比大的话,对新能源消纳是非常有好处的。

陈兴华: 灵活调节电源的占比怎么提高?

胡　静: 这个主要是国家要有一些政策。比如,美国的天然气价格非常低,投资者都去投资天然气项目。还有一些电厂不是通过发电来赚钱,而是靠提供容量。

陈兴华: 我们国家也有专门做这个的。

于　亮: 东北有些电厂就专门靠这个赚钱,反而比发电收益都高。

胡　静: 抽水蓄能电站受地理条件的限制,不是谁都可以建的。而且现在我们国家也没有这个市场。

陈兴华: 那还是电网自己做了。

李　帅: 包括调频调峰等方面,有很多的。

陈兴华: 这是很关键的东西。

胡 静：现在很多专家说，欧洲的新能源占比能达到80%左右，为什么我们国家的新能源占比上不去，人家能做到我们为什么做不到？原因有两个。第一个是欧洲国家的电源可以靠周边的国家来提供和调节。像西班牙、丹麦很明显，跨国的输电量是非常大的，因为周围的国家都给它提供电源，不是只靠本国的电源。第二个就是欧洲国家的灵活调节电源占比非常大，我们国家不具备这个条件。

陈兴华：我们国家体量太大了，谁也提供不了。

还有体制机制和成本。

胡 静：技术问题都可以解决，很多就是成本的问题。

李 帅：国外的电力市场可以承受一定时间的停电，我国的用户不太能接受停电。所以在这种前提下，国家电网把安全放在第一位了，这个也是可以理解的。

胡 静：一个是提高电网互联互通水平，另一个是建立市场化交易机制，刚才也都说了，这就是我们未来努力的方向。

从电源环节来说，我们要加强调峰能力建设，提高灵活调节电源的比例。从电网环节来说，我们要加快跨省跨区通道建设，发挥整个大电网的配置和平衡能力。从用户环节来说，我们要推进电能替代，用市场办法引导用户参与调峰调频，主动响应可再生能源出力变化等。再看体制机制环节，现在跨省跨区市场存在省际壁垒，必须建立全国统一电力市场，这样才有利于新能源在全国层面的消纳。

我今天要讲的基本上就这些，谢谢大家。大家有什么问题可以交流一下。

四、李帅：光伏行业浅谈

陈兴华(主持人)：非常感谢胡博士的精彩讲解，让我们对光伏的了解清晰了很多。接下来我们请晶科电力科技股份有限公司客户中心主任李帅为我们上课。这是来自最前沿、最一线的人士给我们带来的培训，大家欢迎！

李 帅：谢谢！非常高兴有这个机会跟各位老师和专家进行交流。我跟葛律师以前是十几年的同事，也比较熟，他让我来参加咱们这个活动，说这是非常有意义的事情，那么我就借这个机会和大家一起交流一下。

首先简单介绍一下我自己和我们公司的情况。我最早在电监会工作了11年，中间两年在国家电网公司挂职，对电网这块了解一些。后来2016年我到晶科电力公司工作，这是一家民营企业。

我们这个公司主要从事光伏产业上游的光伏产品制造，主要做光伏太阳能组件，目前我们的出货量在全国排名第一。我们有几大生产基地，分别在江西上饶、嘉兴海宁以及海外的马来西亚和南非。另外我们也做电站的投资，目前我们持有电站量是3.3吉瓦，在民营企业里边算是持有电站量比较多的。这就是我和我们公司的一个基本情况。

刚才胡主任讲的资料素材非常丰富，数据更权威，我就谈一下自己的理解。第一部分主要讲一下国家为什么发展光伏产业。因为之前光伏行业发展很快，经历了一个相对“野蛮增长”的年代，可能导致一个好的东西或者说一个相对清洁的东西被妖魔化了，有人开始提出光伏组件生产过程是否清洁、生产能耗是不是更不经济等等种种质疑。

我的理解是，我们光伏产业发展的成绩是相当来之不易的，它发展的意义也是非常大的。

首先，经过多年快速发展和资本聚集推动，我们光伏产业已经形成了非常健全的产业体系，在全球新能源产业中占主导地位。我们的多晶硅、硅片、电池、组件以及裂变器等相关设备的产量连续多年居于世界首位，并持续占有很大的市场份额。

我国的光伏相关产品产量在全球占比都是非常大的，多晶硅占55%，硅片占83%，电池占68%，组件占71%，这四个东西是光伏发电设备的组成部分。多晶硅先切成硅片，硅片再加工成电池，电池装上边框玻璃框之后变成组件，多个组件加上监控设备组成一个小的光伏电站。这些东西我们在全球中占绝对的领先地位，各个环节前十名企业中一半以上在中国大陆。纵观全国各个行业在全球产业链中占主导地位的，除了高铁产业可能就是光伏产业了。

陈兴华：光伏产业里面的民营企业占很大比重。

李　帅：对，这里面民营企业占一半以上，尤其是制造业，所以大量制造业的发展和壮大，也对我们国家宏观经济的增长和发展起到了很重要的支撑作用。我们做了一个分析，以1吉瓦的电池和组件生产基地为例，其直接就业人数可以达到3 000人，拉动物流和基建配套就业人数2 000人。1吉瓦的光伏电站投资建设和运维带动的就业人数是1 000人，电站相关设备制造带动的就业人数是2 000人。同时，光伏发电投资对电缆、钢铁、水泥等行业的拉动作用也非常明显。据不完全统计，国内A股上市的44家光伏企业的用工人数可以达到18万人，这还不包括晶科和天河这种在海外上市企业的用工人数，这些在海外上市的公司，它们的上下游就业人数基本在200万人左右。光伏产业良性发展，大大有利于我们推动落实中央关于稳定经济增长、提高发展质量的工作部署。

我有一个体会，从去年开始，各地方把光伏和制造业的招商引资排在第一位。地方政府招商部门人员对宏观经济研究得很深入，他们说，从我们判断来看，光伏产业的产能过剩程度跟钢铁、水泥比远远不在一个数量级上。目前来看，劳动密集型产业相对产能不过剩的也就是几个行业，光伏是为数不多的行业之一。

下面谈谈光伏的优势。太阳能是清洁能源，所以它的发电市场规模快速扩大，清洁能源替代作用比较明显。刚才胡主任的数据都有，去年光伏装机量达到 5 500 万千瓦，它的装机规模也是历史上第一次超过了传统能源。我在电力行业工作了二三十年，这个是我印象最深的。以前我自己都看不上光伏，认为它跟火电完全不在一个数量级上。当我知道这个数字，知道它一年的装机增量超过火电的时候，对我来讲还是触动很大的。

陈兴华：这可能跟国家抑制火电的发展有关。

李　帅：跟火电去煤化也有关系，但光伏的装机量也远远超过风电，风电的装机量只有 1 500 万千瓦。我国光伏累计装机达到了 130 吉瓦，连续三年全球第一，占全球光伏装机总量的32.4%。据统计，2017 年光伏发电共节约了 3 300 万吨标煤，减少二氧化氮排放 1 万万吨，为节能减排作出了很大贡献。

风电和光伏的区别在哪儿？包括生物质跟光伏的区别在哪儿？光伏最大的独一无二的优势就是应用形式灵活、门槛低，门槛低我理解是个优势。门槛低有两个方面，一个是技术门槛低。技术门槛低证明它安全，它没有特别复杂的设备，维护运行简单，无论是一个自然人还是像国家电投这样的巨无霸公司都可以投资光伏项目。另一个是投资门槛低，投资几千块钱也能建两千瓦的电站，花几千万几个亿可以建几十万千瓦的电站。投资门槛低说明它比较更贴近市场，比如光伏项目可以做融资租赁，可以向银行贷款融资，也可以做成非标经营产品，还可以做成 ABS 资产证券化等出售。

另外，光伏的应用形式很灵活。光伏的能量负荷密度很低，但是有一个好处，它不重复、不固定性地占有资源。比如，分布式光伏可以建在建设用地的工厂屋顶上，不占用已有的空间，也可以在煤炭塌陷区那儿建设，还可以建在污水处理厂和荒漠上，可以把闲置的空间充分利用起来，这是它的多元化和综合化利用的一种优势。它这种优势可以有一个最大的好处，就是可以贴近用电的需求。电是同质化的，但是我们的发电产品就是差异化的商品。

之前有个老领导在 2013—2014 年的时候讲过，光伏这个东西现在还依赖补贴，当它能够作为消费品存在的时候，市场空间就完全打开了。我认为现在它已经接近消费品了，应用形式灵活和门槛低是它的优势。

在电力体制改革大背景下，光伏这个产业最能够抓住用户的平台和窗口。为什么这么说？因为火电企业一般都远离市区和用户，给一家点对点用户提供综合能源服务很困难，还得找市场找用户。但是分布式光伏投资商给用户提供的服务是最直接的，也是最直观的。比如，我给北方工业大学屋顶上装一个光伏设备，我天然地就跟用户和业主建立了黏性，我自然而然就可以掌握用户最迫切的需求，那么我为用户提供综合服务的机会就来了，这样更贴近市场。这是我理解的光伏行业的几个优点。

接下来我想说一下光伏的缺点。2018年5月31号发布的“531新政”是标志性政策，代表着光伏行业野蛮生长和依赖补贴的时代过去了。为什么会这样？肯定是这个行业本身的问题才导致政府加大了调控力度。主要问题有三个方面，第一个是光伏产业发展有点无序了，发展太快了，尤其是去年。刚才胡主任也讲了，这对电网运行安全有一定的压力。国网公司也在不断完善自己的分布式电源接入标准，以保障整个电网的安全运行。

胡　静：这是一个从量变到质变的过程，渗透率达到一定程度的时候，就会有质变的过程。

李　帅：第一个不好，光伏项目快速增长之后，导致国家可再生能源资金补贴的缺口持续扩大。当然这个不完全怪投资企业，因为最早在2013年前后没有人愿意干光伏项目，觉得成本高。地方政府比较着急，有个地方出了一个先建先得的政策，就是大家先干，干了之后谁先建好我就给谁指标。当时地方政府没有想到这个东西发展起来竟然这么快。

葛志坚：这是没有办法的，责任不全在企业。

李　帅：这是第一个不好，发展确实过快，超预期。实际现在装机量是130吉瓦，提前完成了“十三五”的目标。

第二个不好是光伏行业发展过程中有一些不规范，有一些“恶习”。比如我们所说的“路条”问题，这个也影响了光伏行业的发展秩序和政府管理秩序。

第三个不好是在高补贴的情况下，企业也好，投资者也好，上游也好，它们的成本控制意识和创新性肯定就不强了。

第四个不好是光伏并网确实对电网安全运营造成了冲击，这也算一个缺点，我相信这个可以通过提高成本和技术来解决。

胡　静：技术不是问题，是整个成本代价的问题。

李　帅：光伏发电平价上网并不是绝对意义上的平价上网，它应该比传统能源再便宜一点，便宜出来的钱就是我们所说的购买服务的费用，这才是真正的平价上网。目前来看，无论国家“领跑者”计划，还是“531新政”，确实起到了“挤水分”、去产能、去杠杆的作用。

第一个判断，平价上网速度会加快，超乎我们的预期。第二个判断，去补贴之后，下一步光伏产业的发展主要集中在大型的“领跑者”基地，或者平价上网的示范基地，这是一种趋势。第三个判断，结合电力体制改革的深化，分布式光伏项目带动的是多场景、多元化的应用方式，中小工商业用户市场会快速发展起来。比如，前期我们给上海世博园宝马展厅做了一个光伏加储能的项目，就是很多元化的。另外我们给京东的上海物流仓也做了一个2兆瓦的分布式装置,配了储能和充电桩。当然现在上海的中小工商业市场没有放开,放开的话,这块的市场业务肯定会打开。第四个判断就是,国家现在把光伏的补贴政策取消了,但是肯定有托底的政策,要么是配额制度,要么是"绿证"制度,这样才能保住这个市场的基本量。

陈兴华:你们企业已经有这个判断了?

李　帅:我们跟领导有这方面的交流,也有这个共识,现在这个东西出不来的问题还在于政府自己的机制,不同的部门一起管导致这个东西出不来,真到一定程度还是会出来的。

目前主管部门太分散了,节能市场、绿证市场、配额制市场分属不同的部门,执行过程也不统一。

陈兴华:各部门的目标不一样。

李　帅:还有一个托底政策是分布式光伏发电直接交易,国网公司对这个比较排斥。因为之前做输配电核算的时候,国网公司做了一些工作,算下来配电网成本占比很小,输电网成本很高。

胡　静:还有交叉补贴的问题。

李　帅:是的,等于国家把补贴责任转给国网公司了。

下面讲一下建光伏电站经常会遇到的法律问题,我列了七类。

第一类是土地性质问题。因为集中式光伏电站占地面积比较大,一般300亩地可建10兆瓦的电站,占地多容易导致违规占地的情况,土地性质问题比较突出。国家能源局和国家林业局对光伏用地都有明确的规定。一般来讲,基本农田禁止安装光伏设备,一般农用地在做好农业方案的基础上可以安装光伏设备。这里边我们遇到过比较有意思的问题,就是国土资源部划定的地块,比如未利用地,大部分在国家林业局的管理范围内,属于宜林或者林地,这种情况是非常困扰的。因为从国土资源部的规定来看,在这些地方建设电站是没有问题的,但是如果你到林业部门去查,这就是违规项目,因为林业部门规定这里是林地。这是我们国家多头管理、部门之间信息不畅通的表现。不仅光伏产业遇到这样的问题,其他产业也会遇到这些问题。

第二类是集体土地租赁和流转问题。光伏项目一般用地都是从农民手里拿地,土地租赁和流转方面的问题比较多。

第三类是光伏电站前期支持性文件办理问题。国家对分布式光伏电站豁免了很多前期支持性文件,但是地面光伏电站还是有很多文件办理的问题,主要是环评、水保方面的条件,当然也有土地规划手续等,大概有20几项。

第四类是光伏电站指标有效性问题。像刚才说的光伏项目规模管理方式,有先建先得的，有优先分配的，有附带扶贫义务分配的，也有附带投资义务分配的，各种模式，比较多元化，这里边的法律问题是比较突出的。

第五类是光伏电站 EPC 合同执行纠纷。

第六类是光伏电站运维过程中的合同执行纠纷。因为地面电站需要一定的专业化运维，基本上一个 50 兆瓦的电站需要配 10～12 个人。外包运维过程中会产生一些对发电量保证和运维安全事故责任认定的问题。

第七类是光伏电站合作开发以及相应的出售和并购问题。因为我国的现在存量电站仍然享受国家补贴，账面收益率还可以。在账面收益率还可以的情况下，市场交易的需求就会比较大，所以这方面的法律问题也是值得研究的。

在现有存量电站出售和并购这块，国有企业参与的比较多。

陈兴华：因为国有企业的生存压力较小。

李　帅：国有企业主要是把资产规模做大，对它来讲赚钱不是最重要的，让人有事干更重要，但我们民营企业不行。

胡　静：晶科现在已经开始做微电网了吗？

李　帅：开始做了，我们跟其他企业不同，我们只在能力范围内做，我们在上饶和海宁有自己的工业园区。

胡　静：就是你们在自己的工业园区做。

李　帅：我们在上饶市做了一个配网的项目。因为上饶是国家级开发区，它里面还有其他的上市公司，地方政府在这个范围内规划了一个配网，大概只有十几个亿的用电量。我们就是在这个基础上做的，多的东西也不去弄，我们是比较务实地在推动工作。我今天要讲的基本是这些问题，谢谢大家！

陈兴华：非常感谢李帅主任给我们带来非常多的信息，包括微电网，这是非常前端的内容。原来我们能源法研究的都是传统能源，新能源应用出来之后，整个研究范式和研究内容都有很大变化，我们能源法应该怎么回应这样具有市场化和商业化特征的模式，这值得研究。

李　帅：现在我们国家能源立法进度怎么样，哪个领域的立法先出来？

于　亮：肯定是电力法。

陈兴华：能源法太复杂了。立法资源这么紧张，而且整个法学的研究还是比较浅的。

接下来我们进入互动环节，我们想给同学们提供更多的机会，请大家先针对胡老师刚才介绍的内容跟胡老师交流。

张小平：先请北方工业大学和河北大学的同学提问。

北方工业大学参赛学生：胡老师好，您讲的一个地方我特别感兴趣。一般说，电只能卖给电网公司，但刚才您提到，分布式光伏电站的电可以卖给其他企业甚至个人，我对这个非常感兴趣。

胡 静：这个是2017年出台的一个试点文件，打破了以前只能卖给电网的规定，等于是扩大了售电的范围。原来光伏电站是发电主体，现在变成了发售一体的主体，等于把身份转变了一个模式。目前试点仅限于分布式光伏电站。前段时间我们国网公司统计了一下各个省上报的试点情况，大概19个省报了试点，大部分都是分布式光伏项目。这是电力体制改革进程中的一个突破。

北方工业大学参赛学生：光伏电站发完电之后，上网的话是直接用电网公司的基础设施吗？

胡 静：对，等于电网公司作为一个中间环节收过网费，交易平台也放在电网公司，不能私下交易。但是电价是可以商量的。

北方工业大学参赛学生：按照政府指导价还是什么吗？

胡 静：不用，直接商量。

北方工业大学参赛学生：我觉得现在可以售电的，就是国家电网一家。

于 亮：南北方不一样。

胡 静：实际上有几百家售电公司。

北方工业大学参赛学生：如果大家都售电，是不是就可以打破垄断的局面呢？

胡 静：这是体制改革的方向。

陈兴华：现在售电公司有各种主体，国家电网自己也有售电公司。

胡 静：也有这种情况，就是不管能不能售电，先注册公司再说。

陈兴华：也有发电企业自己成立的售电公司。

胡 静：国家几个大发电集团成立的售电公司比较多。

陈兴华：那么市场到底有用没用？竞价能竞多少，变化区间很小吧？

胡 静：目前还看不到结果，因为分布式发电市场化交易试点还属于申报阶段，还没有批。

北方工业大学参赛学生：这个市场化交易是不是可以为光伏扶贫提供更多的机会？

胡 静：它们不用参加交易，也没有必要参加交易，它们拿补贴就行了。

于 亮：这种市场化交易在农村地区不可行吧？只能收购回来，只有大城市才有这种需求。

胡 静：是的，卖给工商业用户收益率比较高，卖给准居民用户是不行的。

陈兴华： 这个政策的目的是什么？

胡　静： 鼓励分布式光伏的发展，通过这个方式可能会提高一些收益率。

李　帅： 降低光伏企业对补贴的依赖。

胡　静： 是的，参加交易的话，补贴至少降10%，这样就减轻了国家补贴的压力。

陈兴华： 学生们对电到底是怎么卖出去的不太明白，比如老百姓都是去电网公司交电费，而且发电站也是把电直接卖给电网公司不是卖给用电的企业，各位专家可以把整个流程简单地介绍一下。

胡　静： 电价组成很混乱，商业交易模式也很复杂。

陈兴华： 比如说这个工厂直接买电站的电，工厂直接付给电站，然后再给电网一个过网费，这样可以吗？

李　帅： 结算还是要通过电网公司的。

胡　静： 必须在电网公司交易中心平台结算，不能私下结算。

李　帅： 可以这么理解。电的交易不是那么直接，电的金融结算和物理结算是不统一的，不像买手机和其他商品，我们家里用的电可能是三峡水电站发的电，也可能是光伏电站发的电，我们实际用的电从哪儿来，这个是不确定的，跟买具体的东西不一样。所以最后还必须通过电网公司来结算。

胡　静： 因为没有办法区分是谁发的电。

天津大学参赛学生： 老师好，我先问一个基础的东西，对于"西电东送"而言，煤电和水电是可以的，咱这个光伏并网能不能并到"西电东送"大系统里边去。

胡　静： 现在建的跨省跨区通道就是为了输送新能源发的电。

天津大学参赛学生： 西部集中式光伏产业发了这么多电，运到东部卖出去，最后的纯收益和东部地区采用分布式光伏发同样的电，哪个收益更高一些？

胡　静： 是这样的，如果只算内部收益率，不管你的电是远距离送到东部，还是就地消纳，都是一样的。

张小平： 我们只能从比较优势来说，这是技术经济的问题，这个没有确定的结论，我是这么理解的。

胡　静： 单从发电企业角度来讲，发电收益可以算成投资的内部收益，但是"西电东送"，这个是整个社会成本，不能单纯计算企业的内部收益率。

天津大学参赛学生： 我想问一下，刚才说到光伏企业的海外业务，海外有没有售后维修服务，服务是怎么做到的？

李　帅： 我们在海外有两块业务。一块是组件销售业务。我们在每个主要需求市场国家有专门的办公室和分公司负责当地的销售，销售也靠当地的经销商。另一块是

生产业务，我们在海外有一些制造工厂，集中在葡萄牙、南非等地。我们之前派大量的中国人去工作，效果不太好。我们之后研究了一下，现在换了一个模式，变成以当地人为主，只派一个总经理和财务总监管账和整体的战略。另外，我们在国外也进行电站投资，这些电站都是跟当地的电网公司和水电局合资的，我们只是通过参股和供应组件进行一部分投资，后期都是当地人负责运行维护，我们只是作为股东存在。大概就这几种形式。

天津大学参赛学生：之前咱们2017年分布式光伏有个爆发性的增长，因为政策调整，集中式光伏没有补贴了，分布式光伏补贴减少，但还是有的，所以大家都做分布式光伏项目，是这样吗？

李　帅：我理解是这样的，2017年发展太快，地面电站指标很紧张，那时候分布式光伏明确可以不用指标的，所以大家大量地投资分布式电站。另外，一个电站在同等条件下西部收益率肯定比东部好，光照资源量比较好，电价水平不一样，这也是我们为什么标杆电价分一二三类地区的原因，就是要基本上做到平衡。

天津大学参赛学生：我对刚才胡老师提的光伏发电市场化交易试点很感兴趣，我觉得咱们国家针对光伏产业发展出台了这么多调控政策，但是有些政策没有达到预期的效果，这时候应该考虑引入市场和监管，放开市场让它自主发展，这样的话会不会更好？

陈兴华：其实这位同学的问题可能想说的是市场化问题，政府不要事无巨细地管，一个不行又出现一个政策。政府是不是可以考虑放开，让市场自己解决？

胡　静：市场化是一个趋势，得一步一步来，电力体制改革是一个漫长的过程。

天津大学参赛学生：我想问一个小问题，在欧洲那块，比如荷兰的分布式光伏发展非常好，是不是因为那个地方本来不太大，如果发展集中式光伏没有先天的自然环境优势？

胡　静：这有几方面因素。以德国为例，德国居民用户的用电价格非常高，所以居民就选择自发自用，都是在自己屋顶上建小型电站，等于是分布式光伏电站。你说的土地面积小，可能也是一方面原因。不过从德国近两年的发展趋势看，单个的集中式光伏电站逐渐也有扩大的趋势。

陈兴华：这和一个国家的国情有关，市场的发展受很多种因素的影响。

我们原定4点半结束，现在时间差不多了。今天的机会非常难得，也是给专家出了难题，要在这么短的时间内给大家做一个快速的专业提升。今年竞赛主题为什么选择光伏？因为光伏行业这两年确实发展很快，而且在这个领域里边也有市场化的东西，所以我们把光伏产业作为竞赛主题。

在分布式光伏主题下面，我自己设计了几个小的选题，在这儿请各位专家给指导一下。第一个是分布式光伏发电并网问题，这个比较宽泛。第二个是分布式光伏发电补贴问题。第三个是分布式光伏发电监管问题。第四个是分布式光伏项目融资问题。第五个是光伏产业政策。现在看来，这个选题也很大了。第六个是分布式光伏民事纠纷处理。请各位专家从专业角度给我们调研队伍进行一个指导，看看这些选题是否值得研究，还有就是同学们去调研的时候应着重问什么问题？

李 帅：我提几个建议，仅供参考。首先是分布式光伏发电并网问题。这是一个偏技术性的问题。第一是电网公司的接入标准，第二是接入的流程和程序，这两方面的问题我建议可以把它归并到监管选题里面，一个是建设监管，一个是运营监管，包括安全性、电网接入程序的规范性、接入标准的公开透明和合理性。

陈兴华：我们是搞法律的，您认为我们如何从法律的角度切入监管方面？

李 帅：可以参照2013年国家能源局发布的《分布式发电管理暂行办法》，从这个文件切入去研究。这是第一个。第二个补贴的监管问题可以单列，可以从国家可再生能源补贴基金管理规范的角度进行研究。

陈兴华：从财政法角度能不能切入，我们始终要去找法律的点。

张小平：关于补贴的问题，对企业来说，是影响其市场化运营的一个关键因素；对政府来说，要看放在政府预算的什么部分。现在，我们国家的财政预算分四个部分，包括公共预算、国有资产预算、政府性基金预算、社会保险基金预算。

陈兴华：像您刚才说企业的补贴一直不到位，这个问题能不能从制度层面和法律层面挖掘一下？

李 帅：关于补贴监管问题，建议可以从进一步完善分布式光伏项目监督管理办法的角度切入。另外，融资的问题可以作为重点，分布式光伏项目90%以上都是采用融资租赁的模式，所以同学们可以聚焦融资租赁这块。

陈兴华：这一块是有不少可写的东西。

李 帅：比较多，你们可以展开写，比如回租好还是直租好，还有产权的确认等。关于分布式光伏发电产业政策，这个题目太大了，可以改成分布式发电市场化交易的研究。这些意见供大家参考，别的就没有了。

陈兴华：谢谢，非常有参考价值。

胡 静：法律我不太懂，关于产业政策这块，我觉得可以研究一下国外的政策，比如说德国的《可再生能源法》，它的一些发展历程和对我们的启发。因为它是从国家立法的层面对可再生能源的应用进行激励。

李 帅：胡老师讲德国的那个定额补贴，很有现实意义。

陈兴华：在法学研究中，这相当于比较法研究，国外经验的借鉴是一大块研究内容。我突然想到，我们在调研的过程中可以先调研国内的光伏政策和各项制度，看看光伏企业在执行这些制度的时候会遇到什么问题，然后再借鉴国外的政策和制度，这也是很好的一篇调研报告。

于　亮：对的，以国内问题为导向。

陈兴华：我们今天大概就这样，非常感谢三位培训专家，非常感谢我们的同学们，希望同学们在这个活动中有所收获。同学们出去调研的时候要注意安全，服从企业的安排。最后，祝同学们取得佳绩，一等奖真是需要PK出来的。我们今天的培训活动到此结束，谢谢大家！

后　　记

经过两位主编和本书责任编辑连续多轮的文字处理，第三届全国“绿能杯”高校法学研究生暑期调研竞赛的调研报告终于集册付梓了。在不改变报告本身基本结构与核心内容的前提下，我们投入大量精力，对报告的内容和形式进行了必要的完善，使其满足出版的质量要求和读者的可读性期待。

法律是一种以规范为基本存在形式的社会建制。一方面，法律是整个社会系统的一部分；另一方面，法律对这个社会系统发挥着规范调整作用。从现象上看，从事法律实践活动的是具有意志的、追求某种目的的人。法律现象的复杂性体现在两个层面上：第一，法律作为一个知识体系和规范体系，本身就是一个高度发达、有着精细内部结构的系统；第二，法律系统与社会的互动过程是一种在社会意识形态指导下自觉建构社会体系的过程，这个过程充满了偶然与必然以及应然与实然的交错。

由此，把握复杂性成为法学研究的内在要求。我们从把握复杂性这个角度出发，对各篇调研报告进行了修改和整理。

我们删除、修改了调研报告中带有绝对判断色彩的结论，因为隐含在绝对判断背后的一般都是一种简单归因、片面归因的思维。对于社会现象中存在的主要矛盾，我们不能简单地用某一个因素对其进行完全的解释，或者通过某一方面的改进来彻底解决某个社会问题。

我们调整了大量晦涩乃至可能有些不知所云的表达。在成长的过程中，当学习者遇到扑面而来的复杂问题时，他们可能未必有相应的语言组织能力来表达自己所感知到的事物。学习者在缺乏足够的积淀和锻炼而内心又有着强烈表达冲动的情况下，写出一些措辞不当甚至有些怪异的句子，是一种常见的现象。

我们发现，凡是选题内容较为具体的报告，文中所提供信息和观点的参考价值一般比较高。这可能是因为调研者所观察到的仅仅是现象的片段，而将这些片段加以整理并且嵌入某个解释性叙事框架中的是调研者的生活经验和专业经验。当仅处理少数的小跨度变量的时候，运用经验进行推测和想象的可靠程度是比较高的。一旦选题内容过于宽泛，需要处理大跨度的多个研究变量，而经验构成的“前理解”又无法对这些观察到的片段进行合理解释时，为了完成写作，调研者就会“得出”大量无根据的推测结论。

引起我们思考的还有这样一个问题，作为法学研究者，究竟希望法律是完善的，还是希望法律存在空白？在多年的教学中，我们发现了一种令人不安的迹象：很多同学下意识地希望法律存在空白。因为如果法律存在空白，或断言法律存在空白，则接下来的工作要简单得多，这就如同在白纸上画房子一样，可以很轻松地对制度的完善提出所谓的“构想”。如果想严谨一些，则可以加入一些外国法的资料，称赞其合理完备，建议中国效仿。事实上，中国法律体系的特殊性在于很大一部分问题是由行政法规以下的部门规章来解决的。规章的特点在于零散，在于解读规章需要具备关于行政体系运作的知识。同学们声称发现了某个法律空白，并且主张针对这个空白制定一部法律，一方面可以使自己免于从规章中发现解决方案的复杂操作，另一方面也可以使自己与法律人迟早要面对的一项重要知识训练主动“绝缘”。如果同学们把规章考虑在内，所谓的法律空白要比调研报告中所发现的“法律空白”少许多。但去寻找规章、研读规章、整理归纳规章的内容、解释规章发挥作用的方式，是一项更为复杂的知识操作。

教育是快乐的，因为解决复杂问题能带来无与伦比的成就感。但同时，教育更是痛苦的，因为逃避复杂性是人的本能，培养思考复杂问题的能力是一个枯燥乃至有些煎熬的过程。一种广为流行的观点认为，文科学习，特别是法学专业的学习，门槛是比较低的。这种看法有其合理的成分，但这只是“硬币的一面”。“硬币的另一面”是由于研究对象的复杂性，法学专业的学习是很艰难的，合格率也是比较低的。只有那些在理解规范性存在和处理复杂现象上最终实现了突破的学生，才能在法学专业中获得归属感和成就感。“绿能杯”的初衷是在总体可控的社会环境中，让学生在教师指导下接受比平时专业课学习难度更高的复杂性挑战。作为教师，对于在这个过程中所见证的学生的成长，应不遗余力地给予褒奖；而对于在这个过程中所发现的学生因学有不足、思有不周、性有偏嗜导致的在理解复杂性现象和写作方面所显现出来的力有未逮，应斧正之，琢磨之，浸润之。树人之道与树木之法，实乃同出一辙。

张小平

2021年8月31日